清 張廷玉等撰

# 明史

第一五册

卷一六三至卷一七七(傳)

中華書局

# 明史卷一百六十三

## 列傳第五十一

李時勉　陳敬宗　劉鉉 薩琦　邢讓 李紹　林瀚 子庭㭿

庭機 孫爌 烴　謝鐸　魯鐸 趙永

李時勉，名懋，以字行，安福人。成童時，冬寒以衾裹足納桶中，誦讀不已。中永樂二年進士。選庶吉士，進學文淵閣，與修太祖實錄。授刑部主事，復與重修實錄。書成，改翰林侍讀。

性剛鯁，慨然以天下爲己任。十九年，三殿災，詔求直言。條上時務十五事。成祖決計都北京，時方招徠遠人。而時勉言營建之非，及遠國入貢人不宜使羣居輦下，忤帝意。已，觀其他說，多中時病，抵之地，復取視者再，卒多施行。尋被讒下獄。歲餘得釋，楊榮薦復職。

洪熙元年復上疏言事。仁宗怒甚，召至便殿，對不屈。命武士撲以金瓜，脅折者三，曳出幾死。明日，改交阯道御史，命日慮一囚，言一事。章三上，乃下錦衣衞獄。時勉於錦衣千戶某有恩，千戶適涖獄，密召醫，療以海外血竭，得不死。仁宗大漸，謂夏原吉曰：「時勉廷辱我。」言已，勃然怒，原吉慰解之。其夕，帝崩。

宣宗卽位已踰年，或言時勉得罪先帝狀。帝震怒，命使者：「縛以來，朕親鞫，必殺之。」已，又令王指揮卽縛斬西市，毋入見。王指揮出端西旁門，而前使者已縛時勉從端東旁門入，不相值。帝遙見罵曰：「爾小臣敢觸先帝！疏何語？趣言之。」時勉叩頭曰：「臣言諒闇中不宜近妃嬪，皇太子不宜遠左右。」帝聞言，色稍霽。徐數至六事止。帝令盡陳之。對曰：「臣惶懼不能悉記。」帝意益解，曰：「是第難言耳，草安在？」對曰：「焚之矣。」帝乃太息，稱時勉忠，立赦之，復官侍讀。比王指揮詣獄還，則時勉已襲冠帶立階前矣。

宣德五年修成祖實錄成，遷侍讀學士。帝幸史館，撒金錢賜諸學士。皆俛取，時勉獨正立。帝乃出餘錢賜之。正統三年以宣宗實錄成，進學士，掌院事兼經筵官。六年代貝泰爲祭酒。八年乞致仕，不允。

初，時勉請改建國學。帝命王振往視，時勉待振無加禮。振銜之，廉其短，無所得。時勉嘗芟彝倫堂樹旁枝，振遂言時勉擅伐官樹入家。取中旨，與司業趙琬、掌饌金鑑並枷國子監前。官校至，時勉方坐東堂閱課士卷，徐呼諸生品第高下，顧僚屬定甲乙，揭榜乃行。方盛暑，枷三日不解。監生李貴等千餘人詣闕乞貸。有石大用者，上章願以身代。諸生圜集朝門，呼聲徹殿庭。振聞諸生不平，恐激變。及通政司奏大用章，振內慚。助教李繼請解於會昌侯孫忠。忠，皇太后父也。忠生日，太后使人賜忠家。忠附奏太后，太后爲言之帝。帝初不知也，立釋之。繼不拘檢柙，時勉嘗規切之。繼不能盡用，然心感時勉言，至是竟得其助。大用，豐潤人。樸魯，初不爲六館所知，及是名動京師。明年中鄉試，官至戶部主事。

九年，帝視學。時勉進講尙書，辭旨淸朗。帝悅，賜予有加。連疏乞致仕，不允。十二年春乃得請。朝臣及國子生餞都門外者幾三千人，或遠送至登舟，候舟發乃去。

英宗北狩，時勉日夜悲慟。遣其孫驥詣闕上書，請選將練兵，親君子，遠小人，褒表忠節，迎還車駕，復讐雪恥。景泰元年得旨褒答，而時勉卒矣，年七十七。諡文毅。成化五年，以其孫顒請，改諡忠文，贈禮部侍郎。

時勉爲祭酒六年，列格、致、誠、正四號，訓勵甚切。崇廉恥，抑奔競，別賢否，示勸懲。諸生貧不能婚葬者，節省餐錢爲贍給。督令讀書，燈火達旦，吟誦聲不絕，人才盛於昔時。始，太祖以宋訥爲祭酒，最有名。其後寧化張顯宗申明學規，人比之訥。而胡儼當成祖之世，尤稱人師。然以直節重望爲士類所依歸者，莫如時勉。英國公張輔暨諸侯伯奏，願偕詣國子監聽講。帝命以三月三日往。時勉升師席，諸生以次立，講五經各一章。畢事，設酒饌，諸侯伯讓曰：「受敎之地，當就諸生列坐。」惟輔與抗禮。諸生歌鹿鳴之詩，賓主雍雍，盡暮散去，人稱爲太平盛事。

陳敬宗，字光世，慈谿人。永樂二年進士。選庶吉士，進學文淵閣，與修永樂大典。書成，授刑部主事。又與修五經四書大全，再修太祖實錄，授翰林侍講。內艱歸。宣德元年起修兩朝實錄。明年轉南京國子監司業。帝諭之曰：「侍講，淸華之選；司業，師儒之席。位雖不崇，任則重矣。」九年，秩滿，遷祭酒。正統三年上書言：「舊制，諸生以在監久近，送諸司歷事。比來，有因事予告者，遷延累歲，至撥送之期始赴，實長奸惰，請以肄業多寡爲次第。又近有願就雜職之例，士風卑陋，誠非細故，請加禁止。」從之。

敬宗美鬚髯，容儀端整，步履有定則，力以師道自任。立敎條，革陋習。六館士千餘人，每升堂聽講，設饌會食，整肅如朝廷。稍失容，卽令待罪堂下。僚屬憚其嚴，誣以他事，訟之法司。周忱與敬宗善，曰：「盍具疏自理。」爲屬草，辭稍遷就。敬宗驚曰：「得無誣君耶？」

不果上，事亦竟白。

滿考，入京師，王振欲見之，令忱道意。敬宗曰：「吾爲諸生師表，而私謁中貴，何以對諸生？」振知不可屈，乃貽之文錦羊酒，求書程子四箴，冀其來謝。敬宗書訖，署名而已。返其幣，終不往見。王直爲吏部尚書，從容謂曰：「先生官司成久，將薦公爲司寇。」敬宗曰：「公知我者，今與天下英才終日論議，顧不樂耶？」

性善飲酒，至數斗不亂。襄城伯李隆守備南京，每留飲，聲伎滿左右。竟日舉杯，未嘗一盼。其嚴重如此。

十二年冬乞休，不允。景泰元年九月與尚書魏驥同引年致仕。家居不輕出。有被其容接者，莫不興起。天順三年五月卒，年八十三。後贈禮部侍郎，謚文定。

初，敬宗與李時勉同在翰林，袁忠徹嘗相之，曳二人並列曰：「二公他日功名相埒。」敬宗儀觀魁梧，時勉貌稍寢，後二人同時爲兩京祭酒。時勉平恕得士，敬宗方嚴。終明世稱賢祭酒者，曰南陳北李。

劉鉉，字宗器，長洲人。生彌月而孤。及長，刲股療母疾。母卒，哀毀，以孝聞。永樂中，用善書徵入翰林。舉順天鄉試，授中書舍人。宣德時，預修成祖、仁宗實錄，遷兵部主事，仍供事內廷。正統中，再修宣宗實錄，進侍講。以學士曹鼐等薦，與修撰王振教習庶吉士。

景帝立，進侍講學士，直經筵。三年，以高穀薦，遷國子祭酒。時以國計不足，放遣諸生，不願歸者停其月廩。鉉言：「養才，國家急務。今倉廩尚盈，奈何靳此？」遂得復給。又令甄別六館生，年老貌寢、學藝疎淺者，斥爲民。鉉言：「諸生苟教澤久，豈無片長。況離親戚，棄墳墓，艱苦備至，一旦被斥，非朝廷育才意。乞揀年貌衰而有學者，量授之官。」帝可其奏。尋以母喪歸。服闋，赴都，陳詢已爲祭酒。帝重鉉，命與詢並任。天順初，改少詹事，侍東宮講讀。明年十月卒。帝及太子皆賜祭，賻贈有加。憲宗立，贈禮部侍郎，謚文恭。

鉉性介特，言行不苟。教庶吉士及課國子生，規條嚴整，讀書至老彌篤。仲子瀚以進士使南方。瀕行，閱其衣篋。比還，篋如故，乃喜曰：「無玷吾門矣。」瀚官終副使，能守父訓。

薩琦，字廷珪，其先西域人，後著籍閩縣。舉宣德五年進士。歷官禮部侍郎兼少詹事。天順元年卒。琦有文德，狷潔不苟合。名行與鉉相頡頏云。

邢讓，字遜之，襄陵人。年十八，舉於鄉，入國子監。爲李時勉所器，與劉珝齊名。登正統十三年進士。改庶吉士，授檢討。

景泰元年，李實自瓦剌還，請再遣使迎上皇。景帝不許。讓疏曰：「上皇於陛下有君之義，有兄之恩，安得而不迎？且令寇假大義以問我，其何辭以應。若從羣臣請，仍命實齎敕以往，且述迎復之指，雖上皇還否未可必，而陛下恩義之篤昭然於天下。萬一迎而不許，則我得責直於彼，以興問罪之師，不亦善乎。」疏入，帝委曲諭解之。天順末，父憂歸。未終喪，起修英宗實錄，進修撰。

成化二年超遷國子祭酒。慈懿太后崩，議祔廟禮，讓率僚屬疏諫。兩京國學教官，例不得遷擢，讓等以爲言，由科目者，滿考得銓敍。讓在太學，亦力以師道自任，修辟雍通志，督諸生誦小學及諸經。痛懲謁告之弊，時以此見稱，而謗者亦衆。爲人負才狹中。意所輕重，輒形於詞色，名位相軋者多忌之。

五年擢禮部右侍郎。越二年，以在國子監用會饌錢事，與後祭酒陳鑑、司業張業、典籍王允等，俱得罪坐死。諸生訴闕下，請代。復詔廷臣雜治，卒坐死，贖爲民。

鑑既得罪，吏部尚書姚夔請起致仕禮部侍郎李紹爲祭酒。馳召之，而紹已卒。

紹字克述，安福人。宣德八年進士。改庶吉士，授檢討。大學士楊士奇臥病，英宗遣使詢人才，士奇舉紹等五人以對。土木之敗，京師戒嚴，朝士多遣家南徙。紹曰：「主辱臣死，奚以家爲？」卒不遣。累遷翰林學士。以李賢、王翺薦，擢禮部侍郎。成化二年以疾求解職。紹好學問，居官剛正有器局，能奬掖後進。其卒也，帝深惜之。

林瀚，字亨大，閩人。父元美，永樂末進士，撫州知府。瀚舉成化二年進士。改庶吉士，授編修。再遷諭德，請急歸。

弘治初，召修憲宗實錄，充經筵講官。稍遷國子監祭酒，進禮部右侍郎，掌監事如故。典國學垂十年，饌銀歲以百數計，悉貯之官，以次營立署舍。師儒免僦居，由瀚始。歷吏部左、右侍郎。

十三年拜南京吏部尚書。以災異，率羣僚陳十二事。御史王獻臣自遼東逮下詔獄，儒士孫伯堅等夤緣爲中書舍人。瀚疏爭，忤旨。乞罷，不許。已，奏請重根本：曰保固南京，曰佑啓皇儲，曰撫綏百姓，曰增進賢才。

正德元年四月，吏部尚書馬文升去位，言官丘俊、石介等薦瀚。帝用侍郎焦芳，乃改瀚南京兵部，參贊機務。命未至，瀚引疾乞休，因陳養正心、崇正道、務正學、親正人四事。優詔慰留。時災異數見，瀚及南京諸臣條時政十二事。語涉近倖，多格不行。

瀚素剛方，與守備中官不合，他內臣進貢道其地者，瀚每裁抑之，遂交譖於劉瑾。會劉健、謝遷罷政，瀚聞太息。言官戴銑等以留健、遷被徵，瀚獨贐送，瑾聞益恨。明年二月假銑等獄詞，謫瀚浙江參政。致仕。旋指爲奸黨。瑾誅，復官，致仕。予月廩歲隸如故事。尋命有司歲時存問。瀚爲人謙厚，而自守介然。卒年八十六。贈太子太保，謚文安。子九人，庭㭿、庭機最顯。

庭㭿，字利瞻，瀚次子也。弘治十二年進士。授兵部主事。歷職方郎中。吏部尚書張綵欲改爲御史，固謝之，乃以爲蘇州知府。頻歲大水，疏請停織造，罷繁征，割關課備振。再上，始報可。遷雲南左參政。正德九年，以父老乞侍養。時子炫已成進士，官禮部主事，亦謁假歸。三世一堂，鄉人稱盛事。

嘉靖初，父憂，服闋，起官江西，歷湖廣左、右布政使。舉治行卓異，擢右副都御史，巡撫保定諸府。歷工部右侍郎。應詔言郊壇大工，南城、西苑相繼興作，請以儉約先天下。又因災傷，乞撤還採木、燒造諸使。進左，拜尚書，加太子太保。時帝方大興土木功，庭棉所規畫多稱意。會詔建沙河行宮，庭棉議加天下田賦，爲御史桑喬、給事中管見所劾。乞罷，歸卒。贈少保，諡康懿。炫終通政司參議。

庭機，字利仁，瀚季子也。嘉靖十四年進士。改庶吉士，授檢討，遷司業，擢南京祭酒，累遷至工部尚書。穆宗立，調禮部，俱官陪京。時子燫已爲祭酒，遂致仕歸。萬曆九年卒，年七十有六。贈太子太保，諡文僖。子燫、烴。

燫，字貞恒，庭機長子。嘉靖二十六年進士。改庶吉士，授檢討。景恭王就邸，命燫侍講讀。三遷國子祭酒。自燫祖瀚，父庭機，三世爲祭酒，前此未有也。隆慶改元，擢禮部右侍郎，充日講官。寇犯邊，條上備邊七事。改吏部，調南京吏部，署禮部事。魏國公徐鵬舉廢長立幼，燫持不可。萬曆元年進工部尚書，改禮部，仍居南京。名位一與父庭機等。母喪去官。服闋，以庭機篤老侍養，家居七年，先父庭機卒。贈太子少保，諡文恪。明代三世爲尚書，並得諡文，林氏一家而已。子世勤，性篤孝。芝生者三，枯篁復青。御史上其事，被旌。

烴字貞燿，庭機次子也。嘉靖四十一年進士。授戶部主事，歷廣西副使。兄槺卒，請急歸養。久之，歷太僕少卿。因災異極陳礦稅之害，請釋逮繫諸臣。不報。終南京工部尚書致仕。林氏三世五尚書，皆內行修潔，爲時所稱。

謝鐸，字鳴治，浙江太平人。天順末進士。改庶吉士，授編修，預修英宗實錄。性介特，力學慕古，講求經世務。

成化九年校勘通鑑綱目，上言：「綱目一書，帝王龜鑑。陛下命重加考定，必將進講經筵，爲致治資也。今天下有太平之形，無太平之實，因仍積習，廢實徇名。曰振綱紀，而小人無畏忌；曰勵風俗，而搢紳棄廉恥。飭官司，而汙暴益甚；恤軍民，而罷敝益極。減省有制，而興作每疲於奔命；蠲免有詔，而徵斂每困於追呼。考察非不舉，而倖門日開；簡練非不行，而私撓日衆。賞竭府庫之財，而有功者不勸；罰窮讞覆之案，而有罪者不懲。以至修省祈禱之命屢頒，水旱災傷之來不絕。禁垣被震，城門示災，不思竦動旋轉，以大答天人之望，是則誠可憂也。願陛下以古證今，兢兢業業，然後可長治久安，而載籍不爲無用矣。」帝不能從。

時塞上有警，條上備邊事宜，請養兵積粟，收復東勝、河套故疆。又言：「今之邊將，無異晚唐債帥。敗則士卒受其殃，捷則權豪蒙其賞。且剋侵軍餉，辦納月錢，三軍方怨憤塡膺，孰肯爲國效命者？」語皆切時弊。秩滿，進侍講，直經筵。遭兩喪，服除，以親不逮養，遂不起。

弘治初，言者交薦，以原官召修憲宗實錄。三年擢南京國子祭酒。上言六事，曰擇師儒，愼科貢，正祀典，廣載籍，復會饌，均撥歷。其正祀典，請進宋儒楊時而罷吳澄。禮部尙書傅瀚持之，乃進時而澄祀如故。

明年謝病去。家居將十年，薦者益衆。會國子缺祭酒，部議起之。帝素重鐸，擢禮部右侍郎，管祭酒事。屢辭，不許。時章懋爲南祭酒，兩人皆人師，諸生交相慶。居五年，引疾歸。

鐸經術湛深，爲文章有體要。兩爲國子師，嚴課程，杜請謁，增號舍，修堂室，擴廟門，置公廨三十餘居其屬。諸生貧者周恤之，死者請官定制爲之殮。家居好周恤族黨，自奉則布衣蔬食。正德五年卒。贈禮部尙書，謚文肅。

魯鐸，字振之，景陵人。弘治十五年會試第一。歷編修。閉門自守，不妄交人。武宗立，使安南，却其餽。

正德二年遷國子監司業。累擢南祭酒，尋改北。鐸屢典成均，教士切實爲學，不專章句。士有假歸廢學者，訓飭之，悔過乃已。久之，謝病歸。嘉靖初，以刑部尚書林俊薦，用孝宗朝謝鐸故事，起南祭酒。踰年，復請致仕。累徵不起，卒。謚文恪。

鐸以德望重於時。居鄉，有盜掠牛馬。或紿云「魯祭酒物也」，舍之去。大學士李東陽生日，鐸爲司業，與祭酒趙永皆其門生也，相約以二帕爲壽。比檢笥，亡有，徐曰：「鄉有饋乾魚者，盍以此往？」詢諸庖，食過半矣，以其餘詣東陽。東陽喜，爲烹魚置酒，留二人飲，極歡乃去。

永，字爾錫，臨淮人。與鐸同年進士，亦官編修。復與鐸相繼爲祭酒。尋遷南京禮部侍郎。大學士楊一淸重其才，欲引以自助，乃爲他語挑之。永正色曰：「可以纓冠汚吾道乎？」遂請致仕去。人服其廉介。

贊曰：明太祖時，國學師儒，體貌優重。魏觀、宋訥爲祭酒，造就人才，克舉其職。諸生銜命奉使，往往擢爲大官，不專以科目進也。中葉以還，流品稍雜，撥歷亦爲具文，成均師席，不過爲儒臣序遷之地而已。李時勉、陳敬宗諸人，方廉清鯁，表範卓然，類而傳之，庶觀者有所法焉。

# 明史卷一百六十四

## 列傳第五十二

鄒緝 鄒維楨 柯暹　弋謙 黃驥　黃澤 孔友諒　范濟
聊讓 郭佑 胡仲倫 華敏 賈斌　左鼎 練綱　曹凱 許仕達
劉煒 尚褫　單宇 姚顯 楊浩　張昭 賀煬　高瑤 虎臣

鄒緝，字仲熙，吉水人。洪武中舉明經，授星子教諭。建文時入爲國子助教。成祖即位，擢翰林侍講。立東宮，兼左中允，屢署國子監事。

永樂十九年，三殿災，詔求直言，緝上疏曰：

陛下肇建北京，焦勞聖慮，幾二十年。工大費繁，調度甚廣，冗官蠶食，耗費國儲。工作之夫，動以百萬，終歲供役，不得躬親田畝以事力作。猶且征求無藝，至伐桑棗以供薪，剝桑皮以爲楮。加之官吏橫征，日甚一日。如前歲買辦顏料，本非土產，動科千百。民相率斂鈔，購之他所。大青一斤，價至萬六千貫。及進納，又多留難，往復展轉，當須二萬貫鈔，而不足供一柱之用。其後既遣官采之產所，而買辦猶未止。蓋緣工匠多派牟利，而不顧民艱至此。

夫京師天下根本。人民安則京師安，京師安則國本固而天下安。自營建以來，工匠小人假託威勢，驅迫移徙，號令方施，廬舍已壞。孤兒寡婦哭泣叫號，倉皇暴露，莫知所適。遷移甫定，又復驅令他徙，至有三四徙不得息者。及其既去，而所空之地，經月逾時，工猶未及。此陛下所不知，而人民疾怨者也。

貪官汚吏，徧布內外，剝削及於骨髓。朝廷每遣一人，卽是其人養活之計。虐取苛求，初無限量。有司承奉，惟恐不及。間有廉強自守、不事干媚者，輒肆讒毁，動得罪譴，無以自明。是以使者所至，有司公行貨賂，剝下媚上，有同交易。夫小民所積幾何，而內外上下誅求如此。

今山東、河南、山西、陝西水旱相仍，民至剝樹皮掘草根以食。老幼流移，顚踣道路，賣妻鬻子以求苟活。而京師聚集僧道萬餘人，日耗廩米百餘石，此奪民食以養無用也。

至報効軍士，朝廷厚與糧賜。及使就役，乃驕傲横恣，閑遊往來。此皆姦詭之人，懼還原伍，假此規避，非眞有報効之心也。

朝廷歲令天下織錦、鑄錢，遣內官買馬外蕃，所出常數千萬，而所取曾不能一二。馬至雖多，類皆駑下，責民牧養，騷擾殊甚。及至死傷，輒令賠補。馬戶貧困，更鬻妻子。此尤害之大者。

漠北降人，賜居室，盛供帳，意欲招其同類也。不知來者皆懷窺覘，非眞遠慕王化，甘去鄉土。宜於來朝之後，遣歸本國，不必留爲後日子孫患。

至宮觀禱祠之事，有國者所當深戒。古人有言，淫祀無福。況事無益以害有益，蠹財妄費者乎！

凡此數事，皆下失民心，上違天意。怨讟之興，實由於此。

夫奉天殿者，所以朝羣臣，發號令，古所謂明堂也，而災首及焉，非常之變也。非省躬責己，大布恩澤，改革政化，疏滌天下窮困之人，不能回上天譴怒。前有監生生員，以單丁告乞侍親，因而獲罪遣戍者，此實有虧治體。近者大赦，法司執滯常條，當赦者尙復拘繫。並乞重加湔洗，蠲除租賦，一切勿征，有司百官全其廩祿，拔簡賢才，申行薦舉，官吏貪贓蠹政者覈其罪而罷黜之。則人心歡悅，和氣可臻，所以保安宗社，爲國家千萬年無窮之基，莫有大於此者矣。

且國家所恃以久長者，惟天命人心，而天命常視人心爲去留。今天意如此，不宜勞民。當還都南京，奉謁陵廟，告以災變之故，保養聖躬休息於無爲，毋聽小人之言，復有所興作，以誤陛下於後也。

書奏，不省。

時三殿初成，帝方以定都詔天下，忽罹火災，頗懼，下詔求直言。及言者多斥時政，帝不懌，而大臣復希旨詆言者。帝於是發怒，謂言事者謗訕，下詔嚴禁之，犯者不赦。侍讀李時勉、侍講羅汝敬俱下獄，御史鄭維桓、何忠、羅通、徐瑢，給事中柯暹俱左官交阯，惟緝與主事高公望、庶吉士楊復得無罪。是年冬，緝進右庶子兼侍講。明年九月卒於官。

緝博極羣書，居官勤愼，清操如寒士。子循，宣德中爲翰林待詔，請贈父母。帝諭吏部曰：「曩皇祖征沙漠，朕守北京，緝在左右，陳說皆正道，良臣也，其予之。」

鄭維桓，慈谿人。永樂十三年進士。出知交阯南清州，卒。柯暹，池州建德人。由鄉舉出知交阯驩州。累官浙江、雲南按察使。

弋謙，代州人。永樂九年進士。除監察御史。出按江西，言事忤旨，貶峽山知縣。復坐事免歸。

仁宗在東宮，素知謙骨鯁。及嗣位，召爲大理少卿。直陳時政，言官吏貪殘，政事多非洪武之舊，及有司誅求無藝。帝多採納。既復言五事，詞太激，帝乃不懌。尚書呂震、吳中，侍郎吳廷用，大理卿虞謙等因劾謙誣罔，都御史劉觀令衆御史合糾謙。帝召楊士奇等言之，士奇對曰：「謙不諳大體，然心感超擢恩，欲圖報耳。主聖則臣直，惟陛下優容之。」帝乃不罪謙。然每見謙，詞色甚厲。士奇從容言：「陛下詔求直言，謙言不當，觸怒。外廷悚惕，以言爲戒。今四方朝覲之臣皆集闕下，見謙如此，將謂陛下不能容直言。」帝惕然曰：「此固朕不能容，亦呂震輩迎合以益朕過，自今當置之。」遂免謙朝參，令專視司事。

未幾，帝以言事者益少，復召士奇曰：「朕怒謙矯激過實耳，朝臣遂月餘無言。爾語諸臣，自朕心。」士奇曰：「臣空言不足信，乞親降璽書。」遂令就楊前書敕引過曰：「朕自即位以來，臣民上章以數百計，未嘗不欣然聽納。苟有不當，不加譴訶，羣臣所共知也。間者，大理少卿弋謙所言，多非實事，羣臣迎合朕意，交章奏其賣直，請置諸法。朕皆拒而不聽，但免謙朝參。而自是以來，言者益少。今自去冬無雪，春亦少雨，陰陽愆和，必有其咎，豈無可言。而爲臣者，懷自全之計，退而默默，何以爲忠。朕於謙一時不能含容，未嘗不自愧咎。爾羣臣勿以前事爲戒，於國家利弊、政令未當者，直言勿諱。」謙朝參如故。時中官採木四川，貪橫。帝以謙清直，命往治之。擢謙副都御史，賜鈔以行，遂罷採木之役。

宣德初，交阯右布政戚遜以貪淫黜，命謙往代。王通棄交阯，謙亦論死。正統初，釋爲民。土木之變，謙布衣走闕下，薦通及甯懋、阮遷等十三人，皆奇才可用。衆議以通副石亨，謙請專任通，事遂寢。廷臣以謙負重名，奏留之，亦不報。景泰二年復至京，疏薦通等，不納。罷歸，未幾卒。仁宗性寬大，容直言，謙以故得無罪，反責呂震等。而黃驥言西域事，帝亦諭震而行其言。

驥，全州人。洪武中，中鄉舉。爲沙縣教諭。永樂時擢禮科給事中，常三使西域。仁宗初，上疏言：「西域貢使多商人假托，無賴小人投爲從者，乘傳役人，運貢物至京師，賞賚優厚。番人慕利，貢無虛月，致民失業妨農。比其使還，多齎貨物，車運至百餘輛。丁男不足，役及婦女。所至辱驛官，鞭夫隸，無敢與較者。乞敕陝西行都司，惟哈密諸國王遣使入貢者，許令來京，止正副使得乘驛馬，陝人庶少甦。至西域所產，惟馬切邊需，應就給甘肅軍士。其硇砂、梧桐、鹻之類，皆無益國用，請一切勿受，則來者自稀，浮費益省。」帝以示尚書呂震，且讓之曰：「驥嘗奉使，悉西事。卿西人，顧不悉邪？驥言是，其卽議行。」後遷右通政，與李琦、羅汝敬撫諭交阯，不辱命。使還，尋卒。

黃澤，閩縣人。永樂十年進士。擢河南左參政。南陽多流民，拊循使復業。嘗率丁役至北京，周恤備至。久之，調湖廣。仁宗卽位，入覲，言時政，多見采。

宣宗立，下詔求言。澤上疏言正心、恤民、敬天、納諫、練兵、重農、止貢獻、明賞罰、遠嬖倖、汰冗官十事。其言遠嬖倖曰：「刑餘之人，其情幽陰，其慮險譎，大姦似忠，大詐似信，大巧似愚。一與之親，如飲醇酒，不知其醉；如噬甘腊，不知其毒。寵之甚易，遠之甚難。是以古者宦寺不使典兵干政，所以防患於未萌也。涓涓弗塞，將爲江河。此輩宜一切疏遠，勿使用事。漢、唐已事，彰彰可監。」當成祖時，宦官稍稍用事，宣宗寖以親幸，澤於十事中此爲尤切。帝雖嘉歎，不能用也。其後設內書堂，而中人多通書曉文義。宦寺之盛，自宣宗始。

宣德三年擢浙江布政使。復上言平陽、麗水等七縣銀冶宜罷，幷請盡罷諸坑冶，語甚切。帝歎息曰：「民困若此，朕何由知。遣官驗視，酌議以聞。」

澤在官有政績，然多暴怒。鹽運使丁鎡不避道，撻之，爲所奏。巡按御史馬謹亦劾澤九載秩滿，自出行縣，斂白金三千兩償官物，且越境過家，遂逮下獄。正統六年黜爲民。初，澤奏金華、台州戶口較洪武時耗減，而歲造弓箭如舊，乞減免。下部議得允，而澤已罷官踰月矣。

孔友諒，長洲人。永樂十六年進士。改庶吉士，出知雙流縣。宣宗初，上言六事：

一曰，守令親民之官，古者不拘資格，必得其人，不限歲月，使盡其力。今居職者多不知撫字之方，而廉幹得民心者，又遷調不常，差遣不一。或因小事連累，朝夕營治，往來道路，日不暇給。乞敕吏部，擇才望素優及久歷京官者任之。諭戒上司，毋擅差遣，假以歲月，責成治効。至遠缺佐貳，多經裁減，獨員居職，或遇事赴京，多委雜職署事，因循苟且，政令無常，民不知畏。今後路遠之缺，常留一正員任事，不得擅離，庶法有常守。

二曰，科舉所以求賢，必名實相副，非徒誇多而已。今秋闈取士動一二百人。弊旣多端，僥倖過半。會試下第，十常八九。其登第者，實行或乖。請於開科之歲，詳核諸生行履。孝弟忠信、學業優贍者，乃許入試。庶浮薄不致濫收，而國家得眞才之用。

三曰，祿以養廉，祿入過薄，則生事不給。國朝制祿之典，視前代爲薄。今京官及方面官稍增俸祿，其餘大小官自折鈔外，月不過米二石，不足食數人。仰事俯育，與道路往來，費安所取資。貪者放利行私，廉者終窶莫訴。請敕戶部勘實天下糧儲，以歲支之餘，量增官俸，仍令內外風憲官，採訪廉潔之吏，重加旌賞。則廉者知勸，貪者知戒。

四曰，古者賦役量土宜，驗丁口，不責所無，不盡所有。今自常賦外，復有和買、採辦諸事。自朝廷視之，不過令有司支官錢平買。而無賴之輩，關通吏胥，壟斷貨物，巧立辨驗、折耗之名，科取數倍，姦弊百端。乞盡停採買，減諸不急務，則國賦有常，民無科擾。

其二事，言汰冗員，任風憲，言者多及之，不具載。

宣德八年命吏部擇外官有文學者六十八人試之，得友諒及進士胡端禎等七人，悉令辦事六科。居二年，皆授給事中，惟友諒未授官而卒。

范濟，元進士。洪武中，以文學舉爲廣信知府，坐累謫戍興州。宣宗即位，濟年八十餘矣，詣闕言八事。

其一曰，楮幣之法，昉於漢、唐。元造元統交鈔，〔一〕後又造中統鈔。久而物重鈔輕，公私俱敝，乃造至元鈔與中統鈔兼行，子母相權，新陳通用。又令民間以昏鈔赴平準庫，中統鈔五貫得換至元鈔一貫。又其法日造萬錠，共計官吏俸稍、內府供用若干，天下正稅雜課若干，斂發有方，周流不滯，以故久而通行。太祖皇帝造大明寶鈔，以鈔一貫當白金一兩，民歡趨之。迄今五十餘年，其法稍弊，亦由物重鈔輕所致。願陛下因時變通，重造寶鈔，一準洪武初制，使新舊兼行。取元時所造之數而增損之，審國家度支之數而權衡之，俾鈔少而物多，鈔重而物輕。嚴僞造之條，開倒換之法，推陳出新，無耗無阻，則鈔法流通，永永無弊。

其二曰，備邊之道，守險爲要。若朔州、大同、開平、宣府、大寧，乃京師之藩垣，邊徼之門戶。土可耕，城可守。宜盛兵防禦，廣開屯田，修治城堡，謹烽火，明斥堠。毋貪小利，毋輕遠求，堅壁淸野，使無所得。俟其懲而擊之，得利則止，毋窮追深入。此守邊大要也。

其三曰，兵不在多，在於堪戰。比者多發爲事官吏人民充軍塞上，非白面書生，則老弱病廢。遇有征行，有力者得免，貧弱者備數。器械不完，糗糧不具。望風股栗，安能效死。今宜選其壯勇，勤加訓練，餘但令乘城擊柝，趨走牙門，庶幾各得其用。

其四曰，民病莫甚於勾軍。衞所差官至六七員，百戶差軍旗亦二三人，皆有力交結及畏避征調之徒，重賄得遣。既至州縣，擅作威福，迫脅里甲，恣爲姦私。無丁之家，誅求不已；有丁之戶，詐稱死亡。託故留滯，久而不還。及還，則以所得財物，徧賄官吏，朦朧具覆。究其所取之丁，十不得一，欲軍無缺伍難矣。自今軍士有故，令各衞報都督府及兵部，府、部諜布政、按察司，令府州縣準籍貫姓名，勾取送衞，則差人騷擾之弊自絕。

其五曰，洪武中令軍士七分屯田，三分守城，最爲善策。比者調度日繁，興造日廣，虛有屯種之名，田多荒蕪。兼養馬、採草、伐薪、燒炭，雜役旁午，兵力焉得不疲，農業焉得不廢。願敕邊將課卒墾荒，限以頃畝，官給牛種，稽其勤惰，明賞罰以示勸懲。則塞下田可盡墾，轉餉益紓，諸邊富實，計無便於此者。

其六曰，學校者，風化之源，人材所自出，貴明體適用，非徒較文藝而已也。洪武中妙選師儒，教養甚備，人材彬彬可觀。邇來士習委靡，立志不弘，執節不固。平居無剛方正大之氣，安望其立朝爲名公卿哉！宜選良士爲郡縣學官，擇民間子弟性行端謹者爲生徒，訓以經史，勉以節行，俟其有成，貢於國學。磨礱砥礪，使其氣充志定，卓然成材，然後舉而用之，以任天下國家事無難矣。

其七曰，兵者凶器，聖人不得已而用之。漢高祖解平城之圍，未聞蕭、曹勸以復讎；唐太宗禦突厥於便橋，未聞房、杜勸以報怨。古英君良相不欲疲民力以誇武功，計慮遠矣。洪武初年嘗赫然命將，欲清沙漠。既以餽運不繼，旋卽頒師。遂撤東勝衞於大同，塞山西陽武谷口，選將練兵，扼險以待。內修政教，外嚴邊備，廣屯田，興學校，罪貪吏，徙頑民。不數年間，朶兒只巴獻女，伯顏帖木兒、乃兒不花等相繼擒獲，納哈出亦降，此專務內治，不勤遠略之明效也。伏望遠鑒漢、唐，近法太祖，毋以窮兵黷武爲快，毋以犁庭掃穴爲功。棄捐不毛之地，休養冠帶之民，俾竭力於田桑，盡心於庠序。邊塞絕傷痍之苦，閭里絕呻吟之聲，將無倖功，士無夭閼，遠人自服，荒外自歸，國祚靈長於萬年矣。

其八曰，官不在衆，在乎得人。國家承大亂後，因時損益，以府爲州，以州爲縣。繼又裁併小縣之糧不及俸者，量民數以設官。民多者縣設丞簿，少者知縣、典史而已。其時官無廢事，民不愁勞。今藩、臬二司及府州縣官，視洪武中再倍，政愈不理，民愈不寧，姦弊叢生，詐僞滋起。甚有官不能聽斷，吏不諳文移，乃容留書寫之人，在官影射，賄賂公行，獄訟淹滯，皆官冗吏濫所致也。望斷自宸衷，凡內外官吏，並依洪武中員額，冗濫者悉汰，則天工無曠，庶績咸熙，而天下大治矣。

奏上，命廷臣議之。尚書呂震以爲文辭冗長，且事多已行，不足采。帝曰：「所言甚有學識，多契朕心，當察其素履以聞。」震乃言：「濟故元進士，曾守郡，坐事戍邊。」帝曰：「惜哉斯人，令久淹行伍，今猶足用。」震曰：「年老矣。」帝曰：「國家用人，正須老成，但不宜任以繁劇。」乃以濟爲儒學訓導。

聊讓，蘭州人。肅府儀衞司餘丁也。好學有志尚，明習時務。景帝嗣位，懲王振蒙蔽，大開言路，吏民皆得上書言事。景泰元年六月，讓詣闕陳數事，其略曰：

邇歲土木繁興，異端盛起，番僧絡驛，汚吏縱橫，相臣不正其非，御史不劾其罪，上下蒙蔽，民生凋瘵。狡寇犯邊，上皇播越。陛下枕戈嘗膽之秋，可不拔賢舉能，一新政治乎？昔宗、岳爲將，敵國不敢呼名；韓、范鎮邊，西賊聞之破膽。司馬光居相位，强鄰戒勿犯邊。今文武大臣之有威名德望者，宜使典樞要，且延訪智術才能之士，布滿朝廷，則也先必畏服，而上皇可指日還矣。

大臣，陽也；宦寺，陰也。君子，陽也；小人，陰也。近日食地震，陰盛陽微，譴見天地。望陛下總攬乾綱，抑宦寺使不得預政，遏小人俾不得居位，則陰陽順而天變弭矣。

天下治亂，在君心邪正。田獵是娛，宮室是侈，宦寺是狎，三者有一，足蠱君心。願陛下涵養克治，多接賢士大夫，少親宦官宮妾，自能革奢靡，戒遊佚，而心無不正矣。堯立謗木，恐人不言，所以聖；秦除諡法，恐人議己，所以亡。陛下廣從諫之量，旌直言之臣，則國家利弊，閭閻休戚，臣下無所顧忌，而言無不盡矣。蘇子曰：「平居無犯顏敢諫之臣，則臨難必無仗節死義之士。」願陛下恒念是言而審察之。書奏，帝頗嘉納之。後四年，讓登進士。官知縣卒。

景泰二年，監生郭佑亦上書言兵事，略曰：「逆寇犯順，上皇蒙塵，此千古非常之變，百世必報之讎也。今使臣之來，動以數千，務驕蹇責望於我，而我乃隱忍姑息，致賊勢日張，我氣日索，求和與和，求戰與戰，是和戰之權，不在我而在賊也。願陛下結人心，親賢良，以固國本；廣儲蓄，練將士，以壯國氣。正分定名，裁之以義。如桀驁侵軼，則提兵問罪。使大漠之南，不敢有匹馬闌入，乃可保百年無虞。不然西北力罷，東南財竭，不能一日安枕矣。昨以國用耗乏，謀國大臣欲紓一時之急，令民納粟者賜冠帶。今軍旅稍寧，行之如故。農工商販之徒，不較賢愚，惟財是授。驕親戚，誇鄉里，長非分之邪心。贓汚吏罷退爲民，欲掩閭黨之恥，納粟納草，冠帶而歸。前以冒貨去職，今以輸貨得官，何以禁貪殘，重名爵？況天下統一，藏富在民，未至大不得已，而舉措如此，是以空乏啓寇心也。」章下廷議，格不行。

又有胡仲倫者，雲南鹽課提舉司吏目也。緣事入都，會上皇北狩，也先欲妻以妹，上皇因遣廣寧伯劉安入言於帝，仲倫上疏爭之。言：「今日事不可屈者有七。降萬乘之尊，與諧婚媾，一也。敵假和議，使我無備，二也。必欲爲姻，驕尊自大，三也。索金帛，使我坐困，四也。以送駕爲名，乘機入犯，五也。逼上皇手詔，誘取邊城，六也。欲求山後之地，七也。稍從其一，大事去矣。曩上皇在位，王振專權，忠諫者死，鯁直者戍，君子見斥，小人驟遷，章奏多決中旨，黑白混淆，邪正倒置。閩、浙之寇方殷，瓦剌之釁大作。陛下宜親賢遠姦，信賞必罰，通上情，達下志，賣國之姦無所投隙，倉卒之變末由發機，朝廷自此尊，天下自此安矣。」帝嘉納焉。

又有華敏者，南京錦衣衞軍餘也。意氣慷慨，讀書通大義，憤王振亂國，與儕輩言輒裂眥怒詈。景泰三年九月上書曰：「近年以來，內官袁琦、唐受、喜寧、王振專權害政，致國事傾危。望陛下防微杜漸，總攬權綱，爲子孫萬世法。不然恐禍稔蕭牆，曹節、侯覽之害，復見於今日。臣雖賤陋，不勝痛哭流涕。謹以虐軍害民十事，爲陛下痛切言之。內官家積金銀珠玉，累室兼籯，從何而至？非內盜府藏，則外朘民膏。害一也。怙勢矜寵，占公侯邸舍，興作工役，勞擾軍民。害二也。家人外親，皆市井無籍之子，縱橫豪悍，任意作奸，納粟補官，貴賤淆雜。害三也。建造佛寺，耗費不貲，營一己之私，破萬家之產。害四也。廣置田莊，不入賦稅，寄戶郡縣，不受征徭，阡陌連亙，而民無立錐。害五也。家人中鹽，虛占引數，轉而售人，倍支鉅萬，壞國家法，豪奪商利。害六也。奏求塌房，邀接商旅，倚勢賒買，恃強不償，行賈坐歛，莫敢誰何。害七也。賣放軍匠，名爲伴當，俾辦月錢，致內府監局營作乏人，工役煩重幷力不足。害八也。家人貿置物料，所司畏懼，以一科十，虧官損民。害九也。監作所至，非法酷刑，軍匠塗炭，不勝怨酷。害十也。」章下禮部，寢不行。

又有賈斌者，商河人，山西都司令史也。亦疏言宦官之害，引漢桓帝、唐文宗、宋徽欽爲戒。且獻所輯忠義集四卷，採史傳所記直諫盡忠守節之士，而宦官恃寵蠹政，可爲鑒戒者附焉，乞命工刊布。禮部以其言當，乞垂鑒納，不必刊行。帝報聞。

左鼎，字周器，永新人。正統七年進士。明年，都御史王文以御史多闕，請會吏部於進士選補。帝從之。尙書王直考鼎及白圭等十餘人，曉諳刑名，皆授御史。而鼎得南京。尋改北，巡按山西。

時英宗北狩，兵荒洊臻。請蠲太原諸府稅糧，停大同轉餉夫，以蘇其困。也先請和，抗言不可。尋以山東、河南饑，遣鼎巡視，民賴以安。律，官吏故勘平人致死者抵罪，時以給事中于泰言，悉得寬貰。鼎言：「小民無知，情貸可也。官吏深文巧詆，與故殺何異？法者，天下之公，不可意爲輕重。」自是論如律。

景泰四年疏言：「瓦剌變作，將士無用，由軍政不立。謂必痛懲前弊，乃今又五年矣。貂蟬盈座，悉屬公侯；鞍馬塞途，莫非將帥。民財歲耗，國帑日虛。以天下之大，土地兵甲之衆，曾不能振揚威武，則軍政仍未立也。乃法吏拘牽，沿爲成例，官吏受枉法財，悉得減贖。昔太祖定律令，至太宗，暫許有罪者贖，蓋權宜也。乃法吏拘牽，沿爲成例，官吏受枉法財，悉得減贖。骫骳如此，復何顧憚哉。國初建官有常，近始因事增設。主事每司二人，今有增至十人者矣。御史六十人，今則百餘人矣。甚至一部有兩尚書，侍郎亦倍常額，都御史以數十計，此京官之冗也。外則增設撫民、管屯官。如河南參議，益二而爲四，僉事益三而爲七，此外官之冗也。天下布、按二司各十餘人，乃歲遣御史巡視，復遣大臣巡撫鎭守。夫今之巡撫鎭守，卽曩之方面御史也。爲方面御史，則合衆人之長而不足，爲巡撫鎭守，則任一人之智而有餘，有是理邪？至御史遷轉太驟，當以六年爲率。令其通達政事，然後可以治人。巡按所係尤重，毋使初任之員，漫然嘗試。其餘百執事，皆當愼擇而久任之。」帝頗嘉納。

未幾，復言：「國家承平數十年，公私之積未充。一遇軍興，抑配橫徵，鬻官市爵，率行衰世苟且之政，此司邦計者過也。臣請痛抑末技，嚴禁遊惰，斥異端使歸南畝，裁冗員以省虛糜，開屯田而實邊，料士伍而紓饟。寺觀營造，供佛飯僧，以及不急之工，無益之費，悉行停罷。專以務農重粟爲本，而躬行節儉以先之，然後可阜民而裕國也。倘忽不加務，任掊克聚斂之臣行朝三暮四之術，民力已盡而征發無已，民財已竭而賦斂日增。苟紓目前之急，不恤意外之虞，臣竊懼焉。」章下戶部。尙書金濂請解職，帝不許。鼎言亦不盡行。

踰月，以災異，偕同官陳救弊恤民七事。末言：「大臣不乏奸回，宜黜罷其尤，用淸政本。」帝善其言，下詔甄別，而大臣辭職並慰留。給事中林聰請明諭鼎等指實劾奏，鼎、聰等乃共論吏部尙書何文淵、刑部尙書兪士悅、工部侍郎張斂、通政使李錫不職狀。錫罷，文淵致仕。

鼎居官淸勤，卓有聲譽。御史練綱以敢言名，而鼎尤善爲章奏。京師語曰：「左鼎手，練綱口。」自公卿以下咸憚之。

鼎出爲廣東右參政。會英宗復位，以郭登言，召爲左僉都御史。踰年卒。

練綱，字從道，長洲人。祖則成，洪武時御史。綱舉鄉試，入國子監。歷事都察院。郕王監國，上中與八策。也先將入犯，復言：「和議不可就，南遷不可從，有持此議者，宜立誅。安危所倚，惟于謙、石亨當主中軍，而分遣大臣守九門，擇親王忠孝著聞者，令同守臣勤王。檄陝西守將調番兵入衞。」帝悉從之。

綱有才辨，急功名。都御史陳鎰、尙書兪士悅皆綱同里，念綱數陳時政有聲，且畏其口，遂薦之，授御史。

景泰改元，上時政五事。巡視兩淮鹽政。駙馬都尉趙輝侵利，劾奏之。三年冬，偕同官應詔陳八事，並允行。亡何，復偕同官上言：「吏部推選不公，任情高下，請置尙書何文淵、右侍郎項文曜於理。尙書王直、左侍郎兪山素行本端，爲文曜等所罔，均宜按問。」帝雖不罪，終以綱等爲直。明年命出贊延綏軍務，自陳名輕責重，乞授僉都御史。帝曰：「遷官可自求耶？」遂寢其命。

初，京師戒嚴，募四方民壯分營訓練，歲久多逃，或赴操不如期，廷議編之尺籍。綱等言：「召募之初，激以忠義，許事定罷遣。今展轉輪操，已孤所望，況其逃亡，實迫寒餒，豈可遽著軍籍。邊方多故，倘更召募，誰復應之？」詔即除前令。

五年巡按福建，與按察使楊珏互訐，俱下吏。謫珏黃州知府，綱邠州判官。久之卒。

曹凱，字宗元，益都人。正統十年進士。授刑科給事中。磊落多壯節。

英宗北征，諫甚力，且曰：「今日之勢，大異澶淵。彼文武忠勇，士馬勁悍。今中貴竊權，人心玩愒。此輩不惟以陛下爲孤注，卽懷、愍、徽、欽亦何暇恤？」帝不從，乘輿果陷。凱痛哭竟日，聲徹禁庭，與王竑共擊馬順至死。

景泰中，遷左。給事中林聰劾何文淵、周旋，詔宥之。凱上殿力諍，二人遂下吏。時令輸豆得補官，凱爭曰：「近例，輸豆四千石以上，授指揮。彼受祿十餘年，費已償矣，乃令之世襲，是以生民膏血養無功子孫，而彼取息長無窮也。有功者必相謂曰，吾以捐軀獲此，彼以輸豆亦獲此，是朝廷以我軀命等於荏菽，其誰不解體！乞自今惟令帶俸，不得任事傳襲，文職則止原籍帶俸。」帝以爲然，命已授者如故，未授者悉如凱議。

福建巡按許仕達與侍郎薛希璉相訐，命凱往勘。用薦，擢浙江右參政。時諸衞武職役軍辦納月錢，至四千五百餘人，以凱言禁止。鎭守都督李信擅募民爲軍，糜餉萬餘石，凱劾奏之。信雖獲宥，諸助信募軍者咸獲罪。在浙數年，聲甚著。

初，凱爲給事，常劾武淸侯石亨。亨得志，修前憾，謫凱衞經歷，卒。

許仕達，歙人。正統十年進士。擢御史。景泰元年四月上疏言災沴數見，請帝痛自修省。帝深納之。未幾，復請於經筵之餘，日延儒臣講論經史。帝亦優詔褒答。巡按福建，劾鎮守中官廖秀，下之獄。秀訐仕達，下鎮守侍郎薛希璉等廉問。會仕達亦劾希璉貪縱，乃命凱及御史王豪往勘。還奏，兩人互有虛實，而耆老數千人乞留仕達。給事中林聰，閩人也，亦爲仕達言。乃命留任，且敕希璉勿搆郤。仕達厲風紀，執漳州知府馬嗣宗送京師。大理寺劾其擅執，帝以執贓吏不問。期滿當代，耆老詣闕請留，不許。未幾，卽以爲福建左參政。天順中，歷山東、貴州左、右布政使。

劉煒，字有融，慈谿人。正統四年進士。授南京刑科給事中。副都御史周銓以私憾撻御史。諸御史范霖、楊永與尙褫等十人共劾銓，煒與同官盧祥等復劾之。銓下詔獄，亦訐霖、永及煒、祥等。王振素惡言官，盡逮下詔獄。霖、永坐絞，後減死。他御史或戍或謫。煒、祥事白留任，而銓已先瘐死。煒累進都給事中。

景泰四年，戶部以邊儲不足，奏令罷退官非贓罪者，輸米二十石，給之誥敕。煒等言：「考退之官，多有罷軟酷虐、荒溺酒色、廉恥不立者，非止贓罪已也。賜之誥敕，以何爲辭。

若但褒其納米，則是朝廷詰敕止直米二十石，何以示天下後世。此由尚書金濂不識大體，有此謬舉。」帝立爲已之。山東歲歉，戶部以尚書沈翼習其地民瘼，請令往振。及往，初無方略。煒因劾翼，且言：「其地已有尚書薛希璉、少卿張固鎮撫，又有侍郎鄒幹、都御史王竑振濟，而復益之以翼，所謂『十羊九牧』。乞還翼南京戶部，而專以命希璉等。」從之。平江侯陳豫鎮臨清，事多違制。煒劾之，豫被責讓。

明年，都督黃竑以易儲議得帝眷，奏求霸州、武清縣地。煒等抗章言：「竑本蠻僚，遽蒙重任。怙寵妄干，乞地六七十里，豈盡無主者，請正其罪。」帝宥竑，遣戶部主事黃岡、謝昺往勘。還奏，果民產。戶部再請罪竑，帝卒宥焉。昺官至貴州巡撫，以清愼稱。

煒，天順初出爲雲南參政，改廣東，分守惠、潮二府。潮有巨寇，招之不服，會兵進剿，誅其魁。改涖南韶。會大軍征兩廣，以勞瘁卒官。

尚褫，字景福，羅山人。正統四年進士。除行人。上書請毋囚繫大臣。擢南御史。以劾周銓下獄，與他御史皆謫驛丞，得雲南虛仁驛。景泰五年冬因災異上書陳數事，中言：「忠直之士，冒死陳言。執政者格以條例，輕則報罷，重則中傷，是言路雖開猶未開也。釋敎盛行，誘煽聾俗，由掌邦禮者畏王振勢，度僧多至此，宜盡勒歸農。」章下禮部，尚書胡濙惡其刺己，悉格不行。量移豐城知縣，爲邑豪誣搆繫獄，尋得釋。

成化初，大臣會薦，擢湖廣僉事。初有詔，荆、襄流民，許所在附籍。都御史項忠復遣還鄉，督甚急，多道死。褫憫之，陳牒巡撫吳琛請進止。琛以報忠，忠怒劾褫。中朝知其意在卹民，卒申令流民聽附籍，不願，乃遣還鄉。褫爲僉事十年，所司上其治行，賜誥旌異。致仕卒。

單宇，字時泰，臨川人。正統四年進士。除嵊縣知縣。馭吏嚴。吏欲誣奏宇，宇以聞。坐不幷上吏奏，逮下獄。事白，調諸暨。

遭喪服除，待銓京師。適英宗北狩，宇憤中官監軍，諸將不得專進止，致喪師，疏請盡罷之，以重將權。景帝不納。

初，王振佞佛，請帝歲一度僧。其所修大興隆寺，日役萬人，糜帑數十萬，閎麗冠京都。英宗爲賜號「第一叢林」，命僧大作佛事，躬自臨幸，以故釋教益熾。至是宇上書言：「前代人君尊奉佛氏，卒致禍亂。近男女出家累百千萬，不耕不織，蠶食民間。營搆寺宇，徧滿京邑，所費不可勝紀。請撤木石以建軍營，銷銅鐵以鑄兵仗，罷遣僧尼，歸之民俗，庶皇風清穆，異教不行。」疏入，爲廷議所格。復知侯官。

而咸陽姚顯以鄉舉入國學，亦上言：「曩者修治大興隆寺，窮極壯麗，又奉僧楊某爲上師，儀從侔王者。食膏粱，被組繡，藐萬乘若弟子。今上皇被留賊庭，乞令前赴瓦剌，化諭也先。誠能奉駕南還，庶見護國之力。不然，佛不足信彰彰矣。」

當景泰時，廷臣諫事佛者甚衆，帝卒不能從。而中官興安最用事，佞佛甚於振，請帝建大隆福寺，嚴壯與興隆並。四年三月，寺成，帝剋期臨幸。河東鹽運判官濟寧楊浩切諫，乃止。

宇好學有文名，三爲縣，咸以慈惠聞。居侯官，久之卒。顯後爲齊東知縣，移武城，公廉剛正。用巡撫翁世資薦，擢太僕丞。浩初以鄉舉入國學，除官未行，遂抗疏，聲譽籍甚。累官右副都御史，巡撫延綏。

張昭，不知何許人。天順初，爲忠義前衞吏。英宗復辟甫數月，欲遣都指揮馬雲等使西洋，廷臣莫敢諫。昭聞之，上疏曰：「安內救民，國家之急務；慕外勤遠，朝廷之末策。漢光武閉關謝西域，唐太宗不受康國內附，皆深知本計者也。今畿輔、山東仍歲災歉，小民絕食逃竄，妻子衣不蔽體，被薦裹蓆，鬻子女無售者。家室不相完，轉死溝壑，未及埋瘞，已成市鬻，此可爲痛哭者也。望陛下用和番之費，益以府庫之財，急遣使振卹，庶饑民可救。」奏下公卿博議，言雲等已罷遣，宜籍記所市物俟命。帝命姑已之。

天順三年秋，建安老人賀煬亦上書論時事，言：「今銓授縣令，多年老監生。逮滿九載，年幾七十，苟且貪汚。宜擇年富有才能者，其下僚及山林抱德士，亦當推舉。景泰朝，錄先賢顏、孟、程、朱子孫，授以翰林博士，俾之奉祀。然有官無祿，宜班給以昭崇儒之意。黃榦、劉爚、蔡沈、眞德秀配祠朱子，亦景泰間從僉事呂昌之請，然未入祀辭，宜增補。預備義倉，本以振貧民，乃豪猾多冒支不償，致廩庾空虛。乞令出粟義民，各疏里內饑民，同有司散放。」

未幾，又言：「朝廷建學立師，將以陶鎔士類。而師儒鮮積學，草野小夫夤緣津要，初解兔園之册，已廁鶚薦之羣。及受職泮林，猥瑣貪饕，要求百故，而授業解惑，莫措一詞。生徒亦往往玩愒歲月，佻達城闕，待次循資，濫升太學。侵尋老耋，倖博一官。但厪身家之謀，無復功名之念。及今不嚴甄選，人材日陋，士習日非矣。」帝善其言，下所司行之。

高瑤，字庭堅，閩縣人。由鄉舉爲荊門州學訓導。成化三年五月抗疏陳十事。其一言：「正統己巳之變，先帝北狩，陛下方在東宮，宗社危如一髮。使非郕王繼統，國有長君，則禍亂何由平，鑾輿何由返。六七年間，海宇寧謐，元元樂業，厥功不細。迨先帝復辟，貪天功者遂加厚誣，使不得正其終，節惠隮祀，未稱典禮。望特敕禮官集議，追加廟號，盡親親之恩。」章下，廷議久不決。至十二月始奏：「追崇廟號，非臣下敢擅議，惟陛下裁決。」而左庶子黎淳力爭，謂不當復，且言：「瑤此言有死罪二：一誣先帝爲不明，一陷陛下於不孝。臣以謂瑤此舉，非欲尊郕王，特爲羣邪進用階，必有小人主之者。」帝曰：「景泰往過，朕未嘗介意，豈臣子所當言。淳爲此奏，欲獻諂希恩耶？」議遂寢。然帝終感瑤言。久之，竟復郕王帝號。

瑤後知番禺縣，多異政。發中官韋眷通番事，沒其貲鉅萬於官。眷憾甚，誣奏於朝。瑤及布政使陳選俱被逮，士民泣送者塞道。瑤竟謫成永州。釋還，卒。

黎淳，華容人。天順元年進士第一。官至南京禮部尙書，頗有名譽。其與瑤爭郕王廟號也，專欲阿憲宗意，至以昌邑、更始比景帝，爲士論所薄。當成化時，言路大阻，給事、御史多獲譴。惟瑤以卑官建危議，卒無罪，時皆稱帝盛德云。

又有虎臣者，麟遊人。成化中貢入太學。上言天下士大夫過先聖廟，宜下輿馬。從之。省親歸，會陝西大饑，巡撫鄭時將請振，臣齎奏行，陳饑歉狀，詞激切，大獲振貸。已，上言：「臣鄉比歲災傷，人相食，由長吏貪殘，賦役失均。請敕有司審民戶，編三等以定科徭。」從之。孝宗踐阼，將建棕棚萬歲山，備登眺。臣抗疏切諫。祭酒費誾懼禍及，鋃鐺縶臣堂樹下。俄官校宣臣至左順門，傳旨慰諭曰：「若言是，棕棚已毀矣。」誾大慚，臣名遂聞都下。頃之，命授七品官，乃以爲雲南碍嘉知縣，卒官。

贊曰：明自太祖開基，廣闢言路。中外臣寮，建言不拘所職。草野微賤，奏章咸得上聞。沿及宣、英，流風未替。雖升平日久，堂陛深嚴，而逢掖布衣，刀筆掾吏，抱關之冗吏，荷戈之戍卒，朝陳封事，夕達帝閽。採納者榮顯其身，報罷者亦不之罪。若仁宗之復弋謙朝參，引咎自責，卽懸鞀設鐸，復何以加。以此爲招，宜乎忼慨發憤之徒扼腕而談世務也。英、景之際，實錄所載，不可勝書。今掇其著者列於篇。迨憲宗季年，閹尹擅朝，事勢屢變，別自爲卷，得有考焉。

## 校勘記

〔一〕元造元統交鈔　按元史卷九三食貨志稱：「元初倣唐、宋、金之法，有行用鈔，其制無文籍可考。世祖中統元年始造交鈔。」「是年十月又造中統元寶鈔。」「元統」二字疑當作「中統」。

# 明史卷一百六十五

## 列傳第五十三

陶成 子魯 陳敏 丁瑄 王得仁 子一夔 葉禎

伍驥 毛吉 林錦 郭緒 姜昂 子龍

陶成，字孔思，鬱林人。永樂中，舉於鄉，除交阯鳳山典史。尚書黃福知其賢，命署諒江府教授，交人化之。秩滿，遷山東按察司檢校，用薦擢大理評事。正統中，以劉中敷薦，超擢浙江僉事。成有智略，遇事敢任。倭犯桃渚，成密布釘板海沙中。倭至，艤舟躍上，釘洞足背。倭畏之，遠去。秩滿，進副使。處州賊葉宗留、陳鑑胡、陶得二等寇蘭谿，成擊斬數百人。進屯武義，立木城以守。誘賊黨爲內應，前後斬首數百，生擒百餘人。又自抵賊巢，諭降者三千餘人。賊勢漸衰，惟得二尚在。久之，勢復熾，擁衆來犯。先遣其黨十餘輩僞爲鄉民避賊者，以皦緼裹薪，闌入城。及成出戰，賊持薪縱火，焚木城。官軍驚潰，成與都指揮僉事崔源戰死。時景泰元年五月也。事聞，贈成左參政，錄其子魯爲八品官。

魯，字自强，廕授新會丞。當是時，廣西猺流劫高、廉、惠、肇諸府，破城殺吏無虛月。香山、順德間，土寇蜂起，新會無賴子羣聚應之。魯召父老語曰：「賊氣吞吾城，不早備且陷，若輩能率子弟捍禦乎？」皆曰「諾」。乃築堡砦，繕甲兵，練技勇，以孤城捍賊衝，建郭掘濠，布鐵蒺藜刺竹于外，城守大固。賊來犯，輒擊破之。天順七年，秩滿，巡撫葉盛上其績，就遷知縣。尋以破賊功，進廣州同知，仍知縣事。

成化二年從總督韓雍征大藤峽。雍在軍嚴重，獨於魯未嘗不虛己。用其策，輒有功。雍請擢魯爲僉事，專治新會、陽江、陽春、瀧水、新興諸縣兵。其冬會參將王瑛破劇賊廖婆保等於欽、化二州，大獲，璽書嘉勞。明年，賊首黃公漢等猖獗，偕參將夏鑑等連破之思恩、潯州。未幾，賊陷石康，執知縣羅紳。復偕鑑追擊至六菊山，敗之。兩廣自韓雍去，罷總督不設，帥臣觀望相推諉，寇盜滋蔓。魯奏請重臣仍開府梧州，遂爲永制。秩滿，課最，進副使。兵部尚書余子俊奏其撫輯勞，賚銀幣。

魯治兵久。賊剽兩粵，大者會勦，小者專征，所向奏捷。賊讐之次骨，劫其鬱林故居，焚誥命，發先塋，戕其族黨。魯聞大慟。詔徙籍廣東，補給封誥，慰勞有加，益奮志討賊。

二十年，以征荔浦瑤功，增俸一級。又九載，課最，進湖廣按察使，治兵兩廣如故。鬱林、陸川賊黃公定、胡公明等爲亂，與參將歐磐分五路進討，大破之，毀賊巢一百三十。弘治四年，總督秦紘遣平德慶瑤，進湖廣右布政使。魯言身居兩廣，而官以湖廣爲名，於事體非便，乃改湖廣左布政使兼廣東按察副使，領嶺西道事。人稱之爲「三廣公」。

十一年，總督鄧廷瓚請官其子，俾統魯所募健卒備征討。乃授其子荆民錦衣百戶。是年，魯卒。荆民復陳父功，遂進副千戶，世襲。

魯善撫士，多智計，謀定後戰。鑿池公署後，爲亭其中，不置橋。夜則召部下計事。以版度一人，語畢，令退。如是凡數人，乃擇其長而參伍用之，故常得勝算而機不洩。羽書狎至，戎裝宿戒，聲色不動。審賊可乘，潛師出城，中夜合圍，曉輒奏凱。賊善偵，終不能得要領。歷官四十五年，始終不離兵事。大小數十戰，凡斬馘二萬一千四百有奇，奪還被掠及撫安復業者十三萬七千有奇，兩廣人倚之如長城。然魯將兵不專尚武，嘗言：「治寇賊，化之爲先，不得已始殺之耳。」每平賊，率置縣建學以興教化。

魯初爲丞，年纔弱冠，知縣王重勉之學。重故老儒，魯遂請執弟子禮。每晨，授經史講解而後視事。後重卒官，魯執喪如父禮，且資其二子。又敬事名儒陳獻章，獻章亦重之。

宋陸秀夫、張世傑盡節崖山，未有廟祀，特爲建祠，請祠額，賜名大忠。嘉靖初，魯殁三十載矣，新會人思其德，頌於朝，賜祠祀之。

陳敏，陝西華亭人。宣德時，爲四川茂州知州。遭喪去官，所部諸長官司及番民百八十人詣闕奏言：「州僻處邊徼萬山中，與松潘、疊溪諸番鄰，歲被其患。自敏涖州，撫馭有方，民得安業。今以憂去職，軍民失所依。乞矜念遠方，還此良牧。」帝立報可。正統中，九載滿，軍民復請留。進成都府同知，視茂州事。都司徐甫言，敏及指揮孫敬在職公勤，羣番信服。章下都御史王翺等覈實，進敏右參議，仍視州事。以監司秩涖州，前此未有也。

黑虎寨番掠近境，爲官軍所獲。敏從其俗，與誓而遣之。既復出掠，爲巡按御史陳員韜所劾。詔貰之。提督都御史寇深器其才，言敏往來撫卹番人，贊理軍政，乞別除知州，俾敏專戎務。吏部以敏涖茂久，別除恐未悉番情，猝難馴服，宜增設同知一人佐之。報可。敏既以參議治州，其體儷監司，遂劾按察使陳泰無故杖死番人。泰亦訐敏，帝不問，而泰下獄論罪。

景泰改元，參議滿九載，進右參政，視州事如前。涖州二十餘年，威信大行，番民胥悅。秩漸高，諸監司郡守反位其下，同事多忌之者。爲按察使張淑所劾，罷去。

丁瑄，不知何許人。正統間爲御史。初，福建多礦盜，命御史柳華捕之。華令村聚皆置望樓，編民爲甲，擇其豪爲長，得自置兵仗，督民巡徼。沙縣佃人鄧茂七素無賴，既爲甲長，益以氣役屬鄉民。其俗佃人輸租外，例餽田主。茂七倡其黨令毋餽，而田主自往受粟。田主訴於縣，縣逮茂七。不赴。下巡檢追攝，茂七殺弓兵數人。上官聞，遣軍三百捕之。被殺傷幾盡，巡檢及知縣並遇害。茂七遂大剽略，僞稱剷平王，設官屬。黨數萬人，陷二十餘縣。都指揮范真、指揮彭璽等先後被殺。時福建參政交阯人宋新，〔一〕賄王振得遷左布政使，侵漁貪惡，民不能堪，益相率從亂，東南騷動。

十三年四月，茂七圍延平。〔二〕刷卷御史張海登城撫諭。賊訴乞貰死，免三年徭役，即解散爲良民。海以聞。命瑄往招討，以都督劉聚、僉都御史張楷大軍繼其後。瑄既至，先令人齎敕往撫。茂七不肯降，瑄馳赴沙縣圖之。賊首林宗政等萬餘人攻後坪，欲立砦。瑄令通判倪晃等率衆先據要害，而身與都指揮雍埜等邀其歸路，斬賊二百餘級，獲其渠陳阿巖。

明年二月，瑄誘賊復攻延平，督衆軍分道衝擊。賊大敗，遁走。指揮劉福追之，遂斬茂七，招脅從復業。未幾，復擒其黨林子得等。尤溪賊首鄭永祖率四千人攻延平。瑄偕楚等邀擊，擒之，斬首五百有奇，餘黨潰散。

楷之監大軍討賊也，至建寧頓不進，日置酒賦詩爲樂。聞瑄破賊，則馳至延平攘其功。瑄被脅依違具奏。福不能平，愬之。詔責瑄具狀。楷等皆獲罪，瑄有功不問，功亦竟不錄。茂七雖死，其從子伯孫等復熾。朝廷更遣陳懋等以大軍討，瑄乃還朝。景泰初，出爲廣東副使，卒。

當是時，浙、閩盜所在剽掠爲民患。將帥率玩寇，而文吏勵民兵拒賊，往往多斬獲。閩則有張瑛、王得仁之屬。浙江則金華知府石瑁擒遂昌賊蘇才於蘭谿，處州知府張佑擊敗賊衆，擒斬千餘人。於是帝降敕，數詰讓諸將帥。都指揮鄧安等因歸咎於前御史柳華。時王振方欲殺朝士威衆，命逮華。華已出爲山東副使，聞命，仰藥死。詔籍其家，男戍邊，婦女沒入浣衣局。而御史汪澄、柴文顯亦以是得罪。

初，澄按福建，以茂七亂，檄浙江、江西會討。尋以賊方議降，止兵毋進。既知賊無降意，復趣進兵，而賊已不可制。浙江巡按御史黃英恐得罪，具白澄止兵狀，兵部因劾澄失機。福建三司亦言，賊初起，按臣柴文顯匿不奏，釀成今患。遂俱下吏。獄成，詔磔文顯，籍其家，澄棄市。而宋新及按察使方册等十人俱坐斬。遇赦，謫驛丞。天順初，復官。論者謂華所建置未爲過，澄、文顯罪不至死。武將不能滅賊，反罪文吏，華、文顯至與叛逆同科，失刑實由王振云。華，吳縣人。文顯，浙江建德人。澄，仁和人。

王得仁，名仁，以字行，新建人。本謝姓，父避讐外家，因冒王氏。得仁五歲喪母，哀號如成人。初爲衞吏，以才薦授汀州府經歷。廉能勤敏，上下愛之。秩滿當遷，軍民數千人乞留，詔增秩再任。居三年，推官缺，英宗從軍民請，就令遷擢。數辯冤獄，却饋遺，抑鎮守內臣苛索，政績益著。

沙縣賊陳政景，故鄧茂七黨也，糾淸流賊藍得隆等攻城。得仁與守將及知府劉能擊敗之，擒政景等八十四人，餘賊驚潰。諸將議窮搜，得仁恐濫及百姓，下令招撫，辨釋難民三百人。都指揮馬雄得通賊者姓名，將按籍行戮，得仁力請焚其籍。賊復寇寧化，率兵往援，斬首甚衆。民多自拔歸，賊勢益衰。

賊退屯將樂，得仁將追滅之，俄遘疾。衆欲輿歸就醫，得仁不可，曰：「吾一動，賊必長驅。」乃起坐帳中，諭將吏戮力平賊，遂卒。時正統十四年夏也。軍民哀慟。喪還，哭奠者道路相屬，多繪像祀之。天順末，吏民乞建祠。有司爲請，詔如廣東楊信民故事，春秋致祭。

子一夔，天順四年舉進士第一。授修撰，進左諭德。成化七年，彗星見，應詔陳五事，請正宮闈，親大臣，開言路，愼刑獄，戒妄費。語極剴摯，被旨切責。累遷工部尙書。卒，贈太子少保。正德中，謚文莊。

葉禎，字夢吉，高要人。舉於鄉，授潯州府同知。補鳳翔，調慶遠。兩廣猺賊蠭起，列郡咸被害，將吏率縮朒觀望。禎誓不與賊俱生，募健兒日訓練。峒酋韋父强數敗官軍，禎生縶之。其黨忿，悉衆攻城，旗山守將擁兵不救。禎率健兒出戰，賊却去。旋躡禎，戰相當，禎子公榮殲焉。

頃之，賊圍雞刺諸村，禎率三百人趨赴。道遇賊人頭山下，鏖戰，禎被數鎗，手刃賊一人，與從子官慶及三百人皆死。時天順三年正月晦也。嶺南素無雪，是夜大雷電，雪深尺許。賊釋圍去，諸村獲全。事聞，贈朝列大夫、廣西參議，守臣爲立廟祀之。

伍驥，字德良，安福人。景泰五年進士。授御史。莊重寡言笑，見義敢爲。天順七年巡按福建。先是，上杭賊起，都指揮僉事丁泉，汶上人，善捍禦。賊屢攻城，皆爲所却。已而賊轉熾。驥聞，立馳入汀州，調援兵四集。驥單騎詣賊壘。賊不意御史猝至，皆擐甲露刃。驥從容立馬，諭以禍福。賊見其至誠，感悟泣下，歸附者千七百餘戶。給以牛種，俾復故業。

惟賊首李宗政負固不服，遂與泉深入破之。泉力戰，爲賊所害。驥弔死恤傷，激以忠義，復與賊戰。連破十八砦，俘斬八百餘人，四境悉平。而驥冒瘴癘成疾，班師至上杭卒。軍民哀之如父母，旦夕臨者數千人，爭出財立祠。成化中以知縣蕭宏請，詔與泉並祀，賜祠名褒忠。

毛吉，字宗吉，餘姚人。景泰五年進士。除刑部廣東司主事。司轄錦衣衞。衞卒伺百官陰事，以片紙入奏，即獲罪，公卿大夫莫不惴恐。公行請屬，狎侮官司，即以罪下刑部者，亦莫敢捶撻。吉獨執法不撓，有犯必重懲之。其長門達怙寵肆虐。百官道遇率避馬，吉獨舉鞭拱手過，達怒甚。吉以疾失朝，下錦衣獄。達大喜，簡健卒，用巨梃搒之。肉潰見骨，不死。

天順五年擢廣東僉事，分巡惠、潮二府。痛抑豪右，民大悅。及期當代，相率籲留之。程鄉賊楊輝者，故劇賊羅劉寧黨也。已撫復叛，與其黨曾玉、謝瑩分據寶龍、石坑諸洞，攻陷江西安遠，剽閩、廣間。已，欲攻程鄉。吉先其未至，募壯士合官軍得七百人，抵賊巢。先破石坑，斬玉，次擊瑩，馘之，復生擒輝。諸洞悉破，凡俘斬千四百人。捷聞，憲宗進吉副使，璽書嘉勞。移巡高、雷、廉三府。

時民遭賊躪，數百里無人烟，諸將悉閉城自守，或以賊告，反被撻。有自賊中逸歸者，輒誣以通賊，撲殺之。吉不勝憤，以平賊爲己任。按部雷州。海康知縣王騏，雲南太和人也，日以義激其民，賊至輒奮擊。吉壯其勇節，奬勵之。適報賊掠鄉聚，吉與騏各率所部擊敗之。薦騏，遷雷州通判。未聞命，戰死。贈同知，廕其子爲國子生。

成化元年二月，新會告急。吉率指揮閻華、掌縣事同知陶魯，合軍萬人，至大磴破賊，乘勝追至雲岫山，去賊營十餘里。時已乙夜，召諸將分三哨，黎明進兵。會陰晦，衆失期。

及進戰，賊棄營走上山。吉命潘百戶者據其營，衆競取財物。賊馳下，殺百戶，華亦馬躓，爲賊所殺，諸軍遂潰。吉勒馬大呼止軍。吏勸吉避，吉曰：「衆多殺傷，我獨生可乎？」言未已，賊持鎗趨吉。吉且罵且戰，手劍一人，斷其臂。力絀，遂被害。是日，雷雨大作，山谷皆震動。又八日，始得屍，貌如生。事聞，贈按察使，錄其子科入國子監。尋登進士，終雲南副使。

方吉出軍時，賫千金犒，委驛丞余文司出入，已用十之三。吉既死，文憫其家貧，以所餘金授吉僕，使持歸治喪。是夜，僕婦忽坐中堂作吉語，顧左右曰：「請夏憲長來。」舉家大驚，走告按察使夏壎。壎至，起揖曰：「吉受國恩，不幸死於賊。今余文以所遺官銀付吉家，雖無文簿可考，吉負垢地下矣。願亟還官，毋汚我。」言畢，仆地，頃之始甦。於是歸金於官。吉死時年四十，後賜謚忠襄。

林錦，字彥章，連江人。景泰初，由鄉貢授合浦訓導。瑤寇充斥，內外無備。錦條具方略，悉中機宜。巡撫葉盛異之，檄署靈山縣事。城毀於賊，錦因形便，爲柵以守，廣設戰具，賊不敢逼。滿秩去官，民曰：「公去，賊復至，誰禦者？」悉逃入山。盛以狀聞，詔即以錦爲知縣。馳驛之官，民復來歸。

適歲饑，諸瑤益剽掠無虛日。錦單騎詣壘，曉以禍福。瑤感悟，附縣二十五部咸聽命。其不服者則討之。天順六年破賊羅禾水，再破之黃姜嶺，又大破之新莊。先後斬獲千餘級，還所掠人口，賊悉平，乃去柵，築土城。

盛及監司屢薦其才。成化改元，會廉州爲賊所陷，乃以錦爲試知府。〔三〕歲復大饑，賊四出劫掠。錦諭散千餘人，誅梗化者，而綏輯其流移。境內悉平。

四年，上官交薦，請改授憲職，令專備欽、廉羣盜。乃以爲按察使僉事，益勤於政。十年賜敕旌異。久之，進副使。錦以所部屢有盜警，思爲經久計，乃設團河營於西，設新寮營於南，而別設洪崖營以杜諸寇出沒路。易靈山土城，更築高墉，亙五百丈，卒爲巖邑。十四年，兵部上其撫輯功，被賚。

錦在兵間，以敎化爲務。靈山尙鬼，則禁淫祠，修學校，勸農桑。其治廉、欽，皆飭學宮，振起文敎。爲人誠實，洞見肺腑，瑤蠻莫不愛信。其行軍，與士卒同甘苦，有功輒推以與人，以故士多效死，所在祠祀。

郭緒，字繼業，太康人。成化十七年進士。使楚府，却其饋。授戶部主事，督餉二十萬於陝西給軍。主者以羨告，悉還之。歷遷雲南參議。

初，孟密宣撫司之設也，實割木邦宣慰司地。既而孟密思揲復於界外侵木邦地二十七所。屢諭之還，不聽。乃調孟養宣撫思祿兵脅之。〔四〕思揲始還所侵地，然多殺孟養兵。思祿讐之，發兵越金沙江奪木邦故割孟密地十有三所。兩酋構怨不已。

巡撫陳金承詔，遣緒與副使曹玉往諭之。旬餘抵金齒。參將盧和先統軍距所據地二程而舍，遣官馳驛往諭，皆留不報。和懼，還軍至干崖遇緒，〔五〕語故，戒勿進。緒不可。玉以疾辭。緒遂單騎從數人行，旬日至南甸，峻險不可騎，乃斬棘徒步引繩以登。又旬日至一大澤。土官以象輿來，緒乘之往。行毒霧中，泥沙踸踔。又旬日至孟賴，去金沙江僅二舍。手自為檄，使持過江，諭以朝廷招徠意。蠻人相顧驚曰：「中國使竟至此乎？」發兵率象馬數萬夜渡江，持長槊勁弩，環之數重。從行者懼，請勿進。緒拔刀叱曰：「明日必渡江，敢阻者斬。」

思祿既得檄，見譬曉禍福甚備，又聞至者纔數人，乃遣酋長來聽令，且致饋。緒却之，出敕諭宣示。思祿亦繼至。緒先敍其勞，次白其冤狀，然後責其叛。諸酋聞，咸俛伏呼萬歲，請歸侵地。緒詰前所留使人，乃盡出而歸之。和及玉聞報馳至，則已歸地納款矣。時

弘治十四年五月也。〔六〕

越三年，擢緒四川督儲參政。武宗卽位，始以雲南功，加俸一級。明年致仕歸。

姜昂，字恒頫，太倉人。成化八年進士。除棗强知縣。授御史。偕同官劾方士李孜省，杖午門外。以母老乞改南，尋出爲河南知府。吏白事畢，退闔門讀書，鞭箠懸不用。藩府人有犯，立決遣之。改知寧波，擢福建參政。請終養歸，服闋而卒。

昂在官，日市少肉供母，而自食菜茹。子弟學書，不聽用官紙筆，家居室不蔽風雨。

子龍，字夢賓，正德三年進士。歷禮部郎中。武宗南巡，率同官諫。罰跪五日，杖幾死。出爲建寧同知，尋遷雲南副使，備兵瀾滄、姚安。滇故盜藪，龍讓土酋曰：「爾世官，縱盜寧非賄乎？」酋懼，撫諭羣盜，悉聽命。巨盜方定者，旣降而貧，爲妻妾所詬，卒不忍負龍，竟仰藥死。南安大盜千人，御史欲徵兵，龍檄三日散盡。四川鹽井剌馬仁、雲南曬江和歌仲讐殺數十年，龍撫諭，遂解。大候州土官猛國恃險肆暴，龍擒之。在滇四年，番、漢大治。鄧川州立三正人祠，祀袁州郭紳、莆田林俊及龍。

贊曰：陶成、陳敏諸人，以監司守令著征剿功，而成及毛吉、葉禎身死王事，勞烈顯著，亦可以愧戎帥之畏懦跼蹐者矣。林錦威能臨制，材足綏懷，邊疆皆得斯人，何憂不治。郭緒單騎入險，諭服兩酋，令當洪、永間亦何至尚淹常調哉。平世秉國者，多抑邊功，謂恐生事。然大帥倚內援，敍録又多踰等，適足以長武夫玩寇之心，而無以獎勞臣致死之節。國家以賞罰馭世，曷可不公乎！

## 校勘記

〔一〕宋新　明史稿傳四六丁瑄傳、明史紀事本末卷三一都作「宋彰」。

〔二〕十三年四月茂七圍延平　本書卷一〇英宗前紀、英宗實録卷一六九繫此事於正統十三年八月乙卯。

〔三〕會廉州爲賊所陷乃以錦爲試知府　廉州，原作「連州」。按本書卷四五地理志，連州屬廣東廣州府，是州不是府。而廣東別有廉州府。明史考證攟逸卷一〇稱：「考識大録，成化元年十一月，廣西瑤入高、廉二府，劫其府印庫物，遂以連山知縣孔鏞試高州知府，靈山知縣林錦試廉州知府。傳誤廉爲連。」據改。

〔四〕乃調孟養宣撫思祿兵脅之　思祿，本書卷三一五木邦傳及孟養傳、明史稿傳一八九木邦傳及孟養傳、孝宗實錄卷一九五弘治十六年正月癸未條都作「思陸」。

〔五〕還軍至干崖遇緒　干崖，原作「千崖」，據本書卷四六地理志、卷三一五干崖傳、緬甸傳、木邦傳、孟養傳，明史稿傳一八九同上各傳，孝宗實錄卷一九五弘治十六年正月癸未條改。下同。

〔六〕時弘治十四年五月也　十四年，本書卷三一五孟養傳作「十六年」。孝宗實錄卷一九五作十六年正月癸未。

# 明史卷一百六十六

## 列傳第五十四

韓觀 山雲 蕭授 吳亮 方瑛 陳友 李震

王信 都勝 郭鋐 彭倫 歐磐 張祐

韓觀，字彥賓，虹人，高陽忠壯侯成子也。以舍人宿衞，忠謹爲太祖所知，授桂林右衞指揮僉事。

洪武十九年討平柳州、融縣諸蠻，累遷廣西都指揮使。二十二年平富川蠻，設靈亭千戶所。二十五年平賓州上林蠻。二十七年會湖廣兵討全州、灌陽諸瑤，斬千四百餘人。明年捕擒宜山諸縣蠻，斬其僞王及萬戶以下二千八百餘人。以征南左副將軍從都督楊文討龍州土官趙宗壽，宗壽伏罪。移兵征南丹、奉議及都康、向武、富勞、〔一〕上林、思恩、都亮諸蠻，先後斬獲萬餘級。

觀生長兵間，有勇略。性鷙悍，誅罰無所假。下令如山，人莫敢犯。初，羣蠻所在蜂起，剽郡縣，殺守吏，勢甚熾。將士畏觀法，爭死鬬。觀得賊必處以極刑。間縱一二，使歸告諸蠻，諸蠻膽落。由是境內得安。

二十九年召還，進都督同知。明年復從楊文討平吉州及五開叛苗，與顧成討平水西諸蠻堡，還理左府事。建文元年練兵德州，禦燕師無功。成祖卽位，委任如故。命往江西練軍城守，兼節制廣東、福建、湖廣三都司。

廬陵民嘯聚山澤，帝不欲用兵，遣行人許子謨齎敕招諭，命觀臨撫之。觀至，衆皆復業，賜璽書褒勞。命佩征南將軍印，鎭廣西，節制兩廣官軍。帝知觀嗜殺，賜璽書戒之曰：「蠻民易叛難服，殺愈多愈不治。卿往鎭，務綏懷之，毋專殺戮。」會羣蠻復叛，帝遣員外郎李宗輔齎敕招之。觀大陳兵示將發狀，而遣使與宗輔俱。桂林蠻復業者六千家，惟思恩蠻未附。而慶遠、柳、潯諸蠻方殺掠吏民，乃上章請討。

永樂元年與指揮葛森等擊斬理定諸縣山賊千一百八十有奇，擒其酋五十餘人，斬以徇。還所掠男女於民，而撫輯其逃散者。明年遣都指揮朱輝諭降宜山、忻城諸山寨。荔波瑤震恐，乞爲編戶。帝屬觀撫之，八十餘洞皆歸附。明年，潯、桂、柳三府蠻作亂，已撫復叛，遣朱輝以偏師破之。蠻大懼。會朝廷遣郎中徐子良至，遂來降，歸所掠人畜器械。

四年大發兵討安南，詔觀晝方略，轉粟二十萬石餉軍。已，復命偕大理卿陳洽選士兵三萬會太平，仍令觀偵安南賊中動靜。尋從大兵發憑祥，抵坡壘關，以所部營關下，伐木治橋梁，給軍食。安南平，命措置交阯緣途諸堡，而柳、潯諸蠻乘觀出，復叛。

五年，觀旋師抵柳州。賊望風遁匿。觀請俟秋涼深入，且請濟師。帝使使發湖廣、廣東、貴州三都司兵，又敕新城侯張輔遣都督朱廣、方政以征交阯兵協討。十月，諸軍皆集，分道進剿。觀自以貴州、兩廣兵由柳州攻馬平、來賓、遷江、賓州、上林、羅城、融縣，皆破之。會兵象州，復進武宣、東鄉、桂林、貴平、永福。斬首萬餘級，擒萬三千餘人，羣蠻復定。捷聞，帝嘉勞之。

九年拜征夷副將軍，仍佩故印，總兵鎮交阯。明年復命轉粟給張輔軍。輔再出師定交阯，觀皆主饋運，不爲將，故功不著。

觀在廣西久，威震南中，蠻人惴惴奉命。繼之者，自山雲外，皆不能及。十二年九月卒，無子。宣德二年，保定伯梁銘奏求觀南京故宅，帝許之。既聞觀妻居其中，曰：「觀，功臣也，雖歿，豈可奪之。」遂不許。令有司以他宅賜銘。

山雲，徐人。父青，以百戶從成祖起兵，積功至都督僉事。雲貌魁梧，多智略。初襲金吾左衞指揮使。數從出塞，有功。時幼軍二十五所，隸府軍前衞，掌衞者不任事，更命雲及李玉等五人撫戢之。仁宗立，擢行在中軍都督僉事。

宣德元年改北京行都督府，命偕都御史王彰自山海抵居庸，巡視關隘，以便宜行事。帝征樂安，召輔鄭王、襄王居守。

明年，柳、慶蠻韋朝烈等掠臨桂諸縣。時鎭遠侯顧興祖以不救丘溫被逮，〔三〕公侯大臣舉雲。帝亦自知之。三年正月命佩征蠻將軍印，充總兵官往鎭。雲至，討朝烈，破之。賊保山巔。山峻險，掛木於藤，壘石其上。官軍至，輒斷藤下木石，無敢近者。雲夜半束火牛羊角，以金鼓隨其後，驅向賊。賊謂官軍至，亟斷藤。比明，木石且盡，衆譟而登，遂盡破之。南安、廣源諸蠻悉下。是夏，忻城蠻譚團作亂，雲討擒之。四年春，討平柳、潯諸蠻。其秋，雒容蠻出掠，遣指揮王綸破之。雲上綸功，並劾其殺良民罪。帝宥綸而心重雲。廣西自韓觀卒後，諸蠻漸橫。雲以廣西兵少，留貴州兵爲用，先後討平潯、柳、平樂、桂林、宜山、思恩諸蠻。九年又以慶遠、鬱林苗、瑤非大創不服，請濟師。詔發廣東兵千五百人益雲。雲分道勦捕，擒斬甚衆。復遣指揮田眞攻大藤峽賊，破之。

雲在鎭，先後大戰十餘，斬首萬二千二百六十，降賊酋三百七十，奪還男女二千五百八十，築城堡十三，鋪舍五百，陶磚甃石，增高益厚。自是瑤、僮屏跡，居民安堵。論功，進都督同知，璽書褒勞。

雲謀勇深沉，而端潔不苟取，公賞罰，嚴號令，與士卒同甘苦。臨機應變，戰無不捷。廣西鎮帥初至，土官率饋獻爲故事。帥受之，卽爲所持。雲始至，聞府吏鄭牢剛直，召問曰：「饋可受乎？」牢曰：「潔衣被體，一汚不可湔，將軍新潔衣也。」雲曰：「不受，彼且生疑，奈何？」牢曰：「黷貨，法當死。將軍不畏天子法，乃畏土夷乎？」雲曰：「善。」盡却饋獻，嚴馭之。由是土官畏服，調發無敢後者。雲所至，詢問里老，撫善良，察誣枉，土人皆愛之。

英宗卽位，雲墜馬傷股。帝遣醫馳視。以病請代，優詔不許。進右都督。正統二年上言：「潯州與大藤峽諸山相錯，瑤寇出沒，占耕旁近田。左右兩江土官，所屬人多田少，其狼兵素勇，爲賊所畏。若量撥田州土兵於近山屯種，分界耕守，斷賊出入，不過數年，賊必坐困。」報可。嗣後東南有急，輒調用狼兵，自此始也。明年冬，卒於鎮。贈懷遠伯，謚忠毅。長子俊，襲府軍前衞指揮使。廣西人思雲不置，立祠肖像祀焉。

初，韓觀鎮廣西，專殺戮。慶遠諸生來迓。觀曰：「此皆賊覘我也。」悉斬之。雲平恕。參佐有罪，輒上請，不妄殺人，人亦不敢氾。鄭牢嘗逮事觀。觀醉，輒殺人，牢輒留之，醒乃以白。牢爲士大夫所重，然竟以隸終。

蕭授，華容人。由千戶從成祖起兵，至都指揮同知。永樂十六年擢右軍都督僉事，充總兵官，鎮湖廣、貴州。

宣德元年，鎮遠邛水蠻銀總作亂。指揮祝貴往撫，被殺。授遣都指揮張名破斬之。貴州宣慰所轄乖西巴香諸峒寨，山箐深險，諸蠻錯居，攻剽他部，傷官軍，發民塚，而昆阻比諸寨亦恃險不輸賦。二年，授遣都指揮蘇保會宣慰宋斌攻破昆阻比寨，窮追，斬僞王以下數百人。乖西諸蠻皆震懾歸命。

水西蠻阿閉妨宜作亂，授結旁寨酋，以計誅之。而西堡蠻阿骨等與寨底、豐寧、清平、平越、普安諸苗復相聚爲寇，四川筠連諸蠻應之。授且捕且撫。諸蠻先後聽命，承制赦之。以豐寧酋稔惡，械送京師，伏誅。七年諭降安隆酋岑俊。已，討辰州蠻，擒其酋八十，斬馘無算。移兵擊江華苗，討富川山賊，先後破擒之。

先是，貴州治古、答意二長官司苗數出掠。授築二十四堡，環其地，分兵以戍，賊不得逞。久之，其酋吳不爾覘官軍少，復掠清浪，殺官吏。授遣張名擊破之。賊走湖廣境，結生苗，勢復張。授乃發黔、楚、蜀軍分道捕討。進軍箄子坪，誅不爾，斬首五百九十餘級。賊悉平。九年，都勻蠻爲亂，引廣西賊入掠。授遣指揮陳原、顧勇分道邀擊，獲賊首韋萬良等，降下合江蔡郎等五十餘寨。

英宗卽位，命佩征蠻副將軍印，鎭守如故。念授年老，以都督僉事吳亮副之。正統元年，普定蠻阿遲等叛，僭稱王，四出攻掠。授遣顧勇等擣其巢，破之。而廣西蒙顧十六洞與湖廣逃民相聚蜂起，授督兵圍之。再戰，悉擒斬其酋，餘黨就誅。捷聞，進右都督。上言：「靖州與廣西接壤，時苦苗患。永樂、宣德間，嘗儲糧數萬石，備軍興。比年儲糧少，有警，發人徒轉輸，賊輒先覺，以故不能得賊。乞於淸浪、靖州二衞，各增儲五萬石，庶緩急可藉。」報可。

四年，貴州計沙賊苗金蟲、〔三〕苗總牌糾洪江生苗作亂，〔四〕僞立統千侯、統萬侯號。授督兵抵計沙，分遣都指揮鄭通攻三羊洞，馬曄攻黃柏山，大破之。吳亮窮追至蒲頭、洪江，斬總牌，千戶尹勝誘斬金蟲，於是生苗盡降。授沉毅多計算，裨校皆盡其材，而馭軍嚴整。自鎭遠侯顧成歿，羣蠻所在屯結。官軍討之，皆無功。授在鎭二十餘年，規畫多本於成，久益明練，威信大行，寇起輒滅，前後諸帥莫及也。論功，進左都督。是年六月召還，以老致仕。尋起視事右府。十年卒。贈臨武伯，諡靖襄。

吳亮，來安人。永樂初，爲旗手衞指揮僉事。宣德中，署湖廣都指揮僉事。尋以右副總兵與王瑜督漕運。

英宗初，討新淦賊有功，累進都督僉事，副授鎭湖廣、貴州。破普定蠻，進都督同知。平計沙苗，進右都督。方政歿於麓川，召亮還京，命爲副總兵，將兵五萬往討。至雲南，賊益熾，坐金齒參將張榮敗不救，逮下獄。左遷都督僉事，仍佩征南副將軍印，鎭湖廣、貴州，討平四川都掌蠻。尋召還，視右府事。正統十一年卒。

亮姿貌魁梧，性寬簡，不喜殺戮，所至蠻人懷附。好讀書，至老，手不釋卷。

方瑛，都督政之子。正統初，以舍人從父征麓川。父戰死，瑛發憤，矢報父讐。初襲指揮使，已，論政死事功，遷都指揮同知。

六年從王驥征麓川。帥兵六千突賊壘。賊渠衣黃衣帳中。瑛直前，左右擊斬數百人，蹦死者無算，遂平其地。進都指揮使。尋復從驥破貢章、沙壩、阿嶺諸蠻。進都督僉事，涖後府事，充右參將，協守雲南。十三年復從驥征麓川。破鬼山大寨，留鎭雲南。

景泰元年，廷議以瑛有將略，命都督毛福壽代，還，進都督同知。甫抵京，而貴州羣苗叛，道梗，驥請瑛還討。其年四月拜右副總兵，與保定伯梁珤、侍郎侯璡次第破走之。進右都督。復破賞改諸砦，擒僞苗王王阿同等。璡卒，都御史王來代督軍務，分道擊賊香爐山。瑛入自龍場，大破平之。

三年秋，來劾瑛違法事，置不問。來召還，命瑛鎭守貴州。其冬，討白石崖賊，俘斬二千五百人，招降四百六十砦。進左都督。五年，四川草塘苗黃龍、韋保作亂，自稱平天大王，剽播州西坪、黃灘。瑛與巡撫蔣琳會川兵進剿，賊魁皆就縛。因分兵克中潮山及三百灘、乖西、谷種、乖立諸砦，執僞王谷蟻丁等，斬首七千餘。詔封南和伯。

瑛爲將，嚴紀律，信賞罰，臨陣勇敢，善撫士。士皆樂爲用，以故數有功。廷臣言宜委以禁旅，乃召還，同石亨督京營軍務。明年，琳奏瑛前守貴州，邊境寧，苗蠻畏服，乞遣還。帝不許。未幾，湖廣苗叛，拜瑛平蠻將軍，率京軍討之，而使御史張鵬偵其後。還奏，瑛所過秋毫不犯，帝大喜。

七年，賊渠蒙能攻平溪衞。都指揮鄭泰等擊却之，能中火槍死。瑛遂進沅州，連破鬼板等一百六十餘砦。與尙書石璞移兵天柱，率陳友等分擊天堂諸砦，復大破之。克砦二百七十，擒僞侯伯以下一百二人。時英宗已復位。捷聞，璞召還，瑛留鎭貴州、湖廣。瑛討蒙能餘黨，克銅鼓、藕洞一百九十五砦，覃洞、上隆諸苗各斬其渠納款。〔五〕帝嘉瑛功，進侯。天順二年，東苗干把豬等僭僞號，攻都勻諸衞。命瑛與巡撫白圭合川、湖、雲、貴軍討之，克六百餘砦。邊方悉定。瑛前後克砦幾二千，俘斬四萬餘。平苗之功，前此無與比者。尋卒於鎮，年四十五。帝震悼，賜謚忠襄。

瑛天姿英邁，曉古兵法。嘗上練兵法及陣圖，老將多稱之。爲人廉，謙和不伐。所至鎮以安靜，民思之，久而不忘。

子毅，嗣伯爵，誘祖母誣從父瑞不孝，坐奪爵閑住。卒，子壽祥嗣。正德中，歷鎮貴州、湖廣。傳爵至明亡乃絕。

陳友，其先西域人，家全椒。正統初，官千戶，累遷都指揮僉事。頻年使瓦剌有勞，尋復進都指揮使。九年充寧夏游擊將軍，與總兵官黃眞擊兀良哈。多獲，進都督僉事。未幾，出塞招答哈卜等四百人來歸。

景帝卽位，進都督同知，征湖廣、貴州苗。尋充左參將，守備靖州。景泰二年偕王來等擊賊香爐山。自萬潮山入，大破之。留鎮湖廣。論功，進右都督。四年春奏斬苗五百餘級，五年又奏斬苗三百餘，而都指揮戚安等八人戰死。兵部疑首功不實，指揮蔡昇亦奏友欺妄。命總督石璞廉之，斬獲僅三四十人，陷將士千四百人，宜罪。詔令殺賊自効。

天順元年隨瑛征天堂諸苗，大獲。命充左副總兵，仍鎮湖廣。已，又偕瑛破蒙能餘黨。召封武平伯，予世券。孛來犯邊，充游擊將軍，從安遠侯柳溥等往禦。率都指揮趙瑛等與戰，敵敗遁。再犯鎮番，復擊却之，俘百六十人。尋佩將軍印，充總兵官，討寧夏寇。先是，寇大入甘、涼，溥及總兵衞穎等不能禦，〔六〕惟友稍獲。至是巡撫芮釗列諸將失事狀，兵部請免友罪。詔並宥溥等，召還，進侯，卒。

傳子至孫綱，弘治中，請友贈謚。詔贈沔國公，謚武僖。綱傳子勳及熹。嘉靖中，吏部以友征苗功多冒濫，請停襲。帝不從。熹子大策復得嗣，至明亡乃絕。

李震，南陽人。父謙，都督僉事，震襲指揮使。正統九年從征兀良哈有功，進都指揮僉事。已，從王驥平麓川，進同知。

景帝卽位，充貴州右參將。擊苗於偏橋，敗之。景泰二年從王來征韋同烈，破鎖兒、流源諸砦，俘斬千六百人，共克香爐山，獲同烈。進都指揮使，守靖州。尋坐罪徵還。方瑛討苗，乞震隨軍，詔許立功贖。已，從瑛大破天堂諸苗，仍充左參將。瑛平銅鼓諸賊，震亦進武岡，克牛欄等五十四砦。斬獲多，進都督僉事。

天順中，復從瑛平貴東苗干把豬。瑛卒，即以震充總兵官，代鎮貴州、湖廣。初，麻城人李添保以逋賦逃入苗中，僞稱唐太宗後，衆萬餘，僭王，建元武烈，剽掠遠近。震進擊，大破之。添保遁入貴州鬼池諸苗中，復誘羣苗出掠。震擒之，送京師。尋破西堡苗。

五年春，剿城步瑤、僮，攻橫水、城溪、莫宜、中平諸砦，皆破之。長驅至廣西西延，會總兵官過興軍，克十八團諸瑤，前後俘斬數千人。其冬命震專鎮湖廣，以李安充總兵，守貴州。明年夏，率師由錦田、江華抵雲川、桂嶺、〔七〕橫江諸砦，破瑤，俘斬一千八百餘人。七年冬，苗據赤谿湳洞長官司。震與安分道進，斬賊渠飛天侯等，破砦二百，遂復長官司。進都督同知。明年冬，廣西瑤侵湖南，夜入桂陽州大掠。震遣兵分道追擊，連敗之，俘斬千餘人。

成化改元，守備靖州。都指揮同知莊榮奏貴州黎平諸府密邇湖廣五開諸衞，非大將總領不可，乃復命震兼鎮貴州。未幾，獲賊首苗蟲蝦。

荆、襄賊劉千斤、石和尚爲亂，震進討。賊屢敗，乘勝追及於梅溪賊巢。官軍不利，都指揮以下死者三十八人，有詔切責。白圭等大軍至，震自南漳進兵合擊，大破之，賊遂平。論功，進右都督。

時武岡、沅靖、銅鼓、五開苗復蜂起，而貴州亦告警。震言貴州終難遙制，請專鎮湖廣。許之，乃還兵。由銅鼓、天柱分四道進，連破賊，直抵清水江。因苗爲導，深入賊境。兩月間破巢八百，焚廬舍萬三千，斬獲三千三百，而廣西瑤劫桂陽者，亦擊斬三千八百有奇。當是時，震威名著西南，苗、僚聞風畏懾，呼爲「金牌李」。七年，與項忠討平流賊李原，招撫流民九十萬人，荊、襄遂定。語具忠傳。

十一年，苗復犯武岡、靖州，湖湘大擾。震與巡撫劉敷等分五道進，破六百二十餘砦，俘斬八千五百餘人，獲賊孥萬計。論功封興寧伯。時武靖侯趙輔、寧晉伯劉聚皆以功封，論者多訾議之，獨震功最高，人無異言。

參將吳經者，與震有隙。弟千戶綬爲汪直腹心，經屬綬譖之。會直方傾項忠，詞連震，遂逮下獄，奪爵，降左都督，南京閑住。未幾，直遣校尉緝事，言震陰結守備太監覃包，私通貨賂。帝怒，遣直赴南京數包等罪，責降包孝陵司香，勒震回京。直敗，震訴復爵，尋卒。

震在湖湘久，熟知苗情，善用兵。一時征苗功，方瑛後震爲最。然貪功好進，事交結，竟以是敗。

王信，字君實，南鄭人。生半歲，父忠征北戰歿，母岳氏苦節育之，後俱獲旌。正統中，信襲寬河衛千戶。

成化初，積功至都指揮僉事，守備荆、襄。劉千斤反，信以房縣險，進據之，民兵不滿千人。賊衆四千突至，圍其城。拒四十餘日，選死士，出城五六里擧礮。賊疑援至，驚走，追敗之。已，白圭統大軍至，以信爲右參將，分道抵後巖山，賊遂滅。論功，進都指揮同知。賊黨石龍復陷巫山，信與諸將共平之。而流民仍嘯荆、襄、南陽間。信以爲憂，言於朝，卽命信僉督南陽軍務。賊首李原等果亂，信復與項忠討平之。擢署都督僉事，鎭守臨清。

十三年以本官佩平蠻將軍印，移鎭湖廣。永順、保靖二宣慰世相讐殺，信諭以禍福，兵卽解。靖州及武岡蠻久不戢，守臣議剿之。信親詣，犒以牛酒，責其無狀，衆稽顙服罪。

十七年疏言：「湖廣諸蠻雖腹心蠹，實無能爲。久不靖者，由我將士利其竊發以邀功也。選精銳，愼隄防，其患自息。荆、襄流逋，本避徭役，濫誅恐傷天和。南畝之氓咸無蓄積。收穫未竟，餱糧已空；機杼方停，布縷何在。乞選公正仁惠守令，加意撫綏。濫授冗員，無慮千百，無一矢勞，冒崇階之賞，乞察勘削奪。」部指揮劉斌、張全智勇，力薦於朝。且云：「英雄之士，處心剛正，安肯俯首求媚。若不加意延訪，則志士沉淪，朝廷安得而用之。」

二十一年，巡撫馬馴等言，副總兵周賢、參將彭倫官皆都督僉事，而信反止署職，宜量進一秩以重其權。兵部言信無軍功。帝特擢爲都督同知。頃之，改總督漕運。帥府舊有湖，擅爲利，信開以泊漕艘。勢要壅水，一裁以法，漕務修擧。明年卒。

信沉毅簡重，好觀書，被服儒雅。歷大鎭，不營私產，嘗曰：「儉足以久，死後不累子孫，所遺多矣。」故人婚喪，傾資助之。子繼善、從善皆舉進士。

繼信總漕運者，寧津都勝、合肥郭鋐。勝襲職南京羽林左衞指揮僉事，鋐襲彭城衞指揮使。成化初，勝擢署都指揮僉事；而鋐亦以從征荔浦功，進都指揮僉事，中武舉，遷同知。勝備倭揚州，擊敗鹽徒爲亂者。尹旻等舉勝將才，鋐亦爲張懋所舉，乃命勝充參將，協同漕運，而鋐代之備倭。陜西大饑，勝奉詔輸米百萬石往振。信卒，遂遷署都指揮使，充總兵官代之，鋐代勝爲參將。弘治中，勝以都督僉事帶俸南京前府。時鋐已鎭守廣西副總兵，破府江僮賊，遂以時望擢總漕運。

鋐沉毅有將略。而勝無汗馬勳，徒以居官廉靜，故頻有任使。歷任五十七年，所處皆膏腴地，而自奉簡淡，日食止豆腐，時因以爲號。鋐累進都督同知，凡軍民利病多陳於朝。嘗濬通州河二十里，置壩，令淺船搬運，歲省白金數萬。當孝宗時，朝政整肅，文武大臣率得人，鋐筦漕十三年不易。正德初，始召佐後府，尋卒。

彭倫，初職爲湖廣永定衞指揮使，累功至都指揮同知。成化初，從趙輔平大藤峽賊。進都指揮使，守備貴州清浪諸處，討破茅坪、銅鼓叛苗。賊掠乾溪，倫討之。賊還所掠，與盟而退。倫以賊入時，道邛水諸砦，不即邀遏，乃下令，賊入境能生致者予重賞，縱者置諸法。由是諸司各約所屬，凡生苗輒入，卽擒之，送帳下者纍纍。倫大會所部目、把縛俘囚，置高竿，集健卒亂射殺之，復割裂肢體，烹噉諸壯士。罪輕者截耳鼻使去，曰：「以此識，再犯不赦矣。」因令諸砦樹牌爲界，羣苗股栗不敢犯。

明年充右參將，仍鎭清浪。益盡心邊計，戎事畢舉。妖賊石全州潛入綾洞，煽動古州苗，洪江、甘篆諸苗咸應之。倫遣兵截擒，並搜獲其妻子。諸苗將攻鎭遠，倫大敗之，斬首及墮崖死者無算。無何，邛水十四砦苗糾洪江生苗爲逆。倫分五哨往，甫行，雨如注，倫曰：「賊不虞我，急趨之，可得志也。」競進夾攻，縶其魁，俘斬餘黨。賊盡平。

靖州苗亂，湖廣總兵官李震檄倫會討。軍至邛水江，諸熟苗驚，欲竄。倫與僉事李晃計曰：「苗竄必助賊」，乃急撫定之。又緣道降天堂、小坪諸苗。旣抵靖州，倫將右哨，出賊背布營。賊走據高山，倫軍仰攻之，賊敗走。遂渡江，擣其巢，大獲。乘勝攻白崖塘。崖高萬仞，下臨深淵，稱絕險。倫會左哨同進，得徑路。夜登，賊倉皇潰。追斬二千餘級，俘獲如之，盡夷其砦。

初，臻剖、六洞苗侵熟苗田，不輸賦，又不供驛馬，有司莫敢問。倫遣人諭之，頓首請如制。錄功，進都督僉事。久之，御史鄧庠、員外郎費瑄勘事貴州，總兵官吳經等皆被劾，獨薦倫智謀老成。弘治初，經論罷，即以倫代。

倫用師，先計後戰，故多功。四年以老致仕。卒，予卹如制。

歐磐，滁人。襲世職指揮使。成化中，擢廣東都指揮僉事。屢剿蠻寇有功。用總督朱英薦，充廣西右參將，分守柳州、慶遠。與左參將馬義討融縣八砦瑤，克之。師旋，餘賊復出掠，被劾。帝絀磐等功，但卹死事家。瑤賊方公强亂，兵部劾總鎮中官顧恒，並及磐，當謫戍。督撫奏：「磐所守乃瑤、僮出沒地。磐募死士，夜入賊巢，斬其渠胡公返，威震羣蠻，論功，可贖罪。」帝乃宥之，還故任。二十三年，鬱林陸川賊黃公定、胡公明等亂。磐偕按察使陶魯等分五道攻破之。進都指揮同知。

弘治初，謝病解職。總督秦紘言磐多歷戰陣，有才有守，乞起用。詔還任。八年，府江永安諸僮亂。總督閔珪調兵六萬，分四哨往討。磐自象州、修仁直搗陸峒，所向摧破。已，偕諸軍連破山砦百八十，斬首六千有奇。進都指揮使，遷廣西副總兵。思恩土官岑濬築石城於丹良莊，截江括商利。帥府令毀之，不聽。磐自田州還，督兵將毀城。濬率衆拒，擊敗之，卒夷其城。都御史鄧廷瓚等以磐功多，言於朝，進都督僉事。十五年命佩平蠻將軍印，鎮守湖廣。

磐爲將廉，能得士。久鎮南邦，蠻人畏服。十八年請老。又二年卒。祭葬如制。

張祐，字天祐，廣州人。幼好學能文。弘治中襲世職爲廣州右衞指揮使。年十九，從總督潘蕃征南海寇𦋺元祖，先登有功。

正德二年擢署都指揮僉事，守備德慶、瀧水。瑤、僮負險者聞其威信，稍稍遁去。總督林廷選引爲中軍，事無大小咨焉。守備惠、潮，擣盜魁劉文安、李通寶穴，平之。遷廣西右參將，分守柳、慶。總督陳金討府江賊，命祐進沈沙口，大破之。增俸一等，擢副總兵，鎮守廣西。尋進署都督僉事。

古田諸瑤、僮亂。祐言：「先年征討，率倚兩江土兵，賞不酬勞。今調多失期，乞定議優賚。」從之。督都指揮沈希儀等討臨桂、灌陽諸瑤，斬首五百餘級，璽書獎勞。又連破古田賊，俘斬四千七百，進署都督同知。已，復討平洛容、肇慶、平樂諸蠻。增俸一等，蔭子，世百戶。

嘉靖改元，母喪，哀毀骨立。尋以疾乞休，還衞。

初，上思州土目黃鏐作亂，祐購其黨黃廷寶縛獻之。總督張嵿惡祐不自己，至劾祐懷奸避難，逮繫德慶獄。數上書訟冤，釋令閒住。盧蘇、王受亂田州。總督姚鏌召至軍中，待以賓禮，多所裨贊。後王守仁代鏌，詢撫勦之宜，祐曰：「以夷治夷，可不煩兵而下。」守仁納之，蘇、受果效順，因命祐部分其衆。事寧，守仁言：「思、田初定，宜設一副總兵鎭之，請卽以命祐。」報可。破封川賊盤古子，又勦廣東會寧劇賊丘區長等，斬首一千二百，勒銘大隆山。

十一年，楊春賊趙林花陷高州。總督陶諧檄祐討。深入，多所斬獲。忽中危疾卒，軍中爲哀慟。

祐身長八尺，智識絕人。馭軍有節制，與下同甘苦，不營私產。性好書，每載以自隨，軍暇卽延儒生講論。嘗過烏蠻灘，謁馬伏波祠，太息曰：「歿不俎豆其間，非夫也。」題詩而去。後田州人立祠橫山祀之。

贊曰：苗蠻阻險自固，易動難服，自其性然。而草薙禽獮，濫殺邀功，貪貨賄，興事端，控馭乖方，綏懷無策，則鎮將之過也。韓觀諸人，雖功最焯著，而皆以威信震懾蠻荒。若山雲、王信、張祐之廉儉有守，士君子何以過，故尤足尚云。

## 校勘記

〔一〕富勞　原作「高勞」，據本書卷四五地理志、卷三一九向武州傳、太祖實録卷二四二洪武二十八年閏九月癸卯條改。

〔二〕時鎮遠侯顧興祖以不救丘温被逮　顧興祖，原脱「祖」字，據本書卷一〇六功臣世表、卷一四四顧成傳，明史稿傳四〇山雲傳，英宗實録卷三五五天順七年閏七月甲子條補。

〔三〕貴州計沙賊苗金蟲　計沙，本書卷一〇英宗前紀、卷三一六黎平傳，明史稿傳四〇蕭授傳，英宗實録卷五一正統四年二月丁巳條都作「計砂」。

〔四〕糾洪江生苗作亂　洪江，原作「紅江」，本卷彭倫傳及本書卷三一六黎平傳、明史稿傳四〇蕭授傳、英宗實録卷五一正統四年二月丁巳條作「洪江」，爲一致故，據改。下同。

〔五〕覃洞上隆諸苗各斬其渠納款　上隆，本書卷三一六黎平傳作「上陸」。

〔六〕溥及總兵衛穎等不能禦　衛穎，原作「衛頴」，據本書卷一七五衛青傳附衛穎傳、明史稿傳五二方瑛傳附陳友傳、英宗實録卷二八四天順元年十一月甲子條改。

〔七〕桂嶺 原作「貴嶺」。明史稿傳五二李震傳、英宗實録卷三四一天順六年六月甲申條都作「桂嶺」。按讀史方輿紀要卷一〇六及卷一〇七均載有「桂嶺」。卷一〇六謂桂嶺係廣西名山之一，在平樂府賀縣東北二百里，與湖廣永州府道州江華縣接界。地望正合。作「桂嶺」是，今改正。

# 明史卷一百六十七

## 列傳第五十五

曹鼐 張益　鄺埜　王佐 丁鉉等　孫祥 謝澤

袁彬 哈銘　袁敏

曹鼐，字萬鍾，寧晉人。少伉爽有大志，事繼母以孝聞。宣德初，由鄉舉授代州訓導，願授別職，改泰和縣典史。〔一〕七年督工匠至京師，疏乞入試，復中順天鄉試。明年舉進士一甲第一，賜宴禮部。進士宴禮部，自鼐始。入翰林，爲修撰。

正統元年充經筵講官。宣宗實錄成，進侍講，錫三品章服。五年，以楊榮、楊士奇薦，入直文淵閣，參預機務。鼐爲人內剛外和，通達政體。榮旣歿，士奇常病不視事，閣務多決於鼐。帝以爲賢，進翰林學士。十年進吏部左侍郎兼學士。

十四年七月，也先入寇，中官王振挾帝親征。朝臣交章諫，不聽，鼐與張益以閣臣扈從。未至大同，士卒已乏糧，宋瑛、朱冕全軍沒，諸臣請班師。振不許，趣諸軍進。大將朱勇膝行聽命，尙書鄺埜、王佐跪草中，至暮不得請。欽天監正彭德清言天象示警，若前，恐危乘輿。振詈曰：「爾何知！若有此，亦天命也。」鼐曰：「臣子固不足惜，主上繫天下安危，豈可輕進？」振終不從。前驅敗報踵至，始懼，欲還。定襄侯郭登言於鼐、益曰：「自此趨紫荊，裁四十餘里，駕宜從紫荊入。」振欲邀帝至蔚州幸其第，不聽，復折而東，趨居庸。

八月辛酉次土木。地高，掘地二丈不及水。瓦剌大至，據南河。明日佯却，且遣使通和。帝召鼐草詔答之。振遽令移營就水，行亂。寇騎蹂陣入，帝突圍不得出，擁以去。鼐、益等俱及於難。景帝立，贈鼐少傅、吏部尙書、文淵閣大學士，謚文襄，官其子恩大理評事。英宗復位，加贈太傅，改謚文忠，復官其孫榮錦衣百戶。鼐弟鼎進士，歷吏科都給事中。

張益，字士謙，江寧人。永樂十三年進士。由庶吉士授中書舍人，改大理評事。與修宣宗實錄成，改修撰。博學強記，詩文操筆立就，三楊雅重之。尋進侍讀學士。正統十四年入文淵閣。未三月，遽蒙難以歿。景帝立，贈學士，謚文僖。曾孫琮進士。嘉靖初歷官南京右都御史。

鄺埜，字孟質，宜章人。永樂九年進士。授監察御史。成祖在北京，或奏南京鈔法爲豪民沮壞，帝遣埜廉視。衆謂將起大獄，埜執一二市豪歸，奏曰：「市人聞令震懼，鈔法通矣。」事遂已。倭犯遼東，戍守失律者百餘人，皆應死。命埜按問，具言可矜狀，帝爲宥之。營造北京，執役者鉅萬，命埜稽省，病者多不死。

十六年有言秦民羣聚謀不軌者，擢埜陝西按察副使，敕以便宜調兵剿捕。埜白其誣，詔誅妄言者。宣德四年振關中饑。在陝久，刑政清簡。父憂服除，擢應天府尹。蠲苛急政，市征田稅皆酌其平。

正統元年進兵部右侍郎。明年，尚書王驥出督軍，埜獨任部事。時邊陲多警，將帥乏人，埜請令中外博擧謀略材武士，以備任使。六年，山東災。埜請寬民間孳牧馬賠償之令，以甦其力。

十年進尚書。舊例諸衞自百戶以下當代者，必就試京師；道遠無資者，終身不得代。埜請就令各都司試之，人以爲便。瓦剌也先勢盛，埜請爲備，又與廷臣議上方略，請增大同兵，擇智謀大臣巡視西北邊務。尋又請罷京營兵修城之役，令休息以備緩急。時不能用。也先入寇，王振主親征，不與外廷議可否。詔下，埜上疏言：「也先入犯，一邊將足制之。

陛下爲宗廟社稷主，奈何不自重。」不聽。既扈駕出關，力請回鑾。振怒，令與戶部尙書王佐皆隨大營。埜墜馬幾殆，或勸留懷來城就醫。埜曰：「至尊在行，敢託疾自便乎？」車駕次宣府，朱勇敗沒。埜請疾驅入關，嚴兵爲殿。不報。又詣行在申請。振怒曰：「腐儒安知兵事，再言者死！」埜曰：「我爲社稷生靈言，何懼？」振叱左右扶出。埜與佐對泣帳中。明日，師覆，埜死，年六十五。

埜爲人勤廉端謹，性至孝。父子輔爲句容敎官，敎埜甚嚴。埜在陝久，思一見父，乃謀聘父爲鄉試考官。父怒曰：「子居憲司，而父爲考官，何以防閑？」馳書責之。埜又嘗寄父褐，復貽書責曰：「汝掌刑名，當洗冤釋滯，以無忝任使，何從得此褐，乃以汚我。」封還之。埜奉書跪誦，泣受敎。景泰初，贈埜少保，官其子儀爲主事。成化初，諡忠肅。

王佐，海豐人。永樂中舉於鄉。卒業太學，以學行聞，擢吏科給事中。器宇凝重，奏對詳雅，爲宣宗所簡注。

宣德二年超拜戶部右侍郎。以太倉、臨淸、德州、淮、徐諸倉多積弊，敕佐巡視。平江伯陳瑄言，漕卒十二萬人，歲漕艱苦，乞僉南方民如軍數，更番轉運。詔佐就瑄及黃福議之。

佐還奏，東南民力已困，議遂寢。受命治通州至直沽河道。已，赴宣府議屯田事宜。英宗初立，出鎮河南。奏言軍衞收納稅糧，奸弊百出，請變其制。廷議自邊衞外，皆改隸有司。尋召還，命督理甘肅軍餉。正統元年理長蘆鹽課，三年提督京師及通州倉場，所至事無不辦。

六年，尚書劉中敷得罪，召理部事，尋進尚書。十一年承詔訊安鄉伯張安兄弟爭祿事，坐與法司相諉，被劾下吏，獲釋。時軍旅四出，耗費動以鉅萬，府庫空虛。佐從容調劑，節縮有方。在戶部久，不爲赫赫名，而寬厚有度，政務紏紛，未嘗廢學，人稱其君子。土木之變，與鄺埜、丁鉉、王永和、鄧棨同死難。贈少保，官其子道戶部主事。成化初，謚忠簡。

丁鉉，字用濟，豐城人。永樂中進士。授太常博士。歷工、刑、吏三部員外郎，進刑部郎中。正統三年超拜刑部侍郎。九年出理四川茶課，奏減其常數，以俟豐歲。振饑江淮及山東、河南，民咸賴之。平居恂恂若無能，臨事悉治辦。從征歿，贈刑部尚書，官其子瑄大理評事。後謚襄愍。

王永和，字以正，崑山人。少至孝。父病伏枕十八年，侍湯藥無少懈。永樂中舉於鄉，歷嚴州、饒州訓導。以蹇義薦，爲兵科給事中。嘗劾都督王彧鎭薊州縱寇，及錦衣馬順不法事。持節册韓世子妃，糾中官蹇傲罪。以勁直聞。正統六年進都給事中。八年擢工部右侍郎。從征歿，贈工部尙書，官其子汝賢大理評事。後諡襄敏。

鄧棨，字孟擴，南城人。永樂末年進士。授監察御史，奉敕巡按蘇、松諸府。期滿將代去，父老赴闕乞留，得請。旋以憂去。宣德十年，陝西闕按察使，詔廷臣舉淸愼有威望者。楊士奇薦棨，遂以命之。正統十年入爲右副都御史。北征扈從，師出居庸關，疏請回鑾，以兵事專屬大將。至宣府、大同，復再上章。皆不報。及遇變，同行者語曰：「吾輩可自脫去。」棨曰：「鑾輿失所，我尙何歸！主辱臣死，分也。」遂死。贈右都御史，官其子瑺大理評事。後諡襄敏。

英宗之出也，備文武百官以行。六師覆於土木，將相大臣及從官死者不可勝數，英國公張輔及諸侯伯自有傳，其餘姓氏可考者，卿寺則龔全安、黃養正、戴慶祖、王一居、劉容、淩壽，給事、御史則包良佐、姚銑、鮑輝、張洪、黃裳、魏貞、夏誠、申祐、尹竑、童存德、孫慶、林祥鳳，庶寮則齊汪、馮學明、王健、程思溫、程式、逯端、俞鑑、張瑭、鄭瑄、俞拱、潘澄、錢昺、馬預、尹昌、羅如墉、劉信、李恭、石玉。景帝立，旣贈卹諸大臣，自給事、御史以下，皆降敕褒美，錄其子爲國子生，一時卹典綦備云。

龔全安，蘭谿人。進士，授工科給事中，累遷左通政。歿贈通政使。黃養正，名蒙，以字行，瑞安人。以善書授中書舍人，累官太常少卿。歿贈太常卿。戴慶祖，溧陽人，王一居，上元人。俱樂舞生，累官太常少卿。歿，俱贈太常卿。包良佐，字克忠，慈谿人。進士，授吏科給事中。鮑輝，字淑大，浙江平陽人。進士，授工科給事中，數有建白。張洪，安福人，黃裳，字元吉，曲江人。俱進士，授御史。裳嘗言寧、紹、台三府疫死三萬人，死者宜蠲租，存者宜振恤。巡視兩浙鹽政，請卹水災。報可。魏貞，懷遠人。進士，官御史。申祐，字天錫，貴州婺川人。父爲虎齧，祐持梃奮擊之，得免。舉於鄉，入國學，帥諸生救祭酒李時勉。旋登進士，拜四川道御史，以謇諤聞。尹竑，字太和，巴人。童存德，字居敬，蘭谿人。俱進士，官御史。林祥鳳，字鳴皋，莆田人。由鄉舉授訓導，擢御史。齊汪，字源澄，天台人。以進士歷兵部車駕司郎中。程思溫，婺源人。程式，常熟人。逯端，仁和人。俱進士，官員外郎。俞鑑，字元吉，桐廬人。以進士授兵部職方司主事。駕北征，郎中胡寧當從，以病求代，鑑慷慨許諾。或曰：「家遠子幼奈何？」鑑曰：「爲國，臣子敢計身家！」尙書鄺埜知其賢，數與計事，鑑曰：「惟力勸班師耳。」時不能用。張瑭，字廷玉，慈谿人。進士，授刑部主事。尹昌，吉水人。進士，官行人司正。羅如墉，字本崇，廬陵人。進士，授行人。從北征，瀕行，訣妻子，誓以死報國，屬翰林劉儼銘其墓。儼驚拒之，如墉笑曰：「行當驗耳。」後數日果死。劉容，太僕少卿。淩壽，尙寶少卿。夏誠、孫慶皆御史。馮學明，郎中。王健，員外郎。俞拱、潘澄、錢昺，皆中書舍人。馬預，大理寺副。劉信，夏官正。李恭、石玉，序班。里居悉無考。

孫祥，大同人。正統十年進士。授兵科給事中。擢右副都御史，守備紫荆關。也先逼關，都指揮韓青戰死，祥堅守四日。也先由間道入，夾攻之，關破。祥督兵巷戰，兵潰被殺，言官誤劾祥棄城遁。寇退，有司修關，得其屍戰地，焚而瘞之，不以聞。祥弟禛詣闕言冤，詔卹其家。成化改元，錄其子紳爲大理寺右評事。

又謝澤者，上虞人。永樂十六年進士。由南京刑部主事出爲廣西參政。正統末，擢通政使，守備白羊口。王師敗於土木，守邊者無固志，澤與其子儼訣而行。受事未數日，也先兵大入，守將呂鐸遁。澤督兵扼山口，大風揚沙，不辨人馬。或請移他關避敵，澤不可。寇至，衆潰，澤按劍厲聲叱賊，遂被殺。事聞，遣官葬祭，錄儼爲大理評事。

袁彬，字文質，江西新昌人。正統末，以錦衣校尉扈帝北征。土木之變，也先擁帝北去，從官悉奔散，獨彬隨侍，不離左右。也先之犯大同、宣府，逼京師，皆奉帝以行。上下山坂，涉溪澗，冒危險，彬擁護不少懈。帝駐蹕土城，欲奉書皇太后貽景帝及諭羣臣，以彬知書令代草。帝既入沙漠，所居止氊帳敝幃，旁列一車一馬，以備轉徙而已。彬周旋患難，未嘗違忤。夜則與帝同寢，天寒甚，恒以脅溫帝足。

有哈銘者，蒙古人。幼從其父爲通事，至是亦侍帝。帝宣諭也先及其部下，嘗使銘。也先輩有所陳請，亦銘爲轉達。帝獨居氊廬，南望悒鬱。二人時進諧語慰帝，帝亦爲解顔。

中官喜寧爲也先腹心。也先嘗謂帝曰：「中朝若遣使來，皇帝歸矣。」帝曰：「汝自送我則可，欲中朝遣使，徒費往返爾。」寧聞，怒曰：「欲急歸者彬也，必殺之。」寧勸也先西犯寧夏，掠其馬，直趨江表，居帝南京。彬、銘謂帝曰：「天寒道遠，陛下又不能騎，空取凍餒。且至彼而諸將不納，奈何？」帝止寧計。寧又欲殺二人，皆帝力解而止。也先將獻妹於帝，彬請駕旋而後聘，帝竟辭之。也先惡彬、銘二人，欲殺者屢矣。一日縛彬至曠埜，將支解之。帝聞，如失左右手，急趨救，乃免。彬嘗中寒。帝憂甚，以身壓其背，汗浹而愈。帝居漠北期年，視彬猶骨肉也。

及帝還京，景帝僅授彬錦衣試百戶。天順復辟，擢指揮僉事。尋進同知。帝眷彬甚，奏請無不從。內閣商輅既罷，彬乞得其居第。既又以湫隘，乞官爲別建，帝亦報從。彬娶妻，命外戚孫顯宗主之，賜予優渥。時召入曲宴，敍患難時事，歡洽如故時。其年十二月進指揮使，與都指揮僉事王喜同掌衞事。二人嘗受中官夏時囑，私遣百戶季福偵事江西。福者，帝乳媼夫也。詔問誰所遣，二人請罪。帝曰：「此必有主使者。」遂下福吏，得二人受囑狀。所司請治時及二人罪。帝宥時，二人贖徒還職，而詔自今受囑遣官者，必殺無赦。已而坐失囚，喜解職，彬遂掌衞事。五年秋，以平曹欽功，進都指揮僉事。

時門達恃帝寵，勢傾朝野。廷臣多下之，彬獨不爲屈。達誣以罪，請逮治。帝欲法行，語之曰：「任汝往治，但以活袁彬還我。」達遂鍛鍊成獄。賴漆工楊塤訟冤，獄得解。然猶調南京錦衣衞，帶俸閒住。語詳達傳。

越二月，英宗崩，達得罪，貶官都勻。召彬復原職，仍掌衞事。未幾，達徵下獄，充軍南丹。彬餞之於郊，餽以贐。成化初，進都指揮同知。久之，進都指揮使。先是，掌錦衣衞者，率張權勢，罔財賄。彬任職久，行事安靜。

十三年擢都督僉事，涖前軍都督府。卒於官。世襲錦衣僉事。

哈銘從帝還，賜姓名楊銘，歷官錦衣指揮使，數奉使外蕃爲通事。孝宗嗣位，汰傳奉官，銘以塞外侍衞功，獨如故。以壽卒於官。

袁敏者，金齒衞知事也。英宗北征，應募從至大同。及駕還，駐萬全左衞。敏見敵騎逼，請留精兵三四萬人扼其衝，而車駕疾驅入關。王振不納，六師遂覆。敏跳還，上書景帝曰：「上皇曩居九重，所服者袞繡，所食者珍羞，所居者瓊宮瑤室。今駕陷沙漠，服有袞繡乎？食有珍羞乎？居有宮室乎？臣聞之，主辱臣死。上皇辱至此，臣子何以爲心，臣不惜碎首刳心。乞遣官一人，或就令臣齎書及服御物問安塞外，以盡臣子之義。臣雖萬死，心實甘之。」命禮部議，竟報寢。

贊曰：異哉，土木之敗也。寇非深入之師，國非積弱之勢，徒以宦豎竊柄，狎寇弄兵，逆衆心而驅之死地，遂致六師撓敗，乘輿播遷，大臣百官身膏草野。夫始之不能制其不出，出不能使之早旋，枕藉疆埸，無益於敗。然値倉皇奔潰之時，主辱臣死，志異偸生，亦可無譏於傷勇矣。

## 校勘記

〔一〕改泰和縣典史　泰和縣，原作「太和縣」，據明史稿傳三三曹鼐傳改。按英宗實錄卷一八一正統十四年八月壬戌條稱曹鼐改「江西泰和縣典史」，太和縣在雲南，泰和縣在江西，作「泰和縣」是。

# 明史卷一百六十八

## 列傳第五十六

陳循 蕭鎡 王文 江淵 許彬 陳文 萬安 彭華

劉珝 子鈗 劉吉 尹直

陳循，字德遵，泰和人。永樂十三年進士第一。授翰林修撰。習朝廷典故。帝幸北京，命取秘閣書詣行在，遂留侍焉。

洪熙元年進侍講。宣德初，受命直南宮，日承顧問。賜第玉河橋西，巡幸未嘗不從。進侍講學士。正統元年兼經筵官。久之，進翰林院學士。九年入文淵閣，典機務。

初，廷議天下吏民建言章奏，皆三楊主之。至是榮、士奇已卒，循及曹鼐、馬愉在內閣，禮部援故事請。帝以楊溥老，宜優閒，令循等預議。明年進戶部右侍郎，兼學士。土木之變，人心洶懼。循居中，所言多採納。進戶部尚書，兼職如故。也先犯京師，請敕各邊精騎入衞，馳檄回番以疑敵。帝皆從其計。

景泰二年，以葬妻與鄉人爭墓地，爲前後巡按御史所不直，循輒訐奏。給事中林聰等極論循罪。帝是聰言，而置循不問。循本以才望顯，及是素譽隳焉。

二年十二月進少保兼文淵閣大學士。帝欲易太子，內畏諸閣臣，先期賜循及高穀白金百兩，江淵、王一寧、蕭鎡半之。比下詔議，循等遂不敢諍，加兼太子太傅。尋以太子令旨賜百官銀帛。踰月，帝復賜循等六人黃金五十兩，進華蓋殿大學士，兼文淵閣如故。循子英及王文子倫應順天鄉試被黜，相與搆考官劉儼、黃諫，爲給事中張寧等所劾。帝亦不罪。

英宗復位，于謙、王文死，杖循百，戍鐵嶺衞。

循在宣德時，御史張楷獻詩忤旨。循曰「彼亦忠愛也」，遂得釋。御史陳祚上疏，觸帝怒，循婉爲解，得不死。景帝朝，嘗集古帝王行事，名勤政要典，上之。河南江北大雪，麥苗死，請發帑市麥種給貧民。因事進言，多足採者。然久居政地，刻躁爲士論所薄。其嚴譴則石亨輩爲之，非帝意也。

亨等既敗，循自貶所上書自訟，言：「天位，陛下所固有。當天與人歸之時，羣臣備法駕大樂，恭詣南內，奏請臨朝。非特宮禁不驚，抑亦可示天下萬世。而亨等儌倖一時，計不出此，卒皆自取禍敗。臣服事累葉，曾著微勞，實爲所擠，惟陛下憐察。」詔釋爲民，一年卒。成化中，于謙事雪，循子引例請卹，乃復官賜祭。

同邑蕭鎡，字孟勤。宣德二年進士，需次於家。八年，帝命楊溥合選三科進士，拔二十八人爲庶吉士，鎡爲首。英宗卽位，授編修。正統三年進侍讀。久之，代李時勉爲國子監祭酒。景泰元年以老疾辭。既得允，監丞鮑相率六館生連章乞留。帝可其奏。明年以本官兼翰林學士，與侍郎王一寧並入直文淵閣。又明年進戶部右侍郎，兼官如故。易儲議起，鎡曰：「無易樹子，霸者所禁，矧天朝乎。」不聽。加太子少師。寰宇通志成，進戶部尚書。帝不豫，諸臣議復憲宗東宮。李賢私問鎡，鎡曰：「既退，不可再也。」英宗復位，遂削籍。天順八年卒。成化中，復官賜祭。鎡學問該博，文章爾雅。然性猜忌，遇事多退避云。

王文，字千之，初名强，束鹿人。永樂十九年進士。授監察御史。持廉奉法，爲都御史顧佐所稱。宣德末，奉命治彰德妖賊張普祥獄。還奏稱旨，賜今名。

英宗卽位，遷陝西按察使。遭父憂，命奔喪，起視事。正統三年正月擢右副都御史，巡撫寧夏。五年召爲大理寺卿。明年與刑部侍郎何文淵錄在京刑獄，尋遷右都御史。九年出視延綏、寧夏邊務，劾治定邊營失律都督僉事王禎、都督同知黄眞等罪，邊徼爲肅。明年代陳鎰鎭守陝西。平涼、臨洮、鞏昌饑，奏免其租。尋進左都御史。在陝五年，鎭靜不擾。

景泰改元，召掌院事。文爲人深刻有城府，面目嚴冷，與陳鎰同官，一揖外未嘗接談。諸御史畏之若神，廷臣無敢干以私者，然中實柔媚。初，按大理少卿薛瑄獄，希王振指，欲坐瑄死。至是治中官金英縱家奴不法事，但抵奴罪。給事中林聰等劾文、鎰畏勢長奸，下詔獄。二人俱伏，乃宥之。二年六月，學士江淵上言法司斷獄多枉。文及刑部尚書俞士悅求罷，且言淵嘗私以事，不聽，故見誣。帝兩置之。

三年春，加太子太保。時陳鎰鎭陝西，將還，文當代。諸御史交章留之，乃改命侍郎耿九疇。南京地震，江、淮北大水，命巡視。偕南九卿議上軍民便宜九事。又言徐、淮間饑甚，而南京儲蓄有餘，請盡發徐、淮倉粟振貸，而以應輸南京者輸徐、淮，補其缺。皆報可。

是時，陳循最任，好剛自用。高穀與循不相能，以文强悍，思引與共政以敵之，乃疏請增閣員。循擧其鄕人蕭維禎，穀遂擧文。而文得中官王誠助，於是詔用文。尋自江、淮還朝，改吏部尚書，兼翰林院學士，直文淵閣。二品大臣入閣自文始。尋遭母喪，奪哀如前。文雖爲穀所引，而穀遲重，循性明決，文反與循合而不附穀。其後以子倫故，欲傾考官，又用毅言而罷。由是兩人卒不相得。

五年三月，江、淮大水，復命巡視。先是蘇、松、常、鎭四府糧，四石折白銀一兩，民以爲便。後戶部復徵米，令輸徐、淮，凡一百十餘萬石。率三石而致一石，有破家者。文用便宜停之，又發廩振饑民三百六十餘萬。時年饑多盜，文捕長洲盜許道師等二百人。欲張其功，坐以謀逆。大理卿薛瑄辨其誣。給事中王鎭乞會廷臣勘實，得爲盜者十六人置之法，而餘得釋。還進少保，兼東閣大學士。再進謹身殿大學士，仍兼東閣。

初，英宗之還也，廷臣議奉迎禮。文時爲都御史，厲聲曰：「公等謂上皇果還耶？也先不索土地、金帛而遽送駕來耶？」衆素畏文，皆愕然不決而罷。及易儲議起，文率先承命。景帝不豫，羣臣欲乞還沂王東宮。文曰：「安知上意誰屬？」乃疏請早選元良。以是中外諠傳文與中官王誠等謀召取襄世子。

英宗復位，卽日與于謙執於班內。言官劾文與謙等謀立外藩，命鞫於廷。文力辯曰：「召親王須用金牌信符，遣人必有馬牌，內府兵部可驗也。」辭氣激壯。逮車駕主事沈敬按問，無迹。廷臣遂坐謙、文召敬謀未定，與謙同斬於市，諸子悉戍邊。敬亦坐知謀反故縱，減死，戍鐵嶺。文之死，人皆知其誣。以素刻忮，且迎駕、復儲之議不愜輿論，故冤死而民不思。成化初，赦其子還，尋復官，贈太保，諡毅愍。

倫，改名宗彝。成化初進士。歷戶部郎中，出理遼東餉。中官汪直東征，言宗彝督餉勞，擢太僕少卿。弘治中，累官南京禮部尚書。卒，謚安簡。

江淵，字世用，江津人。宣德五年庶吉士，授編修。正統十二年詔與杜寧、裴綸、劉儼、商輅、陳文、楊鼎、呂原、劉俊、王玉共十人，肄業東閣，曹鼐等爲之師。

郕王監國，徐有貞倡議南遷，太監金英叱出之，踉蹌過左掖門。淵適入，迎問之。有貞曰：「以吾議南遷不合也。」於是淵入，極陳固守之策。遂見知於王，由侍講超擢刑部右侍郎。也先薄京師，命淵參都督孫鏜軍事。

景泰元年出視紫荊、倒馬、白羊諸關隘，與都指揮同知翁信督修雁門關。其秋遂以本官兼翰林學士，入閣預機務。尋改戶部侍郎，兼職如故。

明年六月以天變條上三事：一，厚結朶顏、赤斤諸衞，爲東西藩籬；一，免京軍餘丁，以資生業；一，禁訐告王振餘黨，以免枉濫。詔悉從之。又明年二月改吏部，仍兼學士。是春，京師久雨雪。淵上言：「漢劉向曰，凡雨陰也，雪又雨之陰也。仲春少陽用事，而寒氣脅之，占法謂人君刑法暴濫之象。陛下恩威溥洽，未嘗不赦過宥罪，竊恐有司奉行無狀，冤抑或有未伸。且向者下明詔，免景泰二年田租之三，今復移檄追徵，則是朝廷自失大信於民，怨氣鬱結，良由此也。」帝乃令法司申冤濫，詰戶部違詔，下尚書金濂於獄，卒免稅如詔。東宮旣易，加太子少師。四川巡撫僉都御史李匡不職，以淵言罷之。母憂起復。初侍講學士倪謙遭喪，淵薦謙爲講官，謙遂奪哀。至是御史周文言淵引謙，正自爲今日地。帝以事旣處分，不問，而令自今羣臣遭喪無濫保。

五年春，山東、河南、江北饑，命同平江侯陳豫往撫。淵前後條上軍民便宜十數事。幷請築淮安月城以護常盈倉，廣徐州東城以護廣運倉。悉議行。時江北洊饑，淮安糧運在塗者，淵悉追還備振，漕卒乘機侵耗。事聞，遣御史按實。淵被劾，當削籍。廷臣以淵守便宜，不當罪。帝宥之。

閣臣旣不相協，而陳循、王文尤刻私。淵好議論，每爲同官所抑，意忽忽不樂。會兵部尙書于謙以病在告，詔推一人協理部事，淵心欲得之。循等佯推淵而密令商輅草奏，示以「石兵江工」四字，淵在旁不知也。比詔下，調工部尙書石璞於兵部，而以淵代璞，淵大失望。英宗復位，與陳循等俱謫戍遼東，未幾卒。

初，黃竑之奏易儲也，或疑淵主之。丘濬曰：「此易辨也，廣西紙與京師紙異。」索奏視之，果廣西紙，其誣乃白。成化初，復官。

許彬，字道中，寧陽人。永樂十三年進士。改庶吉士，授檢討。正統末，累遷太常少卿，兼翰林待詔，提督四夷館。上皇將還，遣彬至宣府奉迎，上皇命書罪己詔及諭羣臣敕，遣祭土木陣亡官軍，以此受知上皇，還擢本寺卿。石亨等謀復上皇，以其謀告彬，彬進徐有貞，語具有貞傳。英宗復位，進禮部左侍郎，〔一〕兼翰林院學士，入直文淵閣。未幾，爲石亨所忌，出爲南京禮部右侍郎，〔二〕甫行，貶陝西參政。至則乞休去。憲宗立，命以侍郎致仕，尋卒。

彬性坦率，好交游，不能擇人，一時浮蕩士多出其門。晚參大政，方欲杜門謝客，而客惡其變態，競相騰謗，竟不安其位。

陳文，字安簡，廬陵人。鄉試第一，正統元年進士及第，授編修。十二年命進學東閣。秩滿，遷侍講。

景泰二年，閣臣高穀薦文才，遂擢雲南右布政使。貴州比歲用兵，資餉雲南，民困轉輸。文令商賈代輸，而民倍償其費，皆稱便。稅課額鈔七十餘萬，吏俸所取給，典者侵蝕，吏或累歲不得俸。文悉按治，課日羨溢。雲南產銀，民間用銀貿易，視內地三倍。隸在官者免役，納銀亦三之，納者不爲病。文曰：「雖如是，得無傷廉乎？」損之，復令減隸額三之一。名譽日起，遷廣東左布政使，母憂未赴。

英宗既復位，一日謂左右曰：「向侍朕編修，晳而長者安在？」左右以文對，卽召爲詹事。乞終制。不允。入侍東宮講讀。學士呂原卒，帝問李賢誰可代者，曰：「柯潛可。」出告王翺，翺曰：「陳文以次當及，奈何抑之？」明日，賢入見，如翺言。

七年二月進禮部右侍郎兼學士，入內閣。文既入，數撓賢以自異，曰：「吾非若所薦也。」侍讀學士錢溥與文比舍居，交甚歡。溥嘗授內侍書，其徒多貴幸，來謁，必邀文共飲。英宗大漸，東宮內侍王綸私詣溥計事，不召文。文密覘之。綸言：「帝不豫，東宮納妃，如何？」溥謂：「當奉遺詔行事。」已而英宗崩，賢當草詔。文起奪其筆曰：「無庸，已有草者。」因言綸、溥定計，欲逐賢以溥代之，而以兵部侍郎韓雍代尚書馬昂。賢怒，發其事。是時憲宗初立，綸自謂當得司禮，氣張甚。英宗大殮，綸衰服襲貂，帝見而惡之。太監牛玉恐其軋己，因數綸罪，逐之去。溥謫知順德縣，雍浙江參政。詞所連，順天府尹王福，通政參議趙昂，南寧伯毛榮，都督馬良、馮宗、劉聚，錦衣都指揮僉事門達等皆坐謫。雍亦文素所不悅者也。改吏部左侍郎，同知經筵事。

成化元年進禮部尚書。羅倫論賢奪情。文內媿，陰助賢逐倫，益爲時論所鄙。三年春，帝命戶部尚書馬昂、副都御史林聰及給事中潘禮、陳越清理京營。文奏必得內臣共事，始可剗除宿弊，因薦太監懷恩。帝從之。英宗實錄成，加太子少保，兼文淵閣大學士。四年卒。贈少傅，謚莊靖。

文素以才自許，在外頗著績效，士大夫多冀其進用。及居宮端，行事鄙猥。旣參大政，無所建明。朝退則引賓客故人置酒爲曲宴，專務請屬。性卞急，遇睚眦怨必報。及賢卒，文益恣意行，名節大喪。歿後，禮部主事陸淵之、御史謝文祥皆疏論文不當得美謚。帝以事已施行，不許。

萬安，字循吉，眉州人。長身魁顏，眉目如刻畫，外寬而深中。正統十三年進士。改庶吉士，授編修。

成化初，屢遷禮部左侍郎。五年命兼翰林學士，入內閣參機務。同年生詹事李泰，中官永昌養子也，齒少於安。安兄事之，得其驩。自爲同官，每當遷，必推安出己上。至是議簡閣臣，泰復推安曰：「子先之，我不患不至。」故安得入閣，而泰忽暴病死。

安無學術，既柄用，惟日事請託，結諸閹爲內援。時萬貴妃寵冠後宮，安因內侍致殷勤，自稱子姪行。妃嘗自媿無門閥，聞則大喜。妃弟錦衣指揮通，遂以族屬數過安家。其妻王氏有母至自博興。王謂母曰：「嚮家貧時，以妹爲人娣，今安在？」母曰：「第憶爲四川萬編修者。」通心疑是安，訪之則安小婦，由是兩家婦日往來。通妻著籍禁內，恣出入，安得備知宮中動靜，益自固。侍郎邢讓、祭酒陳鑑與安同年不相能。安搆獄，除兩人名。

七年冬，彗見天田，犯太微。廷臣多言君臣否隔，宜時召大臣議政。大學士彭時、商輅力請。司禮中官乃約以御殿日召對，且曰：「初見，情未洽，勿多言，姑俟他日。」將入，復約如初。比見，時言天變可畏，帝曰：「已知，卿等宜盡心。」時又言：「昨御史有疏，請減京官俸薪，武臣不免觖望，乞如舊便。」帝可之。安遂頓首呼萬歲，欲出。時、輅不得已，皆叩頭退。中官戲朝士曰：「若輩嘗言不召見。及見，止知呼萬歲耳。」一時傳笑，謂之「萬歲閣老」。帝自是不復召見大臣矣。

其後尹直入閣，欲請見帝計事。安止之曰：「往彭公請召對，一語不合，輒叩頭呼萬歲，以此貽笑。今吾輩每事盡言，太監擇而聞之，上無不允者，勝面對多矣。」其容悅不識大體，且善歸過於人如此。

九年進禮部尚書。久之，改戶部。十三年加太子少保，俄改文淵閣大學士。孝宗出閣，進吏部尚書、謹身殿大學士，尋加太子太保。時彭時已歿，商輅以忤汪直去，在內閣者劉珝、劉吉。而安爲首輔，與南人相黨附，珝與尚書尹旻、王越又以北人爲黨，互相傾軋。然珝疏淺而安深鷙，故珝卒不能勝安。

十八年，汪直寵衰，言官請罷西廠。帝不許。安具疏再言之，報可，中外頗以是稱安。文華大訓成，進太子太傅、華蓋殿大學士。復進少傅、太子太師，再進少師。

當是時，朝多秕政，四方災傷日告。帝崇信道教，封金闕、玉闕眞君爲上帝，遣安祭於靈濟宮。而李孜省、鄧常恩方進用，安因彭華潛與結，藉以排異己。於是珝及王恕、馬文升、秦紘、耿裕諸大臣相繼被逐，而華遂由詹事遷吏部侍郎，入內閣。朝臣無敢與安牴牾者。

華，安福人，大學士時之族弟，舉景泰五年會試第一。深刻多計數，善陰伺人短，與安、孜省比。嘗嗾蕭彥莊攻李秉，又逐尹旻、羅璟，人皆惡而畏之。踰年，得風疾去。

孝宗嗣位，安草登極詔書，禁言官假風聞挾私，中外譁然。御史湯鼐詣閣。〔三〕安從容言曰：「此裏面意也。」鼐即以其語奏聞，謂安抑塞言路，歸過於君，無人臣禮。於是庶吉士鄒智，御史文貴、姜洪等交章列其罪狀。先是，歙人倪進賢者，粗知書，無行，諂事安，日與講房中術。安暱之，因令就試，得進士。授爲庶吉士，除御史。帝一日於宮中得疏一小篋，則皆論房中術者，末署曰「臣安進」。帝命太監懷恩持至閣曰：「此大臣所爲耶？」安媿汗伏地，不能出聲。及諸臣彈章入，復令恩就安讀之。安數跪起求哀，無去意。恩直前摘其牙牌曰：「可出矣。」始惶遽索馬歸第，乞休去。時年已七十餘，尚於道上望三台星，冀復用。居一年卒，贈太師，謚文康。

初，孝穆皇太后之薨，內庭籍籍指萬貴妃。孝宗立，魚臺縣丞徐頊上書發其事。廷臣議逮鞫萬氏戚屬曾出入宮掖者。安驚懼不知所爲，曰：「我久不與萬氏往來矣。」而劉吉先與萬氏姻，亦自危。其黨尹直尚在閣，共擬旨寢之。孝宗仁厚，亦置不問，安、吉得無事。安在政府二十年，每遇試，必令其門生爲考官，子孫甥壻多登第者。子翼，南京禮部侍郎。孫弘璧，翰林編修。安死無幾，翼、弘璧相繼死，安竟無後。

劉珝，字叔溫，壽光人。正統十三年進士。改庶吉士，授編修。天順中，歷右中允，侍講東宮。憲宗卽位，以舊宮僚屢遷太常卿，兼侍讀學士，直經筵日講。成化十年進吏部左侍郎，充講官如故。珝每進講，反覆開導，詞氣侃侃，聞者爲悚。學士劉定之稱爲講官第一，憲宗亦愛重之。明年詔以本官兼翰林學士，入閣預機務。帝每呼「東劉先生」，賜印章一，文曰「嘉猷贊翊」。尋進吏部尚書，再加太子少保、文淵閣大學士。文華大訓成，加太子太保，進謹身殿大學士。

珝性疎直。自以宮僚舊臣，遇事無所回護。員外郎林俊以劾梁芳、繼曉下獄，珝於帝前解之。李孜省輩左道亂政，欲動搖東宮。珝密疏諫，謀少阻。素薄萬安，嘗斥安負國無恥。安積忿，日夜思中珝。初，商輅之劾汪直也，珝與萬安、劉吉助之爭，得罷西廠。他日，珝又折王越於朝，越慚而退。已而西廠復設，珝不能有所諍。至十八年，安見直寵衰，揣知西廠當罷，邀珝同奏。珝辭不與，安遂獨奏。疏上，帝頗訝無珝名。安陰使人訐珝與直有連。會珝子鎡邀妓狎飮，里人趙賓戲爲劉公子曲，或增飾穢語，雜敎坊院本奏之。帝大怒，決意去珝。遣中官覃昌召安、吉赴西角門，出帝手封書一函示之。安等佯驚救。次日，珝具疏乞休。令馳驛，賜月廩、歲隸、白金、楮幣甚厚。其實排珝使去者，安、吉兩人謀也。

時內閣三人。安貪狡，吉陰刻。珝稍優，顧喜譚論，人目爲狂躁。珝既倉卒引退，而彭華、尹直相繼入內閣，安、吉之黨乃益固。珝初遭母憂，廬墓三年。比歸，侍父盡孝。父歿，復廬於墓。弘治三年卒，謚文和。嘉靖初，以言官請，賜祠額曰昭賢，仍遣官祭之。

子銑，字汝中。八歲時，憲宗召見，愛其聰敏，且拜起如禮，卽命爲中書舍人。宮殿門閾高，同官楊一清常提之出入。帝慮牙牌易損，命易以銀。歷官五十餘年，嘉靖中至太常卿，兼五經博士，仍供事內閣誥敕房。博學有行誼，與長洲劉棨並淹貫故實，時稱「二劉」。

劉吉，字祐之，博野人。正統十三年進士。改庶吉士，授編修，充經筵官。寰宇通志成，進修撰。天順四年侍講讀於東宮，以憂歸。憲宗卽位，召纂英宗實錄。至京，上疏乞終制。不允，進侍讀。實錄成，遷侍讀學士，直經筵。累遷禮部左侍郎。

成化十一年與劉珝同受命兼翰林學士，入閣預機務，尋進禮部尚書。孝宗出閣，加太子少保兼文淵閣大學士。十八年遭父喪，詔起復。吉三疏懇辭，而陰屬貴戚萬喜爲之地，得不允。文華大訓成，加太子太保，進武英殿大學士。久之，進戶部尚書、謹身殿大學士，尋加少保兼太子太傅。

孝宗卽位，庶吉士鄒智、御史姜洪力詆萬安、尹直及吉皆小人，當斥。吉深銜之。安、直皆去，吉獨留，委寄愈專。慮言者攻不已，乃建議超遷科道官，處以不次之位。詔起廢滯，給事中賀欽、御史強珍輩十人已次第擬擢，吉復上疏薦之，部曹預薦者惟林俊一人，冀以此籠絡言路，而言者猶未息。庶子張昇，御史曹璘、歐陽旦，南京給事中方向，御史陳嵩等相繼劾吉。吉憤甚，中昇逐之。數興大獄，智、向囚繫遠貶，洪亦謫官。復與中官蔣琮比，逐南御史姜綰等，臺署爲空。中外側目，言者亦少衰。

初，吉與萬安、劉珝在成化時，帝失德，無所規正，時有「紙糊三閣老，泥塑六尚書」之謠。至是見孝宗仁明，同列徐溥、劉健皆正人，而吉於閣臣居首，兩人有論建，吉亦署名，復時時爲正論，竊美名以自蓋。

弘治二年二月旱，帝令儒臣撰文禱雨。吉等言：「邇者奸徒襲李孜省、鄧常恩故術，見月宿在畢，天將陰雨，遂奏請祈禱，覬一驗以希進用。倖門一開，爭言祈禱，要寵召禍，實基於此，祝文不敢奉詔。」帝意悟，遂已之。五月以災異請帝修德防微，愼終如始。八月又以災異陳七事。代王獻海青，吉等言登極詔書已却四方貢獻，乞勿受。明年三月偕同列上言：「陛下聖質清羸，與先帝不同。凡宴樂游觀，一切嗜好之事，宜悉減省。左右近臣有請如先帝故事者，當以太祖、太宗典故斥退之。祖宗令節宴游皆有時，陛下法祖宗可也。」土魯番使者貢獅子還，帝令內閣草敕，遣中官送之。吉等言不宜優寵太過，使番戎輕中國。事遂寢。旣又言：「獅子諸獸，日飼二羊，歲當用七百二十，又守視校尉日五十人，皆繁費。宜絕諸獸食，聽自斃。」帝不能用。十二月，星變，又言：「邇者妖星出天津，歷杵臼，迫營室，其占爲兵，爲饑，爲水旱。今兩畿、河南、山西、陝西旱蝗，四川、湖廣歲不登。倘明年復然，恐盜賊竊發，禍亂將作。願陛下節用度，罷宴游，屏讒言，斥異敎，留懷經史，講求治道。沙河修橋，江西造瓷器，南海子繕垣牆，俱非急務，宜悉停止。」帝嘉納之。帝惑近習言，頗崇祈禱事，發經牌令閣臣作贊，又令擬神將封號。吉等極言邪說當斥。

吉自帝初卽位進少傅，兼太子太師，吏部尙書。及憲宗實錄成，又進少師、華蓋殿大學士。吉柄政久，權勢烜赫。帝初頗心聽信，後眷頗衰，而吉終無去志。五年，帝欲封后弟伯爵，命吉撰誥劵。吉言必盡封二太后家子弟方可。帝不悅，遣中官至其家，諷令致仕，始上章引退。詔賜敕，馳驛如故事。

吉多智數，善附會，自緣飾，銳於營私，時爲言路所攻。居內閣十八年，人目之爲「劉緜花」，以其耐彈也。吉疑其言出下第舉子，因請舉人三試不第者，不得復會試。時適當會試期，舉子已羣集都下，禮部爲請。詔姑許入試，後如令。已而吉罷，令亦不行。吉歸，踰年卒。贈太師，謚文穆。

尹直，字正言，泰和人。景泰五年進士。改庶吉士，授編修。成化初，充經筵講官，與修英宗實錄。總裁欲革去景泰帝號，引漢昌邑、更始爲比。直辨曰：「實錄中有初爲大臣，後爲軍民者。方居官時，則稱某官某，既罷去而後改稱。如漢府以謀逆降庶人，其未反時，書王書叔如故也。豈有逆計其反，而即降從庶人之號者哉！且昌邑旋立旋廢，景泰帝則爲宗廟社稷主七年。更始無所受命，景泰帝則策命於母后。當時定傾危難之中，微帝則京師非國家有。雖易儲失德，然能不惑於盧忠、徐振之言，卒全兩宮，以至今日。其功過足相準，不宜去帝號。」時不能難。既成，進侍讀，歷侍讀學士。

六年上疏乞纂修大明通典，幷續成宋元綱目。章下所司。十一年遷禮部右侍郎，辭，不許。丁父憂，服除，起南京吏部右侍郎，就改禮部左侍郎。

二十二年春，召佐兵部。占城王古來爲安南所逼，棄國來求援。議者欲送之還，直曰：「彼窮來歸，我若驅使還國，是殺之也。宜遣大臣卽詢，量宜處置。」詔從之，命都御史屠滽往。貴州鎭巡官奏苗反，請發兵，廷議將從之。直言起釁邀功，不可信。命官往勘，果無警。是年九月改戶部兼翰林學士，入內閣。踰月，進兵部尙書，加太子太保。〔四〕

直明敏博學，練習朝章，而躁於進取。性矜忌，不自檢飭，與吏部尙書尹旻相惡。直初覬禮部侍郎，而旻薦他人，直以中旨得之。次日遇旻於朝，舉笏謝。旻曰：「公所謂簡在帝心者。」自是怨益深。後在南部八年，鬱鬱不得志，屬其黨萬安、彭華謀內召，旻輒持不可。諸朝臣亦皆畏直，幸其在南。及推兵部左、右侍郎，吏部列何琮等八人。詔用琮，而直以安、華及李孜省力，中旨召還。至是修怨，與孜省等比，陷旻父子得罪，又搆罷江西巡撫閔珪，物論喧然不平。刑部郎袁清者，安私人，又幸於內侍郭閏。勘事浙江，輘轢諸大吏，吏部尚書李裕惡之。比還，即除紹興知府。清懼，累章求改。裕極論其罪，下詔獄。安、閏以屬直，爲言於孜省，取中旨赦之，改知鄖陽。

孝宗立，進士李文祥，御史湯鼐、姜洪、繆樗，庶吉士鄒智等連章劾直。給事中宋琮及御史許斌言直自初爲侍郎以至入閣，夤緣攀附，皆取中旨。帝於是薄其爲人，令致仕。弘治九年表賀萬壽，并以太子年當出閣，上承華箴，引先朝少保黃淮事，冀召對。帝却之。正德中卒，謚文和。

贊曰：易稱內君子外小人，爲泰；外君子內小人，爲否。況端揆之寄，百僚具瞻者乎！陳循以下諸人，雖不爲大奸慝，而居心刻忮，務逞己私。同己者比，異己者忌。比則相援，忌則相軋。至萬安、劉吉要結近倖，蒙恥固位，猶幸同列多賢，相與彌縫匡救，而穢跡昭彰，小人之歸，何可掩哉！

## 校勘記

〔一〕進禮部左侍郎　左侍郎，本書卷一〇九宰輔年表、英宗實錄卷二七四天順元年正月壬午條作「右侍郎」。

〔二〕出爲南京禮部右侍郎　右侍郎，本書卷一〇九宰輔年表、英宗實錄卷二八〇天順元年七月庚午條作「左侍郎」。

〔三〕御史湯鼐詣閣　湯鼐，原作「楊鼐」，據本書同卷尹直傳、明史稿傳四八萬安傳、孝宗實錄卷五成化二十三年十月戊子條及卷二四弘治二年三月己巳條改。

〔四〕加太子太保　太子太保，本書卷一〇九宰輔年表、武宗實錄卷八二正德六年十二月戊子條俱作「太子少保」。國榷卷四八頁三〇一五作「太子太保」。

# 明史卷一百六十九

## 列傳第五十七

### 高穀　胡濙　王直

高穀，字世用，揚州興化人。永樂十三年進士。選庶吉士，授中書舍人。仁宗卽位，改春坊司直郎，尋遷翰林侍講。英宗卽位，開經筵，楊士奇薦穀及苗衷、馬愉、曹鼐四人侍講讀。正統十年由侍講學士進工部右侍郎，入內閣典機務。

景泰初，進尚書，兼翰林學士，掌閣務如故。英宗將還，奉迎禮薄。千戶龔遂榮投書於穀，具言禮宜從厚，援唐肅宗迎上皇故事。穀袖之入朝，徧示廷臣曰：「武夫尚知禮，況儒臣乎！」衆善其言。胡濙、王直欲以聞。穀曰：「迎復議上，上意久不決。若進此書，使上知朝野同心，亦一助也。」都御史王文不可。已而言官奏之。詰所從得，穀對曰：「自臣所。」因抗章懇請如遂榮言。帝雖不從，亦不之罪。

二年進少保、東閣大學士。易儲，加太子太傅，給二俸。應天、鳳陽災，命祀三陵，振貧民。七年進謹身殿大學士，仍兼東閣。內閣七人，言論多齟齬。穀清直，持議正。王文由穀薦，數擠穀。穀屢請解機務，不許。都給事中林聰忤權要論死，穀力救，得薄譴。陳循及文搆考官劉儼、黃諫，帝命禮部會穀覆閱試卷。穀力言儼等無私，且曰：「貴冑與寒士競進，已不可，況不安義命，欲因此搆考官乎？」帝乃賜循、文子中式，惟黜林挺一人，事得已。

英宗復位，循、文等皆誅竄，穀謝病。英宗謂穀長者，語廷臣曰：「穀在內閣議迎駕及南內事，嘗左右朕。其賜金帛襲衣，給驛舟以歸。」尋復賜敕獎諭。

穀既去位，杜門絕賓客。有問景泰、天順間事，輒不應。天順四年正月卒，年七十。

穀美丰儀，樂儉素，位至台司，敝廬瘠田而已。成化初，贈太保，謚文義。

胡濙，字源潔，武進人。生而髮白，彌月乃黑。建文二年舉進士，授兵科給事中。永樂元年遷戶科都給事中。

惠帝之崩於火，或言遁去，諸舊臣多從者，帝疑之。五年遣濙頒御製諸書，幷訪仙人張邋遢，徧行天下州郡鄉邑，隱察建文帝安在。濙以故在外最久，至十四年乃還。所至，亦間以民隱聞。母喪乞歸，不許，擢禮部左侍郎。十七年復出巡江、浙、湖、湘諸府。二十一年還朝，馳謁帝於宣府。帝已就寢，聞濙至，急起召入。濙悉以所聞對，漏下四鼓乃出。先濙未至，傳言建文帝蹈海去，帝分遣內臣鄭和數輩浮海下西洋，至是疑始釋。

皇太子監國南京，漢王爲飛語謗太子。帝改濙官南京，因命廉之。濙至，密疏馳上監國七事，言誠敬孝謹無他，帝悅。

仁宗即位，召爲行在禮部侍郎。濙陳十事，力言建都北京非便，請還南都，省南北轉運供億之煩。帝皆嘉納。既聞其嘗有密疏，疑之，不果召。轉太子賓客，兼南京國子祭酒。宣宗即位，仍遷禮部左侍郎。明年來朝，乃留行在禮部，尋進尚書。漢王反，與楊榮等贊親征。事平，賚予甚厚。明年賜第長安右門外，給閽者二人，賜銀章四。生辰，賜宴其第。四年命兼理詹事府事。六年，張本卒，又兼領行在戶部。時國用漸廣，濙慮度支不足，蠲租詔下，輒沮格。帝嘗切戒之，然眷遇不少替。嘗曲宴濙及楊士奇、夏原吉、蹇義，曰：「海內無虞，卿等四人力也。」

英宗即位，詔節冗費。濙因奏減上供物，及汰法王以下番僧四五百人，〔一〕浮費大省。正統五年，山西災，詔行寬卹，既而有採買物料之命。濙上疏言詔旨宜信。又言軍旗營求差遣，因而擾民，宜罷之。皆報可。行在禮部印失，詔弗問，命改鑄。已，又失，被劾下獄。未幾，印獲，復職。九年，年七十，乞致仕，不許。英宗北狩，羣臣聚哭於朝，有議南遷者。濙曰：「文皇定陵寢於此，示子孫以不拔之計也。」與侍郎于謙合，中外始有固志。

景帝卽位，進太子太傅。楊善使也先，濙言上皇蒙塵久，宜附進服食，不報。上皇將還，命禮部具奉迎儀。濙等議遣禮部迎於龍虎臺，錦衣具法駕迎居庸關，百司迎土城外，諸將迎教場門，上皇自安定門入，進東安門，於東上北門南面坐，皇帝謁見畢，百官朝見，上皇入南城大內。議上，傳旨以一轎二馬迎於居庸關，至安定門易法駕，餘如奏。給事中劉福等言禮太薄，帝報曰：「朕尊大兄爲太上皇帝，尊禮無加矣。福等顧云太薄，其意何居？禮部其會官詳察之。」濙等言：「諸臣意無他，欲陛下篤親親耳。」帝曰：「昨得太上皇書，具言迎駕之禮宜從簡損，朕豈得違之。」羣臣乃不敢言。會千戶龔遂榮爲書投大學士高穀，言奉迎宜厚，具言唐肅宗迎上皇故事。穀袖之以朝，與王直等共觀之。直與濙欲聞之帝，爲都御史王文所阻，而給事中葉盛竟以聞。盛同官林聰復劾直、濙、穀等，皆股肱大臣，有聞必告，不宜偶語竊議。有詔索書。濙等因以書進，且言：「肅宗迎上皇典禮，今日正可倣行。陛下宜躬迎安定門外，分遣大臣迎龍虎臺。」帝不悅曰：「第從朕命，無事紛更。」

上皇至，居南城宮。濙請帝明年正旦率羣臣朝延安門，不許。上皇萬壽節，請令百官拜賀延安門，亦不許。三年正月與王直並進少傅。易太子，加兼太子太師。王文惡林聰，文致其罪，欲殺之。濙不肯署，遂稱疾，數日不朝。帝使興安問疾。對曰：「老臣本無疾，聞欲殺林聰，殊驚悸耳。」聰由是得釋。

英宗復位，力疾入朝，遂求去。賜璽書、白金、楮幣、襲衣，給驛，官其一子錦衣，世鎮撫。濙歷事六朝，垂六十年，中外稱耆德。及歸，有三弟，年皆七十餘，鬢眉皓白，燕聚一堂，因名之曰壽愷。又七年始卒，年八十九。贈太保，謚忠安。

濙節儉寬厚，喜怒不形於色，能以身下人。在禮部久，表賀祥瑞，以官當首署名，人因謂其性善承迎。南城人龔謙多妖術，濙薦爲天文生，又薦道士仰彌高曉陰陽兵法，使守邊，時頗譏之。

王直，字行儉，泰和人。父伯貞，洪武十五年以明經聘至京。時應詔者五百餘人，伯貞對第一。授試僉事，分巡廣東雷州。復呂塘廢渠，清鹽法。會罷分巡官，召還爲戶部主事。以父喪服闋，不時起，謫居安慶。建文初，復以薦知瓊州。崖州黎相仇殺，以反聞，且用兵。伯貞捕其首惡，兵遂罷。瓊田歲常三穫，以賦軍，軍不時受，俟民乏，乃急斂以要利。伯貞爲立期，三輪之，弊始絕。居數年，大治，流民占籍者萬餘。憂歸，卒於家。

直幼而端重，家貧力學。舉永樂二年進士，改庶吉士，與曾棨、王英等二十八人同讀書文淵閣。帝善其文，召入內閣，俾屬草。尋授修撰。歷事仁宗、宣宗，累遷少詹事兼侍讀學士。

正統三年，宣宗實錄成，進禮部侍郎，學士如故。五年出涖部事，尚書胡濙悉以部政付之，直處之若素習者。八年正月代郭璡爲吏部尚書。十一年，戶部侍郎奈亨附王振，搆郎中趙敏，詞連直及侍郎曹義、趙新，並下獄。三法司廷鞫，論亨斬，直等贖徒。帝宥直、義，奪亨、新俸。

帝將親征也先，直率廷臣力諫曰：「國家備邊最爲謹嚴。謀臣猛將，堅甲利兵，隨處充滿，且耕且守，是以久安。今敵肆猖獗，違天悖理，陛下但宜固封疆，申號令，堅壁清野，蓄銳以待之，可圖必勝，不必親御六師，遠臨塞下。況秋暑未退，旱氣未回，青草不豐，水泉猶塞，士馬之用未充。兵凶戰危，臣等以爲不可。」帝不從，命直留守。王師覆於土木，大臣羣請太后立皇子爲皇太子，命郕王攝政。已，勸王卽位，以安反側。時變起倉卒，朝臣議屢上，皆直爲首。而直自以不如于謙，每事推下之，雍容鎭率而已。加太子太保。

景泰元年，也先使使議和，且請還上皇，下禮部議未決。直率羣臣上言曰：「太上皇惑細人言，輕身一出，至於蒙塵。陛下宵衣旰食，徵天下兵，與羣臣兆姓同心僇力，期滅此朝食，以雪不共戴天之恥。迺者天誘其衷，也先有悔心之萌，而來求成於我，請還乘輿，此轉禍爲福之機也。望陛下俯從其請，遣使往報，因察其誠僞而撫納之，奉太上皇以歸，少慰祖宗之心。陛下天位已定，太上皇還，不復涖天下事，陛下第崇奉之，則天倫厚而天眷益隆，誠古今盛事也。」帝曰：「卿等言良然。但前後使者五輩往，終不得要領。今復遣使，設彼假送駕爲名，來犯京師，豈不爲蒼生患。賊詐難信，其更議之。」

已而瓦剌別部阿剌使復至，胡濙等復以爲言。於是帝御文華殿門，召諸大臣及言官諭以宜絕狀。直對曰：「必遣使，毋貽後悔。」帝不悅。于謙前爲解，帝意釋。羣臣既退，太監興安匍匐出呼曰：「若等固欲遣使，有文天祥、富弼其人乎？」直大言曰：「廷臣惟天子使，既食其祿，敢辭難乎！」言之再，聲色愈厲。安語塞，乃議遣使，命李實、羅綺往。

既行，而瓦剌可汗脫脫不花及也先使先後至，將遣歸。使者謂館伴曰：「中國關外十四城皆爲我有。前阿剌知院使來，尙遣人偕往。今亦必得大臣同行，庶有濟。」胡濙以聞，下廷議。直等固請，乃遣楊善等報之。

比實還，又以也先使至，具言也先欲和狀。直與寧陽侯陳懋等上疏，請更遣使齎禮幣往迎上皇，不許。復上疏曰：「臣等與李實語，具得彼中情事。其所需衣物資斧者，上皇言也，而奉迎車駕，也先意也。昨者脫脫不花及阿剌知院使來，皆有報使。今也先使以迎請爲辭，乃不遣使與偕，是疑敵而召兵也。」又不許。

已而實自言於帝。帝第報也先書，就令楊善迎歸而已。直等復上言：「今北使已發，願本上皇之心，順臣民之願，因彼悔心，遣使往報，以圖迎復，此不待計而決者也。不然，衆志難犯，違天不祥，彼將執爲兵端，邊事益棘，京師亦不得高枕臥矣。」帝乃命羣臣擇使，直與陳懋等請仍遣實。報曰：「俟善歸議之。」御史畢鑾等復上疏，力言：「就令彼以詐來，我以誠往，萬一不測，則我之兵力固在。」帝終不聽。已而善竟奉上皇還。

二年，也先遣使入貢，且請答使。直屢疏言：「邊備未修，芻糧未積，瘡痍未復，宜如其請。遣使往以覘虛實，開導其善。」不許。無何，也先遣騎入塞，以報使爲辭。直與羣臣復請之，卒不許。直等乃上疏言：「陛下銳意治兵，爲戰守計，眞大有爲之主。然使命不通，難保其不爲寇。宜敕沿邊守臣，發兵遊徼，有警則入保，無事則力耕。陛下於機務之暇，時召京營總督、總兵，詢以方略，誠接而禮貌之，信賞罰以持其後，斯戰守可言也。」帝曰「善」。

明年正月進少傅。帝欲易太子，未發。會思明土知府黃𤥭以爲請。帝喜，下禮部議。胡濙唯唯，文武諸臣議者九十一人當署名，直有難色。陳循濡筆强之，乃署，竟易皇太子。直進兼太子太師，賜金幣加等。頓足歎曰：「此何等大事，乃爲一蠻酋所壞，吾輩愧死矣。」

景帝疾亟，直、濙等會諸大臣臺諫，請復立沂王為皇太子，推大學士商輅草疏。未上，而石亨、徐有貞等奪門迎上皇復位，殺王文等。疏草留姚夔所，嘗出以示郎中陸昶，歎曰：「是疏不及進，天也。」直遂乞休。賜璽書、金綺、楮幣，給驛歸。

直為人方面修髯，儀觀甚偉。性嚴重，不苟言笑。及與人交，恂恂如也。在翰林二十餘年，稽古代言編纂紀注之事，多出其手。與金谿王英齊名，人稱「二王」，以居地目直曰「東王」，英曰「西王」。直以次當入閣，楊士奇不欲也。及長吏部，益廉慎。時初罷廷臣薦舉方面大吏，專屬吏部。直委任曹郎，嚴抑奔競。凡御史巡方歸者，必令具所屬賢否以備選擢，稱得人。其子稹為南國子博士，考績至部，文選郎欲留侍直，直不可，曰：「是亂法自我始也。」朝廷以直老，命何文淵為尚書佐之。文淵去，又命王翺，部遂有二尚書。直為尚書十四年，年益高，名德日益重。帝優禮之，免其常朝。

比家居，嘗從諸佃僕耕蒔，擊鼓歌唱。諸子孫更迭舉觴上壽，直歎曰：「曩者西楊抑我，令不得共事，然使我在閣，今上復辟，當不免遼陽之行，安得與汝曹為樂哉！」天順六年卒，年八十四。贈太保，謚文端。

稹仕至翰林檢討，亦以學行稱。曾孫思，自有傳。

贊曰：高穀之清直，胡濙之寬厚，王直之端重，蓋皆有大臣之度焉。當英、景之間，國勢初更，人心觀望，執政任事之臣多阿意取容。而穀、濙惓惓於迎駕之儀，直侃侃於遣使之請，皆力持正議，不隨衆俛仰，故能身負碩望，始終一節，可謂老成人矣。

## 校勘記

〔一〕及汰法王以下番僧四五百人　四五百人，明史稿傳三四胡濙傳作「千餘人」。

# 明史卷一百七十

## 列傳第五十八

### 于謙 子冕 吳寧 王偉

于謙，字廷益，錢塘人。生七歲，有僧奇之曰：「他日救時宰相也。」舉永樂十九年進士。宣德初，授御史。奏對，音吐鴻暢，帝爲傾聽。顧佐爲都御史，待寮屬甚嚴，獨下謙，以爲才勝己也。扈蹕樂安，高煦出降，帝命謙口數其罪。謙正詞崭崭，聲色震厲。高煦伏地戰慄，稱萬死。帝大悅。師還，賞賚與諸大臣等。

出按江西，雪冤囚數百。疏奏陝西諸處官校爲民害，詔遣御史捕之。帝知謙可大任，會增設各部右侍郎爲直省巡撫，乃手書謙名授吏部，超遷兵部右侍郎，巡撫河南、山西。謙至官，輕騎徧歷所部，延訪父老，察時事所宜興革，卽具疏言之。一歲凡數上，小有水旱，輒上聞。

正統六年疏言：「今河南、山西積穀各數百萬。請以每歲三月，令府州縣報缺食下戶，隨分支給。先菽秫，次黍麥，次稻。俟秋成償官，而免其老疾及貧不能償者。州縣吏秩滿當遷，預備糧有未足，不聽離任。仍令風憲官以時稽察。」詔行之。河南近河處，時有衝決。謙令厚築隄障，計里置亭，亭有長，責以督率修繕。並令種樹鑿井，榆柳夾路，道無渴者。大同孤懸塞外，按山西者不及至，奏別設御史治之。盡奪鎮將私墾田爲官屯，以資邊用。威惠流行，太行伏盜皆避匿。在官九年，遷左侍郎，食二品俸。

初，三楊在政府，雅重謙。謙所奏，朝上夕報可，皆三楊主持。而謙每議事京師，空橐以入，諸權貴人不能無望。及是，三楊已前卒，太監王振方用事，適有御史姓名類謙者，嘗忤振。謙入朝，薦參政王來、孫原貞自代。通政使李錫阿振指，劾謙以久不遷怨望，擅舉人自代。下法司論死，繫獄三月。已而振知其誤，得釋，左遷大理寺少卿。山西、河南吏民伏闕上書，請留謙者以千數，周、晉諸王亦言之，乃復命謙巡撫。時山東、陝西流民就食河南者二十餘萬，謙請發河南、懷慶二府積粟以振。又奏令布政使年富安集其衆，授田給牛種，使里老司察之。前後在任十九年，丁內外艱，皆令歸治喪，旋起復。

十三年以兵部左侍郎召。明年秋，也先大入寇，王振挾帝親征。謙與尚書鄺埜極諫，不聽。埜從治兵，留謙理部事。及駕陷土木，京師大震，衆莫知所爲。郕王監國，命羣臣議戰守。侍講徐珵言星象有變，當南遷。謙厲聲曰：「言南遷者，可斬也。京師天下根本，一動則大事去矣，獨不見宋南渡事乎！」王是其言，守議乃定。時京師勁甲精騎皆陷沒，所餘疲卒不及十萬，人心震恐，上下無固志。謙請王檄取兩京、河南備操軍，山東及南京沿海備倭軍，江北及北京諸府運糧軍，亟赴京師，以次經畫部署，人心稍安。即遷本部尚書。

郕王方攝朝，廷臣請族誅王振。而振黨馬順者，輒叱言官。於是給事中王竑廷擊順，衆隨之。朝班大亂，衞卒聲洶洶。王懼欲起，謙排衆直前掖王止，且啓王宣諭曰：「順等罪當死，勿論。」衆乃定。謙袍袖爲之盡裂。退出左掖門，吏部尚書王直執謙手歎曰：「國家正賴公耳。今日雖百王直何能爲！」當是時，上下皆倚重謙，謙亦毅然以社稷安危爲己任。

初，大臣憂國無主，太子方幼，寇且至，請皇太后立郕王。王驚謝至再。謙颺言曰：「臣等誠憂國家，非爲私計。」王乃受命。九月，景帝立，謙入對，慷慨泣奏曰：「寇得志，要留大駕，勢必輕中國，長驅而南。請飭諸邊守臣協力防遏。京營兵械且盡，宜亟分道募民兵，令工部繕器甲。遣都督孫鏜、衞穎、張軏、張儀、雷通分兵守九門要地，列營郭外。都御史楊善、給事中王竑參之，徙附郭居民入城。通州積糧，令官軍自詣關支，以贏米爲之直，毋棄以資敵。文臣如軒輗者，宜用爲巡撫。武臣如石亨、楊洪、柳溥者，宜用爲將帥。至軍旅之事，臣身當之，不効則治臣罪。」帝深納之。

十月，敕謙提督各營軍馬。而也先挾上皇破紫荆關直入，窺京師。石亨議斂兵堅壁老之。謙不可，曰：「奈何示弱，使敵益輕我。」亟分遣諸將，率師二十二萬，列陣九門外：都督陶瑾安定門，廣寧伯劉安東直門，武進伯朱瑛朝陽門，都督劉聚西直門，鎭遠侯顧興祖阜成門，都指揮李端正陽門，都督劉得新崇文門，都指揮湯節宣武門，而謙自與石亨率副總兵范廣、武興陳德勝門外，當也先。以部事付侍郞吳寧，悉閉諸城門，身自督戰。下令，臨陣將不顧軍先退者，斬其將。軍不顧將先退者，後隊斬前隊。於是將士知必死，皆用命。副總兵高禮、毛福壽卻敵彰義門北，擒其長一人。帝喜，令謙選精兵屯教場以便調用，復命太監興安、李永昌同謙理軍務。

初，也先深入，視京城可旦夕下，及見官軍嚴陣待，意稍沮。叛閹喜寧嗾使邀大臣迎駕，索金帛以萬萬計，復邀謙及王直、胡濙等出議。帝不許，也先氣益沮。庚申，寇窺德勝門。謙令亨設伏空舍，遣數騎誘敵。敵以萬騎來薄，副總兵范廣發火器，伏起齊擊之。也先弟孛羅、平章卯那孩中礮死。寇轉至西直門，都督孫鏜禦之，亨亦分兵至，寇引退。副總兵武興擊寇彰義門，與都督王敬挫其前鋒。寇且卻，而內官數百騎欲爭功，躍馬競前。陣亂，興被流矢死。寇逐至土城，居民升屋，號呼投磚石擊寇，譁聲動天。王竑及福壽援至，寇乃卻。相持五日，也先邀請既不應，戰又不利，知終弗可得志，又聞勤王師且至，恐斷其歸路，遂擁上皇由良鄉西去。謙調諸將追擊，至關而還。論功，加謙少保，總督軍務。謙曰：「四郊多壘，卿大夫之恥也，敢邀功賞哉！」固辭，不允。乃益兵守眞、保、涿、易諸府州，請以大臣鎮山西，防寇南侵。

景泰元年三月，總兵朱謙奏敵二萬攻圍萬全，敕范廣充總兵官禦之。已而寇退，謙請卽駐兵居庸，寇來則出關勦殺，退則就糧京師。大同參將許貴奏，迤北有三人至鎮，欲朝廷遣使講和。謙曰：「前遣指揮季鐸、岳謙往，而也先隨入寇。繼遣通政王復、少卿趙榮，不見上皇而還。和不足恃，明矣。況我與彼不共戴天，理固不可和。萬一和而彼肆無厭之求，從之則坐敝，不從則生變，勢亦不得和。貴爲介胄臣，而恇怯如此，何以敵愾，法當誅。」移檄切責。自是邊將人人主戰守，無敢言講和者。

初，也先多所要挾，皆以喜寧爲謀主。謙密令大同鎮將擒寧，戮之。又計授王偉誘誅間者小田兒。且因諜用間，請特釋忠勇伯把台家，許以封爵，使陰圖之。也先始有歸上皇意，遣使通款，京師稍解嚴。謙上言：「南京重地，撫輯須人。中原多流民，設遇歲荒，嘯聚可虞。乞敕內外守備及各巡撫加意整飭，防患未然，召還所遣召募文武官及鎮守中官在內地者。」

於時八月，上皇北狩且一年矣。也先見中國無釁，滋欲乞和，使者頻至，請歸上皇。大臣王直等議遣使奉迎，帝不悅曰：「朕本不欲登大位，當時見推，實出卿等。」謙從容曰：「天位已定，寧復有他，顧理當速奉迎耳。萬一彼果懷詐，我有辭矣。」帝顧而改容曰：「從汝，從汝。」先後遣李實、楊善往，卒奉上皇以歸，謙力也。

上皇既歸，瓦剌復請朝貢。先是，貢使不過百人，正統十三年至三千餘，賞賚不饜，遂入寇。及是又遣使三千來朝，謙請列兵居庸關備不虞，京師盛陳兵，宴之。因言和議難恃，條上安邊三策。請敕大同、宣府、永平、山海、遼東各路總兵官增修備禦。京兵分隸五軍、神機、三千諸營，雖各有總兵，不相統一，請擇精銳十五萬，分十營團操。團營之制自此始。具兵志中。瓦剌入貢，每攜故所掠人口至。謙必奏酬其使，前後贖還累數百人。

初，永樂中，降人安置近畿者甚衆。也先入寇，多爲內應。謙謀散遣之。因西南用兵，每有征行，輒選其精騎，厚資以往，已更遣其妻子，內患以息。楊洪自獨石入衞，八城悉以委寇。謙使都督孫安以輕騎出龍門關據之，募民屯田，且戰且守，八城遂復。貴州苗未平，何文淵議罷二司，專設都司，以大將鎭之。謙曰：「不設二司，是棄之也。」議乃寢。謙以上皇雖還，國恥未雪，會也先與脫脫不花搆，請乘間大發兵，身往討之，以復前仇，除邊患。帝不許。

謙之爲兵部也，也先勢方張，而福建鄧茂七、浙江葉宗留、廣東黃蕭養各擁衆僭號，湖廣、貴州、廣西、瑤、僮、苗、僚所至蜂起。前後征調，皆謙獨運。當軍馬倥傯，變在俄頃，謙目視指屈，口具章奏，悉合機宜。僚吏受成，相顧駭服。號令明審，雖勳臣宿將小不中律，卽請旨切責。片紙行萬里外，靡不惕息。其才略開敏，精神周至，一時無與比。至性過人，憂國忘身。上皇雖歸，口不言功。東宮旣易，命兼宮僚者支二俸。諸臣皆辭，謙獨辭至再。自奉儉約，所居僅蔽風雨。帝賜第西華門，辭曰：「國家多難，臣子何敢自安。」固辭，不允。乃取前後所賜璽書、袍、錠之屬，悉加封識，歲時一省視而已。

帝知謙深，所論奏無不從者。嘗遣使往眞定、河間采野菜，直沽造乾魚，謙一言卽止。用一人，必密訪謙。謙具實對，無所隱，不避嫌怨。由是諸不任職者皆怨，而用弗如謙者，亦往往嫉之。比寇初退，都御史羅通卽劾謙上功簿不實。御史顧曮言謙太專，請六部大事同內閣奏行。謙據祖制折之，戶部尙書金濂亦疏爭，而言者捃摭不已。諸御史以深文彈劾者屢矣，賴景帝破衆議用之，得以盡所設施。

謙性故剛，遇事有不如意，輒拊膺歎曰：「此一腔熱血，竟灑何地！」視諸選耎大臣、勳舊貴戚，意頗輕之，憤者益衆。又始終不主和議，雖上皇實以是得還，不快也。徐珵以議南遷，爲謙所斥。至是改名有貞，稍稍進用，嘗切齒謙。石亨本以失律削職，謙請宥而用之，總兵十營，畏謙不得逞，亦不樂謙。德勝之捷，亨功不加謙而得世侯，內媿，乃疏薦謙子冕。詔赴京師，辭，不允。謙言：「國家多事，臣子義不得顧私恩。且亨位大將，不聞舉一幽隱，拔一行伍微賤，以裨軍國，而獨薦臣子，於公議得乎？臣於軍功，力杜僥倖，決不敢以子濫功。」亨復大恚。都督張軏以征苗失律，爲謙所劾，與內侍曹吉祥等皆素憾謙。

景泰八年正月壬午，亨與吉祥、有貞等既迎上皇復位，宣諭朝臣畢，卽執謙與大學士王文下獄。誣謙等與黃竑構邪議，更立東宮，又與太監王誠、舒良、張永、王勤等謀迎立襄王子。亨等主其議，嗾言官上之。都御史蕭惟禎定讞，坐以謀逆，處極刑。文不勝誣，辯之疾，謙笑曰：「亨等意耳，辯何益？」奏上，英宗尙猶豫曰：「于謙實有功。」有貞進曰：「不殺于謙，此舉爲無名。」帝意遂決。丙戌改元天順，丁亥棄謙市，籍其家，家戍邊。遂溪敎諭吾豫言謙罪當族，謙所薦舉諸文武大臣並應誅。部議持之而止。千戶白琦又請榜其罪，鏤板示天下。一時希旨取寵者，率以謙爲口實。

謙自値也先之變，誓不與賊俱生。嘗留宿直廬，不還私第。素病痰，疾作，景帝遣興安、舒良更番往視。聞其服用過薄，詔令上方製賜，至醯菜畢備。又親幸萬歲山，伐竹取瀝以賜。或言寵謙太過，興安等曰：「彼日夜分國憂，不問家產，卽彼去，令朝廷何處更得此人？」及籍沒，家無餘貲，獨正室鐍鑰甚固。啓視，則上賜蟒衣、劍器也。死之日，陰霾四合，天下冤之。指揮朶兒者，本出曹吉祥部下，以酒酹謙死所，慟哭。吉祥怒，抶之。明日復酹奠如故。都督同知陳逵感謙忠義，收遺骸殯之。踰年，歸葬杭州。逵，六合人。故舉將才，出李時勉門下者也。皇太后初不知謙死，比聞，嗟悼累日。英宗亦悔之。

謙既死，而亨黨陳汝言代爲兵部尚書。未一年敗，贓累巨萬。帝召大臣入視，愀然曰：「于謙被遇景泰朝，死無餘貲，汝言抑何多也。」亨俯首不能對。俄有邊警，帝憂形於色。恭順侯吳瑾侍，進曰：「使于謙在，當不令寇至此。」帝爲默然。是年，有貞爲亨所中，戍金齒。又數年，亨亦下獄死，吉祥謀反族誅，謙事白。

成化初，冕赦歸，上疏訟冤，得復官賜祭。誥曰：「當國家之多難，保社稷以無虞，惟公道之獨持，爲權奸所並嫉。在先帝已知其枉，而朕心實憐其忠。」天下傳誦焉。弘治二年用給事中孫需言，贈特進光祿大夫、柱國、太傅，諡肅愍，賜祠於其墓曰旌功，有司歲時致祭。萬曆中，改諡忠肅。杭州、河南、山西皆世奉祀不絕。

冕，字景瞻，廕授副千戶，坐戍龍門。謙冤既雪，幷復冕官。自陳不願武職，改兵部員外郎。居官有幹局，累遷至應天府尹。致仕卒。無子，以族子允忠爲後，世襲杭州衞副千戶，奉祠。

吳寧，字永清，歙人。宣德五年進士。除兵部主事。正統中，再遷職方郎中。郕王監國，謙薦擢本部右侍郎。謙禦寇城外，寧掌部事，命赴軍中議方略。比還，城門弗啓，寇騎充斥，寧立雨中指揮兵士，移時乃入。寇既退，畿民猶日數驚，相率南徙，或議仍召勤王兵。寧曰：「是益之使驚也，莫若告捷四方，人心自定。」因具奏行之。景泰改元，以疾乞歸，後不復出。家居三十餘年卒。

寧方介有識鑑。嘗爲謙擇婿，得千戶朱驥。謙疑之，寧曰：「公他日當得其力。」謙被刑，驥果歸其喪，葬之。驥自有傳。

王偉，字士英，攸人。年十四，隨父謫戍宣府。宣宗巡邊，獻安邊頌，命補保安州學生。舉正統元年進士，改庶吉士，授戶部主事。英宗北狩，命行監察御史事，集民壯守廣平。謙引爲職方司郎中。軍書塡委，處分多中竅會，遂薦擢兵部右侍郎。出視邊，叛人小田兒爲敵間，謙屬偉圖之。會田兒隨貢使入，至陽和城，壯士從道旁突出，斷其頭去，使者不敢詰。

偉喜任智數。旣爲謙所引，恐嫉謙者目己爲朋附，嘗密奏謙誤，冀自解。帝以其奏授謙，謙叩頭謝。帝曰：「吾自知卿，何謝爲？」謙出，偉問：「上與公何言？」謙笑曰：「我有失，望君面規我，何至爾邪？」出奏示之，偉大慙沮。然竟坐謙黨，罷歸。成化三年復官，請毀白琦所鏤板。踰年，告病歸卒。

贊曰：于謙爲巡撫時，聲績表著，卓然負經世之才。及時遘艱虞，繕兵固圉。景帝既推心置腹，謙亦憂國忘家，身繫安危，志存宗社，厥功偉矣。變起奪門，禍機猝發，徐、石之徒出力而擠之死，當時莫不稱冤。然有貞與亨、吉祥相繼得禍，皆不旋踵，而謙忠心義烈，與日月爭光，卒得復官賜卹。公論久而後定，信夫。

# 明史卷一百七十一

## 列傳第五十九

### 王驥孫瑾 徐有貞 楊善李實 趙榮 霍瑄 沈固 王越

王驥，字尚德，束鹿人。長身偉幹，便騎射，剛毅有膽，曉暢戎略。中永樂四年進士。爲兵科給事中。使山西，奏免鹽池逋課二十餘萬，尋遷山西按察司副使。洪熙元年入爲順天府尹。宣德初，擢兵部右侍郎，代顧佐署都察院。久之，署兵部尚書。九年命爲眞。

正統元年奉詔議邊事，越五日未奏。帝怒，執驥與侍郎鄺埜下之獄。尋得釋。阿台、朶兒只伯數寇甘、涼，邊將屢失利。侍郎柴車、徐晞，都御史曹翼相繼經理邊務，未能制。二年五月命驥往，許便宜行事。驥疾驅至軍，大會諸將，問往時追敵魚兒海子，先退敗軍者誰。僉曰「都指揮安敬」。驥先承密旨戮敬，遂縛敬斬轅門，幷宣敕責都督蔣貴。諸將皆股慄。驥乃大閱將士，分兵畫地，使各自防禦，邊境肅然。閱軍甘、涼，汰三之一。定更番法，兵得休息，而轉輸亦省。

俄阿台復入寇。帝以任禮爲平羌將軍，蔣貴、趙安爲副，驥督軍。三年春，偕諸將出塞，以貴爲前鋒，而自與任禮帥大軍後繼，與貴約曰：「不捷，無相見也。」貴擊敵石城，敵走兀魯乃。貴帥輕騎二千五百人出鎭夷，間道兼行，三日夜及之。擒左丞脫羅，斬首三百餘，獲金銀印各一，駝馬兵甲千計。驥與禮自梧桐林至亦集乃，擒樞密、同知、僉院十五人，萬戶二人，降其部落，窮進至黑泉。而趙安等出昌寧，至刁力溝，亦擒右丞、達魯花赤三十人。分道夾擊，轉戰千餘里，朶兒只伯遠遁。論功，貴、禮皆封伯，而驥兼大理卿，支二俸。尋召還，理部事。

久之，麓川之役起。麓川宣慰使思任發叛，數敗王師。黔國公沐晟討之，不利，道卒，以沐昂代。昂條上攻取策，徵兵十二萬人。中官王振方用事，喜功名，以驥可屬，思大舉。驥亦欲自效。

六年正月遂拜蔣貴平蠻將軍，李安、劉聚爲副，而驥總督軍務，大發東南諸道兵十五萬討之。刑部侍郎何文淵、侍講劉球先後疏諫，不納。瀕行，賜驥、貴金兜鍪、細鎧、蟒繡緋衣、朱弓矢。驥請得以便宜從事。馳傳至雲南，部署諸將，遣參將冉保由東路趨孟定，大軍由中路至騰衝，分道夾擊。是年十一月與貴以二萬人趨上江，圍其寨，五日不下。會大風，縱火焚柵，拔之，斬首五萬餘級。進自夾象石，渡下江，通高黎貢山道。閏月至騰衝，長驅抵杉木籠山。賊乘高據險，築七壘相救。驥遣參將宮聚、副將劉聚分左右翼緣嶺上，而自將中軍奮擊之，賊大潰，乘勝至馬鞍山。

踰月，抵賊巢。山陡絕，深塹環之，東南面江，壁立不可上。驥遣前軍覘賊，敗其伏兵。賊更自間道立柵馬鞍山，出大軍後。驥戒軍中無動，而令都指揮方瑛以六千人突賊寨，斬首數百，復誘敗其象陣。會東路軍冉保等已合木邦、車里、大侯諸土軍，破烏木弄、戛邦諸寨，遣別將守西峩渡，防賊軼，刻期與大軍會。驥乃督諸將環攻其七門，積薪縱火。風大作，賊焚死無算，溺江死者數萬人。思任發攜二子走孟養。獲其虎符、金牌、宣慰司印及所掠騰衝諸衞所印章三十有奇。犁其巢穴，留兵守之而還。

明年四月遣偏師討維摩土司韋郎羅。郎羅走安南，俘其妻子。傳檄安南，縛之以獻。五月，師還。帝遣戶部侍郎王質齎羊酒迎勞，賜宴奉天門，封推誠宣力武臣、特進榮祿大夫、上柱國、靖遠伯，歲祿千二百石，世襲指揮同知，賜貂蟬冠玉帶。貴進侯，劉聚等遷賞有差。從征少卿李蕡，郎中侯璡、楊寧皆擢侍郎，士卒賜予加等。府庫爲竭。

思任發之竄緬甸也，其子思機發復帥餘衆居者藍，乞入朝謝罪。廷議因而撫之，王振不可。是年八月復命驥總督雲南軍務，帥參將冉保、毛福壽以往。未至而思機發遣弟招賽入貢，〔一〕緬甸亦奏獲思任發，要麓川地。朝廷不納其貢，且敕驥圖緬甸，驥因請濟師。

八年五月復命蔣貴爲平蠻將軍，調土兵五萬往，發卒轉餉五十萬人。驥初檄緬甸送思任發。緬人陽聽命，持兩端。是年冬，大軍逼緬甸，緬人以樓船載思任發覘官軍，而潛以他舟載之歸。驥知緬人貪木邦水利爲唇齒，且慮思機發將以獻其父故仇之，故終不肯獻思任發。驥乃趨者藍，破思機發巢，得其妻子部落，而思機發獨脫去。

明年召還，加祿三百石，命與都御史陳鎰巡延綏、寧夏、甘肅諸邊。初，寧夏備邊軍，半歲一更，後邊事亟，三年乃更。軍士日久疲罷，又益選軍餘防冬，家有五六人在邊者，軍用重困。驥請歲一更，當代者以十月至，而代者留至來年正月乃遣歸，邊備足而軍不勞。帝善其議，行之諸邊。當是時，緬人已以思任發來獻，而思機發竊駐孟養地，屢遣使入貢謝罪。中外咸願罷兵。振意終未慊，要思機發躬入朝謝。沐斌帥師至金沙江招之，不至。諭孟養執之以獻，亦不聽命。於是振怒，欲盡滅其種類。

十三年春復命驥總督軍務，宮聚爲平蠻將軍，帥師十五萬人往。〔二〕明年造舟浮金沙江，蠻人柵西岸拒守。官軍聯舟爲浮橋以濟，拔其柵，進破鬼哭山，連下十餘寨，墜溺死者無算，而思機發終脫去，不可得。是時，官軍踰孟養，至孟郍海。地在金沙江西，去麓川千里，自古兵力所不至，諸蠻見大軍皆震怖。而大軍遠涉，驥慮餽餉不繼，亟謀引還。時思機發雖遁匿，而思任發少子思陸復擁衆據孟養。驥度賊終不可滅，乃與思陸約，立石表，誓金沙江上，曰：「石爛江枯，爾乃得渡。」遂班師。

驥凡三征麓川，卒不得思機發。議者咎驥等老師費財，以一隅騷動天下。而會川衞訓導詹英抗疏劾之，大略謂：「驥等多役民夫，舁綵繒，散諸土司以邀厚利。擅用腐刑，詭言進御，實充私役。師行無紀，十五萬人一日起行，互相蹂踐。每軍負米六斗，跋陟山谷，自縊者多。抵金沙江，徬徨不敢渡，既渡不敢攻，攻而失都指揮路宣、翟亨等。俟賊解，多捕魚戶爲俘，以地分木邦、緬甸，掩敗爲功。此何異李宓之敗，而楊國忠以捷聞也。」奏下法司。王振左右之，得不問。而命英從驥軍自效。英知往且獲罪，匿不去。

當是時，湖廣、貴州諸苗，所在蜂起，圍平越及諸城堡，貴州東路閉。驥至武昌，詔還軍討苗。會英宗北狩，羣臣劾王振幷及驥。以驥方在軍，且倚之平苗，置弗問。命佩平蠻將軍印，充總兵官，侍郎侯璡總督軍務。已而苗益熾，衆至十餘萬。平越被圍半歲，巡按御史黃鎬死守，糧盡掘草根食之，而驥頓軍辰、沅不進。景泰元年，鎬草疏置竹筒中，募人自間道出，聞於朝。更命保定伯梁珤爲平蠻將軍，益兵二萬人。侯璡自雲南督之前，疾戰，大破賊，盡解諸城圍，而驥亦俘剗平王蟲富等以獻。

驥還，命總督南京機務。其冬，乞世券，與之。南畿軍素偸惰。驥至，以所馭軍法教之。于謙弗重也，朝廷以其舊臣寵禮之。三年四月，賜敕解任，奉朝請。驥年七十餘，躍馬食肉，盛聲伎如故。

久之，石亨、徐有貞等奉英宗復辟，驥與謀。賞稍後，上章自訟，言：「臣子祥入南城，爲諸將所擠，墮地幾死。今論功不及，疑有蔽之者。」帝乃官祥指揮僉事，而命驥仍兵部尚書，理部事，加號奉天翊衞推誠宣力守正文臣、光祿大夫，餘如故。數月請老，又三年乃卒，年八十三。贈靖遠侯，謚忠毅。傳子瑺及孫添。添尙嘉善長公主。

再傳至孫瑾。嘉靖初，提督三千營，協守南京，還掌左府。久之，佩征蠻將軍印，鎭兩廣。廣東新寧、新興、恩平間，多高山叢箐，亡命者輒入諸瑤中，吏不得問，衆至萬餘人，流劫高要、陽江諸縣。官軍討之，輒失利。三十五年春，瑾與巡撫都御史談愷檄諸路土兵誅其魁陳以明，悉平諸巢。捷聞，加太子太保。而扶藜、葵梅諸山嵩馮天恩等，據險爲寇者亦數十年。瑾復督軍分道進剿，破巢二百餘，復以功廕一子錦衣百戶。言官劾其暴横，召還。爵傳至明亡乃絕。

徐有貞，字元玉，初名珵，吳人。宣德八年進士。選庶吉士，授編修。爲人短小精悍，多智數，喜功名。凡天官、地理、兵法、水利、陰陽方術之書，無不諳究。

時承平既久，邊備媮惰，而西南用兵不息，珵以爲憂。正統七年疏陳兵政五事，帝善之而不能用。十二年進侍講。十四年秋，熒惑入南斗。珵私語友人劉溥曰「禍不遠矣」，亟命妻子南還。及土木難作，郕王召廷臣問計。珵大言曰：「驗之星象，稽之曆數，天命已去，惟南遷可以紓難。」太監金英叱之，胡濙、陳循咸執不可。兵部侍郎于謙曰：「言南遷者，可斬也。」珵大沮，不敢復言。

景帝卽位，遣科道官十五人募兵於外，珵行監察御史事，往彰德。寇退，召還，仍故官。珵急於進取，自創南遷議爲內廷訕笑，久不得遷。因遺陳循玉帶，且用星術，言「公帶將玉矣」。無何，循果加少保，大喜，因屢薦之。而是時用人多決於少保于謙。珵屬謙門下士遊說，求國子祭酒。謙爲言於帝，帝曰：「此議南遷徐珵邪？爲人傾危，將壞諸生心術。」珵不知謙之薦之也，以爲沮己，深怨謙。循勸珵改名，因名有貞。

景泰三年遷右諭德。河決沙灣七載，前後治者皆無功。廷臣共舉有貞，乃擢左僉都御史，治之。至張秋，相度水勢，條上三策：一置水門，一開支河，一濬運河。議既定，督漕都御史王竑以漕渠淤淺滯運艘，請急塞決口。帝敕有貞如竑議。有貞守便宜，言：「臨清河淺，舊矣，非因決口未塞也。漕臣但知塞決口爲急，不知秋冬雖塞，來春必復決，徒勞無益。臣不敢邀近功。」詔從其言。有貞於是大集民夫，躬親督率，治渠建閘，起張秋以接河、沁。河流之旁出不順者，爲九堰障之。更築大堰，楗以水門，閱五百五十五日而工成。名其渠曰「廣濟」，〔三〕閘曰「通源」。方工之未成也，帝以轉漕爲急，工部尚書江淵等請遣中書偕文武大臣督京軍五萬人往助役，期三月畢工。有貞言：「京軍一出，日費不貲，遇漲則束手坐視，無所施力。今泄口已合，決堤已堅，但用沿河民夫，自足集事。」議遂寢。事竣，召還，佐院事。帝厚勞之。復出巡視漕河。濟寧十三州縣河夫多負官馬及他雜辦，所司趣之亟，有貞爲言免之。七年秋，山東大水，河堤多壞，惟有貞所築如故。有貞乃修舊隄決口，自臨清抵濟寧，各置減水閘，水患悉平。還朝，帝召見，奬勞有加，進左副都御史。

八年正月，景帝不豫。石亨、張軏等謀迎上皇，以告太常卿許彬。彬曰：「此不世功也。彬老矣，無能爲。徐元玉善奇策，盍與圖之。」亨卽夜至有貞家。聞之，大喜，曰：「須令南城知此意。」軏曰：「陰達之矣。」令太監曹吉祥入白太后。辛巳夜，諸人復會有貞所。有貞升屋覽乾象，亟下曰：「時至矣，勿失。」時方有邊警，有貞令軏詭言備非常，勒兵入大內。亨掌門鑰，夜四鼓，開長安門納之。旣入，復閉以遏外兵。時天色晦冥，亨、軏皆惶惑，謂有貞曰：「事當濟否？」有貞大言必濟，趣之行。旣薄南城，門錮，毀牆以入。上皇燈下獨出問故。有貞等俯伏請登位，乃呼進輦。兵士惶懼不能舉，有貞率諸人助挽以行。星月忽開朗，上皇各問諸人姓名。至東華門，門者拒弗納，上皇曰「朕太上皇帝也」，遂反走。乃升奉天門，有貞等常服謁賀，呼萬歲。

景帝明當視朝，羣臣咸待漏闕下。忽聞殿中呼譟聲，方驚愕。俄諸門畢啓，有貞出號於衆曰：「太上皇帝復位矣。」趣入賀。卽日命有貞兼學士，入內閣，參預機務。明日加兵部尚書。有貞謂亨曰：「願得冠側注從兄後。」亨爲言於帝，封武功伯兼華蓋殿大學士，掌文淵閣事，賜號奉天翊衞推誠宣力守正文臣，祿千一百石，世錦衣指揮使，給誥劵。有貞遂誣少保于謙、大學士王文，殺之。內閣諸臣斥逐略盡。陳循素有德於有貞，亦弗救也。事權盡歸有貞，中外咸側目。而有貞愈益發舒，進見無時，帝亦傾心委任。

有貞旣得志，則思自異於曹、石。窺帝於二人不能無厭色，乃稍稍裁之，且微言其貪橫狀，帝亦爲之動。御史楊瑄奏劾亨、吉祥侵占民田。帝問有貞及李賢，皆對如瑄奏。有詔獎瑄。亨、吉祥大怨恨，日夜謀搆有貞。帝方眷有貞，時屛人密語。吉祥令小豎竊聽得之，故洩之帝。帝驚問曰：「安所受此語？」對曰：「受之有貞，某日語某事，外間無弗聞。」帝自是疏有貞。會御史張鵬等欲糾亨他罪，未上，而給事中王鉉泄之亨、吉祥。二人乃泣訴於帝，謂內閣實主之。遂下諸御史獄，併逮繫有貞及李賢。忽雷雹交作，大風折木。帝感悟，重違亨意，乃釋有貞出爲廣東參政。

亨等憾未已，必欲殺之。令人投匿名書，指斥乘輿，云有貞怨望，使其客馬士權者爲之。遂追執有貞於德州，幷士權下詔獄，榜治無驗。會承天門災，肆赦。亨、吉祥慮有貞見釋，言於帝曰：「有貞自撰武功伯券辭云『纘禹成功』，又自擇封邑武功。禹受禪爲帝，武功者曹操始封也，有貞志圖非望。」帝出以示法司，刑部侍郎劉廣衡等奏當棄市。詔徙金齒爲民。

亨敗，帝從容謂李賢、王翺曰：「徐有貞何大罪，爲石亨輩所陷耳，其釋歸田里。」成化初，復冠帶閒住。有貞既釋歸，猶冀帝復召，時時仰觀天象，謂將星在吳，益自負。常以鐵鞭自隨，數起舞。及聞韓雍征兩廣有功，乃擲鞭太息曰：「孺子亦應天象邪？」遂放浪山水間，十餘年乃卒。

有貞初出獄時，拊士權背曰：「子，義士也，他日一女相託。」金齒歸，士權時往候之，絕不及婚事。士權辭去，終身不言其事，人以是薄有貞而重士權。

楊善，字思敬，大興人。年十七爲諸生。成祖起兵，預城守有勞，授典儀所引禮舍人。永樂元年改鴻臚寺序班。善偉風儀，音吐洪亮，工進止。每朝謁引進奏時，上目屬之，累進右寺丞。仁宗卽位，擢本寺卿。宣德六年被劾下獄，褫冠帶，踰月。正統六年，子容詐作中官書，假金於尙書吳中。事覺，謫戍威遠衞，置善不問。久之，擢禮部左侍郎，仍視鴻臚事。

十四年八月扈駕北征，及土木，師潰，善間行得脫。也先將入寇，改左副都御史，與都督王通提督京城守備。寇退，進右都御史，視鴻臚如故。景泰元年，廷臣朝正畢，循故事，相賀於朝房。善獨流涕曰：「上皇在何所，而我曹自相賀乎！」衆媿，爲之止。是年夏，李實、羅綺使瓦剌，議罷兵，未還，而也先使至，言朝廷遣使報阿剌知院，而不遣大臣報可汗及太師，事必不濟。尙書王直等奏其言，廷議簡四人爲正副使，與偕行，帝命俟李實還議之。已而實將至，乃命善及侍郎趙榮爲使，齎金銀書幣往。

先是袁敏者，請齎服御物問上皇安，不納。及是，尙書胡濙等言，上皇蒙塵久，御用服食宜付善等隨行，亦不報。時也先欲還上皇，而敕書無奉迎語，自齎賜也先外，善等無他賜。善乃出家財，悉市彼中所需者，攜以往。

既至，其館伴與飲帳中，詫善曰：「土木之役，六師何怯也？」善曰：「彼時官軍壯者悉南征，王司禮邀大駕幸其里，不爲戰備，故令汝得志耳。今南征將士歸，可二十萬。又募中外材官技擊，可三十萬。悉教以神鎗火器藥弩，百步外洞人馬腹立死。又用策士言，緣邊要害，隱鐵椎三尺，馬蹄踐輒穿。又刺客林立，夜度營幕若猿猱。」伴色動。善曰：「惜哉，今皆置無用矣。」問：「何故？」曰：「和議成，歡好且若兄弟，安用此？」因以所齎遺之。其人喜，悉以語也先。

明日謁也先，亦大有所遺，也先亦喜。善因詰之曰：「太上皇帝朝，太師遣貢使必三千人，歲必再賚，金幣載途，乃背盟見攻何也？」也先曰：「奈何削我馬價，予帛多剪裂，前後使人往多不歸，又減歲賜？」善曰：「非削也，太師馬歲增，價難繼而不忍拒，故微損之。太師自度，價比前孰多也？帛剪裂者，通事爲之，事露，誅矣。卽太師貢馬有劣弱，貂或敝，亦豈太師意耶？且使者多至三四千人，有爲盜或犯他法，歸恐得罪，故自亡耳，留若奚爲？貢使受宴賜，上名或浮其人數，朝廷核實而予之。所減乃虛數，有其人者，固不減也。」也先屢稱善。善復曰：「太師再攻我，屠戮數十萬，太師部曲死傷亦不少矣。上天好生，太師好殺，故數有雷警。今還上皇，和好如故，中國金幣日至，兩國俱樂，不亦美乎？」也先曰：「敕書何以無奉迎語？」善曰：「此欲成太師令名，使自爲之。若載之敕書，是太師迫於朝命，非太師誠心也。」也先大喜，問：「上皇歸將復得爲天子乎？」善曰：「天位已定，難再移。」也先曰：「堯、舜如何？」善曰：「堯讓舜，今兄讓弟，正相同也。」其平章昂克問善：「何不以重寶來購？」善曰：「若齎貨來，人謂太師圖利。今不爾，乃見太師仁義，爲好男子，垂史策，頌揚萬世。」也先笑稱善。知院伯顏帖木耳勸也先留使臣，而遣使要上皇復位。也先懼失信，不可，竟許善奉上皇還。

時舉朝競奇善功，而景帝以非初遣旨，薄其賞。遷左都御史，仍涖鴻臚事。二年，廷臣朝正旦畢，修賀朝房。善又曰：「上皇不受賀，我曹何相賀也？」三年正月加太子太保。六年以衰老乞致仕，優詔不許。

善狀貌魁梧，應對捷給。然無學術，滑稽，對客鮮莊語。家京師，治第郭外。園多善果，歲時饋公卿戚里中貴，無不得其歡心。王振用事，善媚事之。至是又與石亨、曹吉祥結。天順元年正月，亨、吉祥奉上皇復辟，善以預謀，封奉天翊衛推誠宣力武臣、特進光祿大夫、柱國、興濟伯，歲祿千二百石，賜世券，掌左軍都督府事。尚書胡濙頌善迎駕功，命兼禮部尚書，尋改守正文臣。善使瓦剌，攜子四人行，至是並得官。又爲從子、養子乞恩，得官者復十數人。氣勢烜赫，招權納賄，亨輩嫉而間之，以是漸疎外。二年五月卒。贈興濟侯，謚忠敏。

善負才辨，以巧取功名，而憸伎爲士論所棄。其爲序班，坐事與庶吉士章樸同繫獄，久之，相狎。時方窮治方孝孺黨，樸言家有孝孺集，未及燬。善從借觀，密奏之。樸以是誅死，而善得復官。于謙、王文之戮，陳循之竄，善亦有力焉。子宗襲爵，後革「奪門」功，降金吾指揮使。孫增尙公主。

李實，字孟誠，合州人。正統七年進士。爲人恣肆無拘檢，有口辨。景泰初，爲禮科給事中。也先令完者脫歡議和，實請行。擢禮部右侍郎以往，少卿羅綺爲副。至則見上皇，頗得也先要領，還言也先請和無他意。及楊善往，上皇果還。是年十月進右都御史，巡撫湖廣。五年召還，掌院事。初，實使謁上皇，請還京引咎自責，失上皇意。後以居鄉暴橫，斥爲民。

趙榮，字孟仁，其先西域人。元時入中國，家閩縣。舅薩琦，官翰林，從入都，以能書授中書舍人。

正統十四年十月，也先擁上皇至大同，知府霍瑄謁見，慟哭而返。也先遂犯京師，奉上皇登土城，邀大臣出迓。榮慨然請行。大學士高穀拊其背曰：「子，忠義人也。」解所佩犀帶贈之，卽擢大理右少卿，充鴻臚卿。偕右通政王復出城朝見，進羊酒諸物。也先以非大臣，遣之還，而邀于謙、石亨、王直、胡濙出。景帝不遣。改榮太常少卿，仍供事內閣。景泰元年七月擢工部右侍郎，偕楊善等往。敕書無奉迎語，善口辯，榮左右之，竟奉上皇歸。進左侍郎。

行人王晏請開沁河通漕運，〔四〕再下廷議，言不便，遣榮往勘。還，亦言不便。尋奉敕會山東、河南三司相度河道。衆以榮不由科目，慢之。榮怒，多所撻辱，又自攝衣探水深淺。三司各上章言榮單馬馳走，驚駭軍民，杖傷縣官，糶廩米多取其直。撫、按薛希璉、張琛亦以聞。章下治河僉都御史徐有貞覈奏。法司言，榮雖失大體，終爲急於國事，糶米從人所爲；諸臣侮大臣，抗敕旨，宜逮治，希璉、琛亦宜罪。帝令按臣責取諸臣供狀，宥之。

天順元年進尚書。曹欽反，榮策馬大呼於市曰：「曹賊作逆，壯士同我討罪。」果有至者，卽率之往。賊平，英宗與李賢言，歎榮忠，命兼大理寺卿，食其俸。七年以疾罷。成化十一年卒。賜恤如制。

霍瑄，字廷璧，鳳翔人。由鄉舉入國學，授大同通判。正統十二年，以武進伯朱冕薦，就擢知府。也先擁英宗至城下，瑄與理餉侍郎沈固等出謁，叩馬號泣。衆露刃叱之，不爲動。上皇命括城內金帛，瑄悉所有獻之，上皇嘉歎。寇數出沒大同、渾源，伺軍民樵採，輒驅掠。或幸脫歸，率殘傷肢體。遺民相率入城，無所棲，又乏食。瑄俱爲奏之。老弱聽暫徙，發粟振，而所留城守丁壯除賦役。秩滿當遷，鎮巡諸臣乞留。詔加山西右參政，仍治府事。

英宗復位，徵拜瑄工部右侍郎，而固亦以石亨薦，起爲戶部尚書。既而巡撫上瑄治行，賜誥旌異。初，瑄在大同，巡撫年富被逮，瑄資其家還里，爲鎮守太監韋力轉所惡，撻之十餘。至是瑄以聞，且言力轉每宴輒用妓樂，服御僭侈如王者，强取部民女爲妾。力轉亦訐瑄違法事。帝兩釋焉。其年轉左，賜二品服。成化初，屢爲言官所劾。命致仕。卒於京師。

瑄初治郡有聲，晚節不檢。特以艱危時見知天子，遂久列顯位。

沈固，丹陽人。永樂中，起家鄉舉，積官至尚書。石亨敗，乞休去。

王越，字世昌，濬人。長身，多力善射，涉書史，有大略。登景泰二年進士。廷試日，旋風起，颺其卷去，更給卷，乃畢事。授御史，出按陝西。聞父訃，不俟代輒歸，爲都御史所劾。帝特原之。

天順初，起掌諸道章奏，超拜山東按察使。七年，大同巡撫都御史韓雍召還，帝難其代，喟然曰：「安得如雍者而任之？」李賢薦越，召見。越偉服短袂，進止便利。帝喜，擢右副都御史以行。甫至，遭母憂，奪情視事。越乃繕器甲，簡卒伍，修堡砦，減課勸商，爲經久計。

成化三年，撫寧侯朱永征毛里孩，以越贊理軍務。其秋，兼巡撫宣府。

五年冬，寇入河套，延綏巡撫王銳請濟師，詔越帥師赴之。河套者，周朔方、秦河南地，土沃，豐水草。東距山西偏頭關，西距寧夏，可二千里。三面阻河，北拊榆林之背。唐三受降城在河外，故內地。明初，阻河爲守，延綏亦無事。自天順間，毛里孩等三部始入爲寇。然時出沒，不敢久駐。至是始屯牧其中，屢爲邊患。越至榆林，遣遊擊將軍許寧出西路龍州、鎭靖諸堡，范瑾出東路神木、鎭羌諸堡，而自與中官秦剛按榆林城爲聲援。寧戰黎家澗，瑾戰崖窰川，皆捷，右參將神英又破敵於鎭羌，寇乃退。

明年正月以捷聞，越引還。抵偏頭關，延綏告警。兵部劾越擅還。詔弗罪，而令越屯延綏近地爲援。寇萬餘騎五路入掠，越令寧等擊退之。進右副都御史。是年三月，朝廷以阿羅出等擾邊不止，拜撫寧侯朱永爲將軍，與越共圖之。破敵開荒川，諸將追奔至牛家寨，阿羅出中流矢走。論功，進右都御史。

又明年，越以方西征，辭大同巡撫。詔聽之，加總督軍務，專辦西事。然是時寇數萬，而官軍堪戰者僅萬人，又分散防守，勢不敵。永、越乃條上戰守二策。尚書白圭亦難之，請敕諸將守。其年，寇復連入懷遠諸堡，永、越禦却之。圭復請大舉搜套。

明年遣侍郎葉盛至軍議。時永已召還，越以士卒衣裝盡壞，馬死過半，請且休兵，與盛偕還。而廷議以套不滅，三邊終無寧歲。先所調諸軍已踰八萬，將權不一，迄無成功，宜專遣大將調度。乃拜武靖侯趙輔爲平虜將軍，〔五〕敕陝西、寧夏、延綏三鎮兵皆受節制，越總督軍務。比至，寇方深入環慶、固原飽掠，軍竟無功。

越、輔以滿都魯、孛羅忽、乩加思蘭方強盛，勢未可破，乃奏言：「欲窮搜河套，非調精兵十五萬不可。今餽餉煩勞，公私困竭，重加科斂，內釁可虞。宜姑事退守，散遣士馬，量留精銳，就糧鄜、延，沿邊軍民悉令內徙。其寇所出沒之所，多置烽燧，鑿塹築牆，以爲保障。」奏上，廷議不決。越等又奏：「寇知我軍大集，移營近河，潛謀北渡，殆不戰自屈。但山、陝荒旱，芻糧缺供，邊地早寒，凍餒相繼。以時度之，攻取實難，請從防守之策，臣等亦暫還朝。」於是部科諸臣劾越、輔欺謾。會輔有疾，召還，以寧晉伯劉聚代。

明年，越與聚敗寇漫天嶺，進左都御史。是時三遣大將，皆以越總督軍務。寇每入，小擊輒去，軍罷即復來，率一歲數入。將士益玩寇，而寇勢轉熾。其年九月，滿都魯及孛羅忽、乩加思蘭留妻子老弱於紅鹽池，大舉深入，直抵秦州、安定諸州縣。越策寇盡銳西，不備東偏，乃率延綏總兵官許寧、遊擊將軍周玉各將五千騎爲左右哨，出楡林，踰紅兒山，涉白鹽灘，兩晝夜行八百里。將至，暴風起，塵翳目。一老卒前曰：「天贊我也。去而風，使敵不覺。還軍，遇歸寇，處下風。乘風擊之，蔑不勝矣。」越遽下馬拜之，擢爲千戶。分兵千爲十覆，而身率寧、玉張兩翼，薄其營，大破之。擒斬三百五十，獲駝馬器械無算，焚其廬帳而還。及滿都魯等飽掠歸，則妻子畜產已蕩盡，相顧痛哭。自是遠徙北去，不敢復居河套，西陲息肩者數年。初，文臣視師者，率從大軍後，出號令行賞罰而已。越始多選跳盪士爲腹心將，親與寇搏，又以間覘敵累重邀劫之，或剪其零騎，用是數有功。

十年春，廷議設總制府於固原，舉定西侯蔣琬爲總兵官，越提督軍務，控制延綏、寧夏、甘肅三邊。總兵、巡撫而下，並聽節制。詔罷琬，即以越任之，三邊設總制自此始。論功，加太子少保，增俸一級。紀功郎中張謹、兵科給事中郭鏜等論劉聚等濫殺冒功，并劾越妄奏。越方自以功大賞薄，遂怏怏，稱疾還朝。

明年與左都御史李賓同掌院事，兼督十二團營。越素以才自喜，不修小節，爲朝議所齮。至是乃破名檢，與羣小關通。奸人韋英者，〔六〕以官奴從征延綏，冒功得百戶。汪直掌西廠用事，英爲爪牙，越因英自結於直。內閣論罷西廠，越遇大學士劉吉、劉珝於朝，顯謂之曰：「汪直行事亦甚公。如黃賜專權納賂，非直不能去。商、萬在事久，是非多有所忌憚。二公入閣幾日，何亦爲此？」翃曰：「吾輩所言，非爲身謀。使直行事皆公，朝廷置公卿大夫何爲？」越不能對。

兵部尚書項忠罷，越當遷，而朝命予陝西巡撫余子俊。越彌不平，請解營務，優詔不許。因自陳搗巢功，爲故尚書白圭所抑，從征將士多未錄，乞移所加官酬之。子俊亦言越賞不酬功，乃進兵部尚書，仍掌院事。尋加太子太保。

越急功名。汪直初東征，越望督師，爲陳鉞所沮。鉞驟寵，心益豔之。十六年春，延綏守臣奏寇潛渡河入塞虜，越乃說直出師。詔拜保國公朱永爲平虜將軍，直監軍，而越提督軍務。越說直令永率大軍由南路，己與直將輕騎循塞垣而西，俱會榆林。越至大同，聞敵帳在威寧海子，則盡選宣、大兩鎭兵二萬，出孤店，潛行至貓兒莊，分數道。值大風雨雪晦冥，進至威寧，寇猶不覺，掩擊大破之。斬首四百三十餘級，獲馬駝牛羊六千，師不至榆林而還。永所出道迂，不見敵，無功。由是封越威寧伯，世襲，歲祿千二百石。越受封，不當復領都察院，而越不欲就西班。御史許進等頌其功，引王驥、楊善例，請仍領院事，提督團營。從之。

明年復與直、永帥師出大同。適寇入掠，追擊至黑石崖，擒斬百二十餘人，獲馬七百四。進太子太傅，增歲祿四百石。明制，文臣不得封公侯。越從勳臣例，改掌前軍都督府，總五軍營兵，督團營如故。自是眞爲武人，且望侯矣。其年五月，宣府告警，命佩平胡將軍印，充總兵官。復以直監督軍務，率京軍萬人赴之。比至，寇已去，因留屯其地。至冬，而直爲其儕所間，寵衰。越等再請班師，不許。陳鉞居兵部，亦代直請。帝切責之，兩人始懼。已，大同總兵官孫鉞卒，卽命越代之，而以直總鎭大同、宣府，悉召京營將士還。

明年，寇犯延綏。越等調兵援之，頗有斬獲，益祿五十石。帝是時益知越、直交結狀。大學士萬安等以越有智計，恐誘直復進，乃請調越延綏以離之，兩人勢益衰。明年，直得罪，言官幷劾越。詔奪爵除名，謫居安陸，三子以功廕得官者，皆削籍，且使使齎敕諭之。越聞使至，欲自裁，見敕有從輕語，乃稍自安。越旣爲禮法士所疾，自負豪傑，驁然自如。飮食供奉擬王者，射獵聲樂自恣，雖謫徙不少衰。故其得罪，時議頗謂太過，而竟無白之者。孝宗立，赦還。

弘治七年，越屢疏訟冤。詔復左都御史，致仕。越年七十，耄矣，復結中官李廣，以中旨召掌都察院事。給事中季源、御史王一言等交章論，乃寢。

十年冬，寇犯甘肅。廷議復設總制官，先後會舉七人，不稱旨。吏部尙書屠滽以越名上，乃詔起原官，加太子太保，總制甘、涼邊務兼巡撫。越言甘鎭兵弱，非籍延、寧兩鎭兵難以克敵，請兼制兩鎮，解巡撫事。從之。明年，越以寇巢賀蘭山後，數擾邊，乃分兵三路進剿。斬四十三級，獲馬駝百餘。加少保，兼太子太傅。遂條上制置哈密事宜。會李廣得罪死，言官連章劾廣黨，皆及越。越聞憂恨，其冬卒於甘州。贈太傅，謚襄敏。

越姿表奇偉，議論飆舉。久歷邊陲，身經十餘戰，知敵情僞及將士勇怯，出奇制勝，動有成算。獎拔士類，籠罩豪俊，用財若流水，以故人樂爲用。又嘗薦楊守隨、佀鍾、屠滽輩，皆有名於世。睦族敦舊，振窮卹貧，如恐不及。其膽智過絕於人。嘗與朱永帥千人巡邊，寇猝至，永欲走，越止之，列陣自固，寇疑未敢前。薄暮，令騎皆下馬，銜枚魚貫行，自率驍勇爲殿，從山後行五十里抵城，謂永曰：「我一動，寇追擊，無噍類矣，示暇以惑之也。下馬行，無軍聲，令寇不覺耳。」

性故豪縱。嘗西行謁秦王，王開筵奏妓。越語王：「下官爲王吠犬久矣，寧無以相酬者？」因盡乞其妓女以歸。一夕大雪，方圍爐飲，諸妓擁琵琶侍。一小校詗敵還，陳敵情。未竟，越大喜，酌金卮飲之，命彈琵琶侑酒，卽以金卮賜之。語畢益喜，指妓絕麗者，目之曰：「若得此何如？」校惶恐謝。越大笑，立予之。校所至爲盡死力。

越在時，人多咎其貪功。及死，而將餒卒惰，冒功糜餉滋甚，邊臣竟未有如越者。

贊曰：人非有才之難，而善用其才之難。王驥、王越之將兵，楊善之奉使，徐有貞之治河，其才皆有過人者。假使隨流平進，以幹略自奮，不失爲名卿大夫。而顧以躁於進取，依附攀援，雖剖符受封，在文臣爲希世之遇，而譽望因之隳損，甚亦不免削奪。名節所繫，可不重哉！

## 校勘記

〔一〕遣弟招賽入貢　招賽，原作「招寨」，據本書卷三一四麓川傳、明史稿傳四一王驥傳、英宗實錄卷一〇〇正統八年正月庚午條改。

〔二〕帥師十五萬人往　十五萬，本書卷三一四麓川傳作「十三萬」。

〔三〕名其渠曰廣濟　廣濟，原作「廣渠」，據本書卷八三河渠志改。

〔四〕行人王晏請開沁河通漕運　王晏，原作「王宴」，據明史稿傳四七趙榮傳改。

〔五〕乃拜武靖侯趙輔爲平虜將軍　武靖侯，原作「武靖伯」，據本書卷一三憲宗紀、又卷三二七韃靼傳，憲宗實錄卷一〇四成化八年五月癸丑條改。按本書卷一〇七功臣世表，趙輔於成化四年正月由武靖伯進封武靖侯，爲平虜將軍節制陝西三邊事在成化八年，不當再稱「伯」。

〔六〕奸人韋英者　韋英，明史稿傳四一王越傳、憲宗實錄卷一六二成化十三年二月丁丑條、國榷卷三七頁二三七六都作「韋瑛」。

# 明史卷一百七十二

## 列傳第六十

羅亨信　侯璡　楊寧　王來　孫原貞 孫需　張憲
朱鑑　楊信民　張驥 竺淵　耿定　王晟　鄧顒　馬謹
程信　白圭 子鉞　張瓚 謝士元　孔鏞 李時敏
鄧廷瓚　王軾　劉丙

羅亨信，字用實，東莞人。永樂二年進士。改庶吉士，授工科給事中。出視浙江水災，奏蠲三縣租。進吏科右給事中，坐累謫交阯爲吏。居九年，仁宗嗣位，始召入爲御史。覈通州倉儲，巡按畿內，清軍山西，皆有聲。宣德中，有薦其堪方面者。命食按察僉事俸，待遷。英宗卽位之三月，擢右僉都御史，練兵平涼、西寧。正統二年，蔣貴討阿台、朶兒只伯，亨信參其軍務。至魚兒海，貴等以芻餉不繼，留十日引還。亨信讓之曰：「公等受國厚恩，敢臨敵退縮耶？死法孰與死敵？」貴不從。亨信上章言貴逗遛狀。帝以其章示監督尚書王驥等。明年進兵，大破之。亨信以參贊功，進秩一等。

父喪歸葬。還朝，改命巡撫宣府、大同。參將石亨請簡大同民三之一爲軍，亨信奏止之。十年進右副都御史，巡撫如故。時遣官度二鎭軍田，一軍八十畝外，悉徵稅五升。亨信言：「文皇帝時，詔邊軍盡力墾田，毋徵稅，陛下復申命之，今奈何忽爲此舉？塞上諸軍，防邊勞苦，無他生業，惟事田作。每歲自冬徂春，迎送瓦剌使臣，三月始得就田，七月又復刈草，八月以後，修治關塞，計一歲中曾無休暇。況邊地磽瘠，霜早收薄，若更徵稅，則民不復畊，必致竄逸。計臣但務積粟，不知人心不固，雖有粟，將誰與守？」帝納其言而止。

初，亨信嘗奏言：「也先專候釁端，以圖入寇。宜預於直北要害，增置城衞爲備。不然，恐貽大患。」兵部議，寢不行。及土木之變，人情洶懼，有議棄宣府城者，官吏軍民紛然爭出。亨信仗劍坐城下，令曰：「出城者斬。」又誓諸將爲朝廷死守，人心始定。也先挾上皇至城南，傳命啓門。亨信登城語曰：「奉命守城，不敢擅啓。」也先逡巡引去。赤城、鵰鶚、懷來、永寧、保安諸守將棄城遁，並按其罪。

當是時，車駕旣北，寇騎日薄城下，關門左右皆戰場。亨信與總兵楊洪以孤城當其衝，外禦强寇，內屏京師。洪既入衞，又與朱謙共守，勞績甚著。著兜鍪處，顚髮盡禿。景帝卽位，進左副都御史。明年，年七十有四矣，乞致仕。許之。歸八年，卒於家。

侯璡，字廷玉，澤州人。少慷慨有志節。登宣德二年進士，授行人。烏撒、烏蒙土官以爭地相讐殺，詔遣璡及同官章聰諭解之，正其疆理而還。副侍郎章敞使交阯，關門卑，前驅傴而入，璡叱曰：「此狗竇耳，奈何辱天使！」交人爲毁關，乃入。及歸，餽遺無所受。遷兵部主事。

正統初，從尙書柴車等出鐵門關禦阿台有功，進郎中。從王驥征麓川，至金齒。驥自統大軍擊思任發，而遣璡援大侯州。賊衆三萬至，督都指揮馬讓、盧鉞擊走之。遂由高黎貢山兼程夜行，會大軍，壓其巢。麓川平，拜禮部右侍郎，參贊雲南軍務，詔與楊寧二年更代。驥再征麓川，璡以功遷左。九年代還。母憂，起復，尋調兵部。十一年復代寧鎭雲南。思機發竄孟養，驥復南征。璡與都督張軏分兵進抵金沙江，破之鬼哭山。璽書褒賚。

景泰初，貴州苗韋同烈叛，圍新添、平越、清平、興隆諸衞。命璡總督貴州軍務討之。時副總兵田禮已解新添、平越圍，璡遂遣兵攻敗都盧、水西諸賊，貴州道始通。又調雲南兵，由烏撒會師，開畢節諸路，檄普安土兵援安南衞，而自率師攻紫塘、彌勒等十餘寨。會賊復圍平越，回師擊退之。遂分哨七盤坡、羊腸河、楊老堡，解清平圍，東至重安江，與驥兵會。興隆抵鎮遠道皆通。捷聞，進兵部尚書。進克賞改苗，擒其渠王阿同等三十四人。別賊阿趙僞稱趙王，率衆掠清平，璡復討擒之。水西苗阿忽等六族皆自乞歸化，詔璡隨方處置。景泰元年八月以勞瘁卒於普定，年五十三。賜祭葬，廕其子錦衣衞世襲千戶。

楊寧，字彥謐，歙人。宣德五年進士。授刑部主事。機警多才能，負時譽。正統初，從尚書魏源巡視宣、大。四年與都督吳亮征麓川。賊款軍門約降，寧曰：「兵未加而先降，誘我也，宜嚴兵待之。」不聽，令寧督運金齒。已而賊果大至，官兵敗績。諸將獲罪，寧擢郎中。復從王驥至騰衝破賊，寧與太僕少卿李蕡督戰，並有功。師還，寧超拜刑部右侍郎。遭母憂，奪情。

九年代侯璡參贊雲南軍務。時麓川甫平，寧以騰衝地要害，與都督沐昂築城置衞，設戍兵控諸蠻。邊方遂定。居二年，召還。閩、浙盜起，命寧鎮江西。賊至，輒擊敗之。暇則詢民疾苦，境內嚮服。

景泰初，召拜禮部尚書，偕胡濙理部事。迤北可汗遣使入貢，寧言：「宜留使數日，宴勞賜予，視也先使倍厚。彼性多猜，二人必內搆，邊患可緩。」帝務誠信，不許。其冬，以足疾調南刑部。七年爲御史莊昇所劾，遣覈未報。寧力詆言官，都察院再劾寧脅制言路。詔免其罪，錄狀示之。英宗復辟，命致仕。踰年卒。

寧有才而善交權貴。嘗自敍前後戰功，乞世廕。子堣方一歲，遂得新安衞副千戶。

王來，字原之，慈谿人。宣德二年以會試乙榜授新建教諭。寧王府以諸生充樂舞，來請易以道士。諸王府設樂舞生始此。

六年以薦擢御史，出按蘇、松、常、鎭四府。命偕巡撫周忱考察屬吏，勑有「請自上裁」一語。來言：「賊民吏，去之惟恐不速，必請而後行，民困多矣。」帝爲改勑賜之。中官陳武以太后命使江南，橫甚，來數抑之。武還，愬於帝。帝問都御史顧佐：「巡按誰也？」佐以來對。帝歎息稱其賢，曰「識之」。及報命，奬諭甚至。

英宗卽位，以楊士奇薦，擢山西左參政。言：「流民所在成家。及招還故土，每以失產復逃去。乞請隨在附籍便。」又言：「郡縣官不以農業爲務，致民多游惰，催徵輒致巳命。朝廷憫其失業，下詔蠲除，而田日荒閑，租稅無出，累及良民。宜擇守長賢者，以課農爲職。其荒田，令附近之家通力合作，供租之外，聽其均分，原主復業則還之。蠶桑可裨本業者，聽其規畫。仍令提學風憲官督之，庶人知務本。」從之。

來居官廉，練達政事。侍郎于謙撫山西，亟稱其才，可置近侍。而來執法嚴，疾惡尤甚，以公事杖死縣令不職者十人。逮下獄，當徒。遇赦，以原官調補廣東。來自此始折節爲和平，而政亦修舉。正統十三年遷河南左布政使。明年改左副都御史，巡撫河南及湖廣襄陽諸府。也先逼京師，來督兵勤王。渡河，聞寇退，乃引還。

景泰元年，貴州苗叛。總督湖廣、貴州軍務侯璡卒於軍，進來右都御史代之。與保定伯梁珤，都督毛勝、方瑛會兵進討。至靖州，賊掠長沙、寶慶、武岡。來等分道邀擊，俘斬三千餘人，賊遁去。已，復出掠，官軍連戰皆捷。賊魁韋同烈據興隆，劫平越、清平諸衞，來與方瑛擊敗之。賊退保香爐山，山陡絕。勝、瑛與都督陳友三道進，來與珤大軍繼之。先後破三百餘寨，會師香爐山下。發礮轟崖石，聲動地。賊懼，縛同烈幷賊將五十八人降。餘悉解散。遂移軍清平，且檄四川兵共剿都勻、草塘諸賊。賊望風具牛酒迎降。

賊平，班師。詔留來、珤鎭撫。尋命來兼巡撫貴州。奏言：「近因黔、楚用兵，暫行鬻爵之例。今寇賊稍寧，惟平越、都勻等四衞乏餉。宜召商中鹽，罷納米例。」從之。

三年十月召還，加兼大理寺卿。琇以來功大，乞加旌異。都給事中蘇霖駁之，乃止。來還在道，以貴州苗復反，敕回師進討。明年，事平。召爲南京工部尙書。英宗復辟，六尙書悉罷。來歸。成化六年卒於家。

孫原貞，名瑀，以字行，德興人。永樂十三年進士。授禮部主事，歷郎中。英宗初，用薦擢河南右參政。居官淸愼，有吏才。

正統八年，大臣會薦，遷浙江左布政使。久之，盜大起閩、浙間，赦而再叛。景帝卽位，發兵討之。原貞嘗策賊必叛，上方略，請爲備。至是卽命原貞參議軍事，深入擒其魁。而溫州餘賊猶未滅，命都指揮李信爲都督僉事，調軍討之。遂拜原貞兵部左侍郞，參信軍務，鎭守浙江。丁母憂，當去，副都御史軒輗請留之。報可。

景泰元年，原貞進兵搗賊巢。俘斬賊首陶得二等，招撫三千六百餘人，追還被掠男女。捷聞，璽書獎勵。請奔喪。踰月，還鎭。復分兵剿平餘寇。奏析瑞安地增置泰順，析麗水、靑田二縣地置雲和、宣平、景寧四邑，建官置戍，盜患遂息。論功，進秩一等。浙官田賦重，右布政使楊瓚請均於民田輕額者。詔原貞督之，田賦以平。三年請褒贈禦賊死事武臣。指揮同知脫綱、王瑛，都指揮僉事沈轔、崔源，皆得贈卹。六月進兵部尚書，鎭守如故。未幾，命考察福建庶官，因留鎭焉。福州、建寧二府，舊有銀冶，因寇亂罷。朝議復開，原貞執不可，乃寢。

五年冬，疏言：

四方屯軍，率以營繕、轉輸諸役妨耕作。宜簡精銳實伍，餘悉歸之農。苟增萬人屯，卽歲省支倉糧十二萬石，且積餘糧六萬石，兵食豈有不足哉。

今歲漕數百萬石，道路費不貲。如浙江糧軍兌運米，石加耗米七斗，民自運米，石加八斗，其餘計水程遠近加耗。是田不加多，而賦斂實倍，欲民無困，不可得也。況今太倉無十數年之積，脫遇水旱，其何以濟！宜量入爲出，汰冗食浮費。俟倉儲旣裕，漸減歲漕數，而民困可蘇也。

臣昔官河南，稽諸逃民籍凡二十餘萬戶，悉轉徙南陽、唐、鄧、襄、樊間。羣聚謀生，安保其不爲盜。宜及今年豐，遣近臣循行，督有司籍爲編戶，給田業，課農桑，立社學、鄉約、義倉，使敦本務業。生計旣定，徐議賦役，庶無他日患。

時不能盡用。後劉千斤之亂，果如原貞所料。

已，復鎭浙江。英宗復位，罷歸。成化十年卒，年八十七。

原貞所至有勞績，在浙江尤著名。

孫需，字孚吉，成化八年進士。爲常州府推官，疑獄立剖，擢南京御史。劾僧繼曉，忤旨，予杖，出爲四川副使。弘治中，累官右副都御史，巡撫河南。歲凶，募民築汴河堤，堤成而饑者亦濟。鎮守中官劉瑯貪橫。奸民赴瑯訟者，需以法論之遣戍。瑯爲跪請，執不聽，瑯恨次骨。大臣子橫于鄉，需抑之。瑯與謀，改需撫陝西。尋改撫鄖陽，安輯流民，占籍者九萬餘戶。正德元年召爲南京兵部右侍郎。四年就拜禮部尚書。未兩月，劉瑾惡之，追論撫河南時事，罰米輸邊。廷推需刑部尚書，中旨令致仕。瑾誅，起南京工部尚書，就改刑部，再改吏部。十三年乞休去。嘉靖初卒，謚清簡。

張憲，字廷式，與需同里，同舉進士，相代爲尚書。嘗爲浙江右布政使，後以工部右侍郎督易州山廠，公帑無毫髮私。歷南京禮部尚書。劉瑾勒致仕。瑾誅，起工部，卒。

朱鑑，字用明，晉江人。童時刲股療父疾。舉鄉試，授蒲圻教諭。宣德二年與廬陵知縣孔文英等四十三人，以顧佐薦，召於各道觀政三月，遂擢御史。巡按湖廣，諭降梅花峒賊蕭啓寧等。請復舊制，同副使、僉事按行所部，問民疾苦。湖湘俗，男女婚嫁多踰三十。鑑申明禮制，其俗遂變。三載代歸。

正統五年復按廣東。奏設欽州守備都指揮。奉命錄囚，多所平反，招撫逋叛甚衆。還朝，請天下按察司增僉事一人，專理屯田，遂爲定制。

七年用薦擢山西左參政。奏減平陽採薪供邊夫役。景帝監國，進布政使。尋擢右副都御史，巡撫其地。上言：「也先奸詭百端，殺掠無已。復假和親，遣使覘伺。以送駕爲名，覬得開關延接。稍示抗拒，彼卽有辭。其謀旣深，我慮宜遠。宜暫罷中貴監軍之制，假總兵以生殺權，使志無所撓，計有所施。整散兵，募勇士，重懸賞格，鼓勸義旅，徵勤王兵，數道並進，戮力復讎，庶大駕可還，敵兵自退。曩者江南寇發，皆以誅王振爲名。夫事歸朝廷則治，歸宦官則亂。昔高皇帝與羣臣議事，必屏去左右，恐泄事機。乞杜權倖之門，凡軍國重事，屬任大臣，必當有濟。」景帝嘉納之。

時瓦剌窺塞下，鑑日夜爲守禦計。景泰元年，敵數萬騎攻雁門，都指揮李端擊却之。尋犯河曲及義井堡，殺二指揮，圍忻、代諸州，石亭等不能禦，長驅抵太原城北，山西大震。命鑑移鎭雁門，而別遣都督僉事王良鎭太原。援兵漸集，敵亦饜，乃引去。時山西仍遘兵荒，鑑外飭戎備，內撫災民，勞瘁備至。

二年十月，鎮守山西都御史羅通召還，命鑑兼領其事。明年詔遣大臣行天下，黜陟有司。禮部侍郎鄒幹至山西，多所論劾。鑑請召幹還，幹因極論鑑徇護，帝是幹言。其年十月召鑑佐院事。至京，致仕去。

初，景帝易儲，鑑貽大學士陳循書，言不可。且曰：「陛下於上皇，當避位以全大義。」循大駭。英宗復位，鑑詣闕上表賀。帝曰：「鑑老疾，何妄來？其速令還。」家居二十餘年卒。

楊信民，名誠，以字行，浙江新昌人。鄉舉入國學。宣德時，除工科給事中。母憂歸。營葬土石必躬舁數百步，曰：「吾葬吾母，而專役他人，吾不安也。」服闋，改刑科。正統中，淸軍江西，還奏民隱五事，多議行。尋以王直薦，擢廣東左參議。淸操絕俗，嘗行田野，訪利弊爲更置。性剛負氣，按察使郭智不法，信民劾之下獄。黃翰代智，信民復發其奸。已，又劾僉事韋廣，廣遂訐信民，因與翰俱被逮。軍民譁然，詣闕下乞留信民。詔復信民官，而翰、廣鞫實，除名。

景帝監國，于謙薦之，命守備白羊口。會廣東賊黃蕭養圍廣州急，嶺南人乞信民，乃以爲右僉都御史巡撫其地。士民聞而相慶曰：「楊公來矣。」時廣州被圍久，將士戰輒敗，禁民出入，樵采絕，而鄉民避賊來者拒不納，多爲賊所害，民益愁苦歸賊。信民至，開城門，發倉廩，刻木鍥給民，得出入。賊見木鍥曰：「此楊公所給也」，不敢傷。避賊者悉收保，民若更生。信民益厲甲兵，多方招撫，降者日至。乃使使持檄入賊營，諭以恩信。蕭養曰：「得楊公一言，死不恨。」刻日請見。信民單車詣之，隔濠與語。賊黨望見，讙曰：「果楊公也。」爭羅拜，有泣下者。賊以大魚獻，信民受之不疑。

蕭養且降，而都督董興大軍至，賊忽中變。夜有大星隕城外，七日而信民暴疾卒。時景泰元年三月乙卯也。軍民聚哭，城中皆縞素。賊聞之，亦泣曰：「楊公死，吾屬無歸路矣。」未幾，興平賊，所過村聚多殺掠。民仰天號曰：「楊公在，豈使吾曹至是！」訃聞，賜葬祭，錄其子玖爲國子生。廣東民赴京請建祠，許之。成化中，賜諡恭惠。久之，從選人盧從愿請，命有司歲以其忌日祭焉。

張驥，字仲德，安化人。永樂中舉於鄉，入國學。宣德初授御史。出按江西，慮囚福建，有仁廉聲。

正統八年，吏部尚書王直等應詔，博舉廷臣公廉有學行者，驥與焉。遷大理右寺丞，巡撫山東。先是，濟南設撫民官，專撫流民，後反爲民擾，驥奏罷之。俗遇旱，輒伐新葬塚墓，殘其肢體，以爲旱所由致，名曰「打旱骨樁」，以驥言禁絕。還朝，進右少卿。已，命巡視濟寧至淮、揚饑民。驥立法捕蝗，停不急務，蠲逋發廩，民賴以濟。

十三年冬，巡撫浙江。初，慶元人葉宗留與麗水陳鑑胡，聚衆盜福建寶豐諸銀礦，已而羣盜自相殺，遂爲亂。九年七月，福建參議竺淵往捕，被執死。宗留僭稱王。時福建鄧茂七亦聚衆反，勢甚張。宗留、鑑胡附之，流剽浙江、江西、福建境上。參議耿定，僉事王晟及都督僉事陳榮，指揮劉眞，都指揮吳剛、龔禮，永豐知縣鄧顒，前後敗歿。遂昌賊蘇牙、俞伯通剽蘭溪，又與相應，遠近震動。驥至，遣金華知府石瑁擊斬牙等，撫定其餘黨。而鑑胡方以爭忿殺宗留，專其衆，自稱大王，國號太平，建元泰定，僞署將帥，圍處州，分掠武義、松陽、龍泉、永康、義烏、東陽、浦江諸縣。未幾，茂七死，鑑胡勢孤。驥命麗水丞丁寧率老人王世昌等齎榜入賊巢招之，鑑胡遂偕其黨出降。惟陶得二不就撫，殺使者，入山爲亂如故。時十四年四月也。驥既招降鑑胡，而別賊蘇記養等掠金華，亦爲官軍所獲，賊勢乃益衰。

其秋，景帝嗣位，召驥還，卒於道。驥所至，咸有建樹，山東、兩浙民久而思之。鑑胡至京，帝宥不誅。更遇赦，釋充留守衞軍。也先入犯，鑑胡乘間亡，被獲，伏誅。

竺淵，奉化人。耿定，和州人。王晟，鄆城人。鄧顒，樂昌人。俱進士。顒兵潰被執，不屈死。詔爲營葬。淵等贈官，錄一子。

馬謹，字守禮，新樂人。宣德二年進士。事父母孝，遭喪，親負土以葬。正統中，以御史按浙江。時修備倭海船，徵材于嚴、衢諸郡。謹恐軍士藉勢肆斬伐，請禁飭之，報可。所至，貪猾屏跡。疏振台、處、寧、紹四府饑。吏部驗封郎中缺人久，帝令推擇。會謹九載滿，尚書郭璡薦謹廉直，遂用之。十年薦擢湖廣右布政使。

正統末，湖南叛苗掠靖州。命謹同御史侯爵撫諭，參將張善率兵繼之。謹等至，招敷千人復業，其出掠者擊敗之。尋與善破淇溪諸寨。景泰初，復與善大破臘婆諸洞。已，同參將李震擊破靑龍渡、馬楊山諸賊，追奔至雞心嶺，先後斬首千四百有奇。師還，靖州賊復出掠，搗其巢，斬獲如前。武岡、城溪諸賊結廣西蠻，據靑肺山，復與震攻破之。獲賊楊光拳等五百六十人，斬首倍之。扶城諸砦，聞風款附。

謹出入行間三歲，衝冒鋒鏑，與諸將同，而運籌轉餉功尤多。轉左布政使。錄功，進秩一等。六年五月，遷右副都御史，仍支二品俸。巡撫河南，撫流民三萬一千餘戶。天順初，廢巡撫官，謹亦罷歸，久之卒。

謹性廉介，楊士奇嘗稱爲「冰霜鐵石」。

程信，字彥實，其先休寧人，洪武中戍河間，因家焉。信舉正統七年進士，授吏科給事中。

景帝即位，薦起薛瑄等三人。也先犯京師，信督軍守西城，上言五事。都督孫鏜擊也先失利，欲入城，信不納，督軍從城上發箭礮助之。鏜戰益力，也先遂却。

景泰元年請振畿輔饑民，復河間學官、生徒因用兵罷遣者，皆報可。進左給事中。以天變上中興固本十事。其言敬天，則請帝敦孝友之實以荅天心。帝嘉納之。

明年二月出爲山東右參政，督餉遼東。巡撫寇深奏盜糧一石以上者死，又置新斛視舊加大，屬信鈎考。信立碎之，曰：「奈何納人於死！」深由是不悅信。尋以憂去。服闋，起四川參政。理松潘餉，偕侍郎羅綺破黑虎諸寨。

天順元年，信入賀。時方錄景泰間進言者，特擢信太僕卿。京衞馬舊多耗，信定期徵之。三營大將石亨、孫鏜、曹欽並以「奪門」功有寵，庇諸武臣，爲言太僕苛急，請改隸兵部。信言：「高皇帝令太僕馬數，勿使人知。若隸兵部，馬登耗，太僕不得聞。脫有警，馬不給，誰任其咎？」帝是之，乃隸太僕如故。

明年，改左僉都御史，巡撫遼東。都指揮夏霖恣不法，僉事胡鼎發其四十罪，信以聞，下霖錦衣獄。門達言信不當代奏，帝責令陳狀。時寇深方掌都察院，修前郤，劾信。徵下詔獄，降南京太僕少卿。五年召爲刑部右侍郎。母憂歸。

成化元年起兵部，尋轉左。四川戎縣山都掌蠻數叛，陷合江等九縣。廷議發大軍討之。以襄城伯李瑾充總兵官，太監劉恒爲監督，進信尚書，提督軍務。至永寧，分道進。都督芮成由戎縣，巡撫貴州都御史陳宜、參將吳經由芒部，都指揮崔旻由普市冰腦，〔一〕南寧伯毛榮由李子關，巡撫四川都御史汪浩、參將宰用由渡船鋪，左右遊擊將軍羅秉忠、穆義由金鵝池，而信與瑾居中節制。轉戰六日，破龍背、豹尾諸寨七百五十餘。明年至大壩，焚寨千四百五十。前後斬首四千五百有奇，俘獲無算。按諸九姓不奉化者遷瀘州衞，於渡船鋪增置關堡。改大壩爲太平川長官司，〔二〕分山都掌地，設官建治控制之。帝降璽書嘉勞。錄功，進兼大理寺卿，與白圭同涖兵部。言官劾信上首功不實。信四疏乞休，不許。信欲有爲，而阻於圭，不自得，數稱疾。

六年春旱，應詔言兵事宜更張者四，兵弊宜申理者五。大略言：延綏、兩廣歲遭劫掠，宜擇大臣總制；四方流民多聚荆、襄，宜早區畫；京軍操練無法，功次陞賞未當。語多侵圭。

圭奏寢之。改南京兵部，參贊機務。明年致仕，踰年卒。贈太子少保，謚襄毅。

信有才力，識大體。征南蠻時，制許便宜從事。迄班師，未嘗擅賞戮一人。曰：「刑賞，人主大柄也，不得已而假之人。幸而事集，輒自專，非人臣所宜。」在南京，守備臣欲預錢穀訟獄事，信曰：「守備重臣，所以謹非常也。若此，乃有司職耳。」論者韙之。子敏政，見文苑傳。

白圭，字宗玉，南宮人。正統七年進士。除御史，監朱勇軍，討兀良哈有功。巡按山西，辨疑獄百餘。從車駕北征，陷土木。脫還，景帝命往澤州募兵。尋遷陝西按察副使，擢浙江右布政使。福建賊鄭懷冒流剽處州，協諸將平之。

天順二年，貴州東苗干把猪等僭號，攻劫都勻諸處。詔進右副都御史，贊南和侯方瑛軍往討。圭以谷種諸夷爲東苗羽翼，先剿破百四十七砦。遂會兵青崖，復破四百七十餘砦，乘勝攻六美山。干把猪就擒，諸苗震讋。湖廣災，就命圭巡撫。

四年召爲兵部右侍郎。明年，孛來寇莊浪。圭與都御史王竑贊都督馮宗軍務，分兵巡邊。圭敗之固原州。〔三〕七年進工部尚書。

成化元年，荊、襄賊劉千斤等作亂。敕撫寧伯朱永爲總兵官，都督喜信、鮑政爲左右參將，中官唐愼、林貴奉監之，而以圭提督軍務，發京軍及諸道兵會討。

千斤，名通，河南西華人。縣門石狻猊重千斤，通隻手舉之，因以爲號。正統中，流民聚荊、襄間，通竄入爲妖言，潛謀倡亂。石龍者，號石和尙，聚衆剽掠，通與共起兵，僞稱漢王，建元德勝，流民從者四萬人。圭等至南漳，賊迎戰，敗之，乘勝逼其巢。通奔壽陽，謀走陝西。圭遣兵扼其道，通乃退保大市，與苗龍合。官軍又破之雁坪，斬通子聰及其黨苗虎等。賊退保後巖山，據險下木石如雨。諸軍四面攻，圭往來督戰，士皆蟻附登。賊大敗，擒通及其衆三千五百餘人，獲賊子女萬一千有奇，焚其廬舍，夷險阻而還。石龍與其黨劉長子等逸去，轉掠四川，連陷巫山、大昌。圭等分兵蹙之，長子縛龍以降，餘寇悉平。錄功，加圭太子少保，增俸一級。遭父憂，葬畢，視事。

三年改兵部尙書，兼督十二團營。六年，阿羅出等駐牧河套，陝西數被寇。圭言鎭巡官偸肆宜治，延綏巡撫王銳、鎭守太監秦剛、總兵官房能俱獲罪去。圭乃議大舉搜河套，發京兵及他鎭兵十萬屯延綏，而以輸餉責河南、山西、陝西民，不給，則預徵明年賦，於是內地騷然。而前後所遣三大將朱永、趙輔、劉聚，皆畏怯不任戰，卒以無功。十年卒官，年五十六。贈少傅，謚恭敏。

圭性簡重，公退即閉閤臥，請謁皆不得通。在貴州時，有憤中官虐而欲刺之者，悞入圭所。圭擁衾問之，其人驚曰：「乃吾公耶？」即自刎，不殊，仆於地。圭呼燭起視，傅以善藥，遣之，人服其量。

次子鉞，字秉德。進士及第，授編修。累官太子少保，禮部尙書。習典故，以詞翰稱。卒，贈太子太保，謚文裕。

張瓚，字宗器，孝感人。正統十三年進士。授工部主事，遷郎中，歷知太原、寧波二府，有善政。

成化初，市舶中官福住貪恣，瓚禁戢其下。住誣瓚於朝，瓚遂列住罪。住被責，其黨多抵法。大臣會薦，遷廣東參政，轉浙江左布政使。

十年冬，以右副都御史巡撫四川。播州致仕宣慰楊輝言，所屬夭壩干、灣溪諸寨及重安長官司爲生苗竊據，請王師進討。詔瓚諭還侵地，不服則征之。瓚率兵討定，請設安寧宣撫司，卽授輝子友爲宣撫以鎭。詔可，賜敕獎勞。以母老乞歸，母已卒。

會松、茂番寇邊，詔起復視事。先是，僉事林璧言：「松茂曩爲大鎭。都御史寇深、侍郎羅綺嘗假便宜，專制其地，故有功。今惟設兩參將，以副使居中調度。事權輕，臨敵稟令制府，千里請戰，謀洩機緩，未有能獲利者。宜別置重臣彈壓，或卽命瓚兼領，專其責成。」十二年七月命瓚兼督松茂、安綿、建昌軍務。瓚至軍，審度形勢，改大壩舊設副使於安綿，而令副總兵堯彧軍松潘，參將孫暠軍威、疊，爲夾攻計。乘閒修河西舊路，作浮梁，治月城，避偏橋棧道，軍獲安行，轉餉無阻。十四年六月攻白草壩、西坡、禪定數大砦，斬獲亡算。徇茂州、疊溪，所過降附。抵曲山三砦，攻破之。再討平白草壩餘寇。先後破滅五十二砦，賊魁撒哈等皆殲。他一百五砦悉獻馬納款，諸番盡平。留兵戍要害，增置墩堡，乃班師。帝嘉其功，徵拜戶部左侍郎，辭歸終制。

十五年起左副都御史，總督漕運，兼巡撫江北諸府。十八年，歲大祲，疏請振濟。發銀五萬兩，復敕瓚移淮安倉糧分振，而瓚已卒。

瓚功名著西蜀。其後撫蜀者如謝士元輩，雖有名，不及瓚。惟天壩干之役，或言楊輝溺愛庶長子友，欲官之，詐言生苗爲亂，瓚信而興師，其功不無矯飾云。

謝士元，字仲仁，長樂人。景泰五年進士。授戶部主事。督通州倉，陳四弊，屢與監倉宦官忤。天順七年擢建昌知府。地多盜，爲軍將所庇。士元以他事持軍將，奸發輒得。民懷券訟田宅，士元叱曰：「僞也，券今式，而所訟乃二十年事。」民驚服，訟爲衰止。考滿，進從三品俸，治府事如故，以憂去。

服闋，起知廣信。永豐有銀礦，處州民盜發之，聚數千人。將士憚其驍獷，不敢剿。士元勒兵趨之，賊遮刺士元，傷左股。裹創力戰，獲其魁，塞礦穴而還。入覲，改永平。遭喪不赴。

服闋，擢四川右參政，進右布政使。弘治元年就擢右副都御史，巡撫其地。土番大小姓者，將煽亂，士元託行邊，馳詣其地。賊恐，羅拜道左，徐慰遣之。歲大祲，流民趨就食。士元振恤有方，全活者數萬。明年，坐事下獄。事白，遂致仕。

孔鏞，字韶文，長洲人。景泰五年進士。知都昌縣。分戶九等以定役，設倉水次，便收斂，民甚賴之。以弟銘尙寧府郡主，改知連山。瑤、僮出沒鄰境，縣民悉竄。鏞往招之，民驚走。鏞炊飯民舍，留錢償其直以去。民乃漸知親鏞，相率還。鏞慰勞振恤，俾復故業，敎以戰守，道路漸通，縣治遂復。都御史葉盛征廣西，以鏞從。諸將妄殺者，鏞輒力爭，所全活甚衆。

成化元年，用葉盛等薦，擢高州試知府。前知府劉海以瑤警，閉城門自護。鄉民避瑤至者輒不納，還爲瑤所戕。又疑民陰附賊，輒戮之。賊緣是激衆怒，爲內應，城遂陷。鏞至，開門納來者，流亡日歸。城不能容，別築城東北居之。附郭多暴骸，民以疫死，復爲義塚瘞焉。

時賊屯境內者凡十餘部，而其魁馮曉屯化州，鄧公長屯茅峒，屢招不就。鏞一日單騎從二人直抵茅峒。峒去城十里許，道遇賊徒，令還告曰：「我新太守也。」公長驟聞新守至，亟呼其黨擐甲迎。及見鏞坦易無騶從，氣大沮。鏞徐下馬，入坐庭中，公長率其徒弛甲羅拜。鏞諭曰：「汝曹故良民，迫凍餒耳。前守欲兵汝，吾今奉命爲汝父母。汝，我子也。信我，則送我歸，賚汝粟帛。不信，則殺我，卽大軍至，無遺種矣。」公長猶豫，其黨皆感悟泣下。鏞曰：「餒矣，當食我。」公長爲跪上酒饌。既食，曰：「日且暮，當止宿。」夜解衣酣寢。賊相顧駭服。再宿而返。見道旁裸而懸樹上者纍纍，詢之，皆諸生也，命盡釋之。公長遣數十騎擁還，城中人望見，皆大驚，謂知府被執，來紿降也，盡登陴。鏞止騎城外，獨與羸卒入，取穀帛，使載歸。公長益感激，遂焚其巢，率黨數千人來降。

公長既降，諸賊次第納款，惟曉恃險不服。鏞選壯士二百人，乘夜抵化州。曉倉皇走匿，獲其妻子以歸，撫恤甚厚，曉亦以五百人降。已，與僉事陶魯敗賊廖婆保。他賊先後來犯，多敗去。境內大定。上官交薦，擢按察副使，分巡高、雷二府。益招劇賊梁定、侯大六、鄧辛酉等，給田產，分處內地爲官，備他盜。廣西賊犯信宜、岑溪，皆擊敗之。治績聞，賜誥命旌異。遭喪，服除，改廣西。猺、僮聞鏞至，悉遠遁。

十四年，兵部上其功，賚銀幣，尋進按察使。荔浦賊來寇，總督朱英以兵屬鏞，擊平之，進食二品祿。

已，遷左布政使。旋以右副都御史巡撫貴州。清平部苗阿溪者，桀驁多智，其養子阿賴尤有力，橫行諸部中。守臣皆納溪賂，驕不可制。鏞行部至清平，詗得溪所昵者二人。遂以計擒溪，磔之，幷討平雞背苗，郡蠻震懾。

鏞居官廉。歷仕三十餘年，皆在邊陲，觸瘴成疾。乞骸骨，不許。弘治二年召爲工部右侍郎，道卒，年六十三。

平樂李時敏者，爲信宜知縣。嘗與鏞共平猺亂有功，遷知化州。粵人以孔、李並稱。

鄧廷瓚，字宗器，巴陵人。景泰五年進士。知淳安縣，有惠政。丁母憂，服除，遷太僕寺丞。

貴州新設程番府，地在萬山中，蠻僚雜居，吏部難其人，特擢廷瓚爲知府。至則悉心規畫，城郭、衢巷、學校、壇廟、廨舍，以次興建。榜諭諸僚受約束。政平令和，巡撫陳儼上其治行。帝令久任。九載秩滿，始遷山東左參政，尋進右布政使。

弘治二年以右副都御史巡撫貴州。廷瓚自令至守，淹常調者踰三十年。至是去知府止三歲，遂得開府。以生母憂歸。服闋，還原任。都勻苗乜富架、長脚等作亂，敕廷瓚提督軍務，同湖廣總兵官顧溥、貴州總兵官王通等討之。副使吳倬遣熟苗詐降富架，誘令入寇，伏兵擒其父子。官軍乘勝連破百餘寨，生縶長脚以歸，羣蠻震慴。廷瓚言：「都勻、淸平舊設二衞、九長官司，其人皆世祿，自用其法，恣虐，激變苗民，亂四十餘年。今元兇就除，非大更張不可。請改爲府縣，設流官與土官兼治，庶可久安。」因上善後十一事，帝悉從之。遂設府一，曰都勻；州二，曰獨山、麻哈；縣一，曰淸平。苗患自此漸戢。論功，進右都御史。

八年召掌南京都察院事。甫數月，命提督兩廣軍務兼巡撫。越二年，進左。廷瓚治尙簡易，於吏事但總大綱，結羣蠻以恩信，不輕用兵，而兵出必成功。鬱林、雲爐、大桂諸蠻及四會饑民作亂，以次討平，兩廣遂無事。十三年復召掌南院。未行，卒。贈太子少保，諡襄敏。

廷瓚有雅量，待人不疑，時多稱其長者。至所設施，動中機宜。其在貴州平苗功爲尤偉云。

王軾，字用敬，公安人。天順八年進士。授大理右評事，遷右寺正。錄囚四川，平反百餘人，擢四川副使。歲凶，請官銀十萬兩爲糴費。以按嘉定同知盛崇仁贓罪，被訐下吏。事白，還職，改陝西。

弘治初，擢四川按察使。三年遷南京右僉都御史，提督操江。八年進右副都御史，總理南京糧儲，旋命巡撫貴州。明年入爲大理卿，詔與刑部裁定條例頒天下。

十三年拜南京戶部尚書。尋命兼左副都御史，督貴州軍務，討普安賊婦米魯。時鎮守中官楊友、總兵官曹愷、巡撫錢鉞共發兵討魯，大敗於阿馬坡。都指揮吳遠被執，普安幾陷。友等請濟師，乃以命軾。軾未至，而友等遣人招賊。賊揚言欲降，益擁衆攻圍普安、安南衞城，斷盤江道，勢愈熾。又乘間劫執友。右布政使閻鉦，按察使劉福，都指揮李宗武、郭仁、史韜、李雄、吳達等死焉。

軾至，以便宜調廣西、湖廣、雲南、四川官軍、土兵八萬人，合貴州兵，分八道進，使致仕都督王通將一軍。十五年正月，參將趙晟破六隆砦。賊遁，過盤江。都指揮張泰等渡江追擊，指揮劉懷等遂進解安南衞圍，而愷、通及都指揮李政亦各破賊砦。賊還攻平夷衞及大河、扼勒諸堡，都御史陳金以雲南兵禦之。賊遁歸馬尾籠寨，官軍聚攻益急，土官鳳英等格殺米魯，餘黨遂平。用兵凡五月，破賊砦千餘，斬首四千八百有奇，俘獲一千二百。捷聞，帝大喜，嘉勞。召還京，賜賚有加，錄功，加太子少保。已，改南京兵部，參贊機務。連乞致仕，不允。武宗立，遇疾復請。詔加太子太保，賜敕乘傳歸。卒，贈太保，謚襄簡。

劉丙，字文煥，南雄知府實孫也。成化末，登進士。選庶吉士，改御史，巡按雲南。雲南諸司吏，舊不得給由，父滿子代，丙請如例考入官。流戍僉發，必經兵部，多淹延致死，丙請屬之撫、按。土官無後者，請錄其弟姪，勿令妻妾冒冠服。俱著爲例。後督兩淮鹽課，中官請引二萬爲織造費，部議許之，丙執不可，得減四之三。歷福建、四川副使，俱督學校，三遷四川左布政使。

正德六年以右副都御史巡撫湖廣。所部鎭溪千戶所、筸子坪長官司與貴州銅仁，四川酉陽、梅桐諸土司，犬牙相錯。弘治中，錯溪苗龍麻陽與銅仁苗龍童保聚衆攻剽，土官李椿等實縱之，而箄子百夫長龍眞與通謀。後遂四出劫掠，遠近騷然，先後守臣莫能制。丙將討之，賊入連山深箐，爲拒守計。丙率師破其數寨。賊走據天生崖及六龍山。貴州巡撫沈林兵繼至，連攻破之。前後擒童保等二百人，斬首八百九十餘級。都指揮潘勛又破鎮、箄諸寨，擒廝陽等百六十人，斬首級如前，餘賊遠遁。璽書獎勵。

丙操履淸介，敢任事。所至嚴明，法令修舉。遷工部右侍郎，採木入山。越二載，犯風痺得疾，卒。詔贈尚書，謚恭襄。

贊曰：英、景間，瓦剌逼西陲，邊圉孔棘，而黃蕭養、葉宗留之徒劫掠嶺南、浙、閩境上。其後荆、襄流民嘯聚，則以劉通、石龍爲之魁。他若都勻、松、茂、黔、楚諸苗、瑤，叛者數起。羅亨信、侯璡諸人，保固封圻，誅虣禁亂，討則有功，撫則信著，宣力封疆，無忝厥任矣。孔鏞以知府服叛瑤，其才力有過人者。韓愈言柳中丞行事適機宜，風采可畏愛。不如是，惡能以有爲哉。

# 校勘記

〔一〕冰腦　本書卷四十六及明史稿志二二地理志都作「水腦」，稱普市守禦千户所西南有水腦洞，與此互異。

〔二〕改大壩爲太平川長官司　憲宗實錄卷五三成化四年四月癸丑條、國榷卷三五頁二二四九、讀史方輿紀要卷七三都作「改大壩爲太平川，設太平長官司」。太平長官司見本書卷四三地理志。

〔三〕圭敗之固原州　固原州，本書卷三二七韃靼傳作「固原川」。按固原州弘治十五年始置，見本書卷四二地理志，此應作「固原川」。

# 明史卷一百七十三

## 列傳第六十一

楊洪 子俊 從子能 信　石亨 從子彪 從孫後　郭登　朱謙

孫鏜 子永 孫暉等　趙勝　范廣

楊洪，字宗道，六合人。祖政，明初以功為漢中百戶。父璟，戰死靈璧。洪嗣職，調開平。善騎射，遇敵輒身先突陣。初，從成祖北征，至斡難河，獲人馬而還。帝曰：「將才也。」令識其名，進千戶。宣德四年命以精騎二百，專巡徼塞上。繼命城西貓兒峪，留兵戍之。敗寇於紅山。

英宗立，尚書王驥言邊軍怯弱，由訓練無人，因言洪能。詔加洪遊擊將軍。洪所部才五百，詔選開平、獨石騎兵益之，再進都指揮僉事。時先朝宿將已盡，洪後起，以敢戰著名。為人機變敏捷，善出奇搗虛，未嘗小挫。雖為偏校，中朝大臣皆知其能，有毀之者，輒為曲護，洪以是得展其才。

尙書魏源督邊事，指揮杜衡、部卒李全皆訐奏洪罪。帝從源言，謫衡廣西，執全付洪自治。尋命洪副都督僉事李謙守赤城、獨石。謙老而怯，故與洪左。洪每調軍，謙輒陰沮之。洪嘗勵將士殺敵，謙笑曰：「敵可盡乎？徒殺吾人耳。」御史張鵬劾罷謙，因命洪代，洪益自奮。朝廷亦厚待之，每奏捷，功雖微必敍。洪初敗兀良哈兵，執其部長朶欒帖木兒。旣代謙任，復敗其兵於西涼亭。帝賜敕嘉奬。又敕宣大總兵官譚廣等曰：「此即前寇延綏，爲指揮王禎所敗者，去若軍甚邇，顧不能撲滅，若視洪等媿不？」

三年春，擊寇於伯顏山。洪馬蹶傷足，戰益力，擒其部長也陵台等四人。追至寶昌州，又擒阿台答剌花等五人。寇大敗，遁去。璽書慰勞，遣醫視，進都指揮同知，賜銀幣。尋以譚廣老，命充右參將佐之。洪建議加築開平城，拓龍門所，自獨石至潮河川，增置堠臺六十。尋進都指揮使。與兀良哈兵戰三岔口，又嘗追寇至亦把禿河。再遷都督同知。九年，兀良哈寇延綏，洪與內臣韓政等出大同，至黑山迤北，邀破之克列蘇。進左都督，軍士蒙賞者九千九百餘人。洪嘗請給旗牌，不許，乃自製小羽箭、木牌，令軍中。有司論其專擅，帝不問。

十二年充總兵官，代郭玹鎭宣府。自宣德以來，迤北未嘗大舉入寇，惟朶顏三衛衆乘間擾邊，多不過百騎，或數十騎。他將率巽愞，洪獨以敢戰至大將。諸部亦憚之，稱爲「楊王」。瓦剌可汗脫脫不花、太師也先皆嘗致書於洪，並遺之馬。洪聞於朝，敕令受之而報以禮。嗣後數有贈遺，帝方倚任洪，不責也。帝旣北狩，道宣府，也先傳帝命趣開門。城上人對曰：「所守者主上城池。天已暮，門不敢開。且洪已他往。」也先乃擁帝去。時景帝已卽位，景帝監國，論前後功，封昌平伯。也先復令帝爲書遺洪，洪封上之。也先逼京師，急詔洪將兵二萬入衞。比至，寇已退。敕洪與孫鏜、范廣等追擊餘寇，至霸州破之，獲阿歸等四十八人，還所掠人畜萬計。及關，寇返鬬，殺官軍數百人，洪子俊幾爲所及。寇去，以功進侯，命率所部留京師，督京營訓練，兼掌左府事。朝廷以洪宿將，所言多采納。嘗陳禦寇三策，又奏請簡汰三千諸營將校，不得以貧弱充伍，皆從之。

景泰元年，于謙以邊警未息，宜令洪等條上方略。洪言四事，命兵部議行。都督宮聚、王喜、張斌先坐罪繫獄，洪與石亨薦三人習戰，請釋令立功。詔已許，而言官劾其黨邪撓政。帝以國家多事，務得人，置不問。上皇還，洪與石亨俱授奉天翊衞宣力武臣，予世券。

明年夏，佩鎭朔大將軍印，還鎭宣府。從子能、信充左右參將，其子俊爲右都督，管三千營。洪自以一門父子官極品，手握重兵，盛滿難居，乞休致，請調俊等他鎮。帝不許。八月，以疾召還京，踰月卒。贈潁國公，諡武襄。妾葛氏自經以殉，詔贈淑人。

洪久居宣府，御兵嚴肅，士馬精強，爲一時邊將冠，然未嘗專殺。又頗好文學，嘗請建學宣府，敎諸將子弟。

子傑嗣，上言：「臣家一侯三都督，蒼頭得官者十六人，大懼不足報稱。乞停蒼頭楊釗等職。」詔許之，仍令給俸。傑卒，無子，庶兄俊嗣。

俊，初以舍人從軍。正統中累官署都指揮僉事，總督獨石、永寧諸處邊務。景帝即位，給事中金達奉使獨石，劾俊貪侈，乃召還。也先犯京師，俊敗其別部於居庸，進都督僉事。尋充右參將，佐朱謙鎭宣府。太監喜寧數誘敵入寇，中朝患之，購擒斬寧者賞黃金千兩，白金二萬兩，爵封侯。寧爲都指揮江福所獲，而俊冒其功。廷臣請如詔。帝以俊邊將，職所當爲，不允。加右都督，賜金幣。

俊恃父勢橫恣，嘗以私憾杖都指揮陶忠至死。洪懼，奏俊輕躁，恐悞邊事，乞令來京，隨臣操練。許之。旣至，言官交劾，下獄論斬。詔令隨洪立功。未幾，冒擒喜寧功事覺，詔追奪冒陞官軍，別賞福等，而降俊官，令剿賊自効。俄充遊擊將軍，巡徼眞、保、涿、易諸城，還督三千營訓練。

景泰三年，俊上疏曰：「也先旣弑其主，併其衆，包藏禍心，窺伺邊境，直須時動耳。聞其妻孥輜重，去宣府纔數百里。我緣邊宿兵不下數十萬，宜分爲奇正以待，誘使來攻。正兵列營大同、宣府，堅壁觀變，而出奇兵倍道搗其巢。彼必還自救，我軍夾攻，可以得志。」疏下廷議，于謙等以計非萬全，遂寢。團營初設，命俊分督四營。

明年復充遊擊將軍，送瓦剌使歸。至永寧，被酒，杖都指揮姚貴八十，且欲斬之，諸將力解而止。貴訴於朝，宣府參政葉盛亦論俊罪。以俊嘗潰於獨石，斥爲敗軍之將。俊上疏自理，封還所賜敕書，以明己功。言官劾其跋扈，論斬，錮之獄。會傑卒，傑母魏氏請暫釋俊營傑葬事。乃宥死，降都督僉事。旋襲洪職。家人告俊盜軍儲，再論死，輸贖還爵。久之，又以陰事告俊。免死奪爵，命其子珍襲。

俊初守永寧、懷來，聞也先欲奉上皇還，密戒將士毋輕納。旣還，又言是將爲禍本。及上皇復位，張軏與俊不協，言於朝。遂徵下詔獄，坐誅。奪珍爵，戍廣西。憲宗立，授龍虎衛指揮使。

能，字文敬。沈毅善騎射。從洪屢立功，爲開平衞指揮使，進都指揮僉事。景泰元年進同知，充遊擊將軍，沿邊巡徼。寇犯蔚州，畏不進，復與紀廣禦寇野狐嶺，敗傷右膝，爲御史張昊所劾。宥之。尋命與石彪各統精兵三千，訓練備調遣。再加都督僉事，累進左副總兵，協守宣府。巡撫李秉劾其貪惰，弗問。五年召還，總神機營。天順初，以左都督爲宣府總兵官，與石彪破寇磨兒山，封武强伯。也先已死，孛來繼興，能欲約兀良哈共襲劫之，與以信礮。兵部劾其非計。帝以能志在滅賊，置不罪。寇犯宣府，能失利，復爲兵部所劾，帝亦宥之。是年卒。無子，弟倫襲羽林指揮使。

信，字文實。幼從洪擊敵興州。賊將方躍馬出陣前，信直前擒之，以是知名。累功至指揮僉事。正統末，進都指揮僉事，守柴溝堡。也先犯京師，入衞，進都指揮同知。景泰改元，守懷來，寇入不能禦。護餉永寧，聞礮聲奔還，皆被劾。朝議以方用兵，不問。累進都督僉事，代能爲左副總兵，協鎭宣府。上言：「鹿角之制，臨陣可捍敵馬，結營可衞士卒，每隊宜置十具。遇敵團牌拒前，鹿角列後，神銃弓矢相繼迭發，則守無不固，戰無不克。」從之。

天順初，移鎭延綏，進都督同知。明年破寇青陽溝，大獲。封彰武伯，佩副將軍印，充總兵官，鎭守如故。延綏設總兵官佩印，自信始也。頃之，破寇高家堡。三年與石彪大破寇於野馬澗。明年，寇二萬騎入楡林，信擊却之，追奔至金雞峪，斬平章阿孫帖木兒，還所掠人畜萬計。其冬，代李文鎭大同。

憲宗卽位，信自陳前後戰功，予世劵。成化元年冬禦寇延綏無功，召還，督三千營。毛里孩據河套，命佩將軍印，總諸鎭兵往禦。寇旣渡河北去，已，復還據套，分掠水泉營及朔州，信等屢却之。寇遂東入大同，因詔信還鎭大同。六年，信與副將徐恕、參將張瑛分道出塞，敗寇於胡柴溝，獲馬五百餘匹。璽書奬勵。

信在邊三十年，鎭以安靜，人樂爲用。然性好營利。代王嘗奏其違法事，詔停一歲祿。十三年冬卒於鎭。贈侯，謚武毅。

洪父子兄弟皆佩將印，一門三侯伯。其時稱名將者，推楊氏。昌平侯旣廢，能以流爵弗世。而信獨傳其子瑾，弘治初領將軍宿衞。三傳至曾孫炳。隆慶時，協守南京。召掌京營戎政，屢加少師。卒，謚恭襄。傳子至孫崇猷。李自成陷京師，被殺。

石亨，渭南人。生有異狀，方面偉軀，美髯及膝。其從子彪魁梧似之，鬚亦過腹。就飮酒肆，相者曰：「今平世，二人何乃有封侯相？」亨嗣世父職，爲寬河衞指揮僉事。善騎射，能用大刀，每戰輒摧破。

正統初，以獲首功，累遷都指揮僉事。敗敵黃牛坡，獲馬甚衆。三年正月，敵三百餘騎飲馬黃河，亨追擊至官山下，多所斬獲。進都指揮同知。尋充左參將，佐武進伯朱冕守大同。六年上言：「邊餉難繼，請分大同左右、玉林、雲川四衞軍，墾淨水坪迤西曠土，官給牛種，可歲增糧萬八千石。」明年又言：「大同西路屯堡，皆臨極邊。玉林故城去右衞五十里，與東勝單于城接，水草便利。請分軍築壘，防護屯種。」詔皆允行。尋以敗敵紅城功，進都指揮使。敵犯延安，追至金山敗之，再遷都督僉事。亨以國制搜將才未廣，請倣漢、唐制，設軍謀宏遠、智識絕倫等科，令人得自陳，試驗擢用，不專保舉。報可。

十四年，與都督僉事馬麟巡徼塞外。至箭豁山，〔一〕敗兀良哈衆，進都督同知。是時，邊將智勇者推楊洪，其次則亨。亨雖偏將，中朝倚之如大帥，故亨亦盡力。其秋，也先大舉寇大同，亨及西寧侯宋瑛、武進伯朱冕等戰陽和口，瑛、冕戰沒，亨單騎奔還。降官，募兵自効。

郕王監國，尚書于謙薦之。召掌五軍大營，進右都督。無何，封武清伯。也先逼京師，命偕都督陶瑾等九將，分兵營九門外。德勝門當敵衝，特以命亨。于謙以尚書督軍。寇薄彰義門，都督高禮等却之。轉至德勝門外，亨用謙令，伏兵誘擊，死者甚衆。既而圍孫鏜西直門外，以亨救引卻。相持五日，寇斂衆遁。論功，亨爲多，進侯。

景泰元年二月命佩鎭朔大將軍印，帥京軍三萬人，巡哨大同。遇寇，敗之。其秋，予世襲誥券。易儲，加亨太子太師。于謙立團營，命亨提督，充總兵官如故。

八年，帝將郊，宿齋宮，疾作不能行禮，召亨代。亨受命榻前，見帝病甚，遂與張軏、曹吉祥等謀迎立上皇。上皇既復辟，以亨首功，進爵忠國公。眷顧特異，言無不從。其弟姪家人冒功錦衣者五十餘人，部曲親故竄名「奪門」籍得官者四千餘人。兩京大臣，斥逐殆盡。納私人重賄，引用太僕丞孫弘，郎中陳汝言、蕭璁、張用瀚、郝璜、龍文、朱銓，員外郎劉本道爲侍郎。時有語曰「朱三千，龍八百」。勢焰熏灼，嗜進者競走其門。既以私憾殺于謙、范廣等，又以給事中成章、御史甘澤等九人嘗攻其失，貶黜之。數興大獄，搆陷耿九疇、岳正，而戍楊瑄、張鵬，謫周斌、盛顒等。又惡文臣爲巡撫，抑武臣不得肆，盡撤還。由是大權悉歸亨。

亨無日不進見，數預政事。所請或不從，艴然見於辭色。即不召，必假事以入，出則張大其勢，市權利。久之，帝不能堪，嘗以語閣臣李賢。賢曰：「惟獨斷乃可。」帝然之。一日語賢曰：「閣臣有事，須燕見。彼武臣，何故頻見？」遂敕左順門，非宜召毋得納總兵官。亨自此稀燕見。

亨嘗白帝立碑於其祖墓。工部希亨指，請敕有司建立，翰林院撰文。帝以永樂以來，無爲功臣祖宗立碑故事，責部臣，而令亨自立。初，帝命所司爲亨營第。既成，壯麗踰制。帝登翔鳳樓見之，問誰所居。恭順侯吳瑾謬對曰：「此必王府。」帝曰：「非也。」瑾曰：「非王府，誰敢僭踰若此？」帝頷之。亨既權侔人主，而從子彪亦封定遠侯，驕橫如亨。兩家蓄材官猛士數萬，中外將帥半出其門。都人側目。

三年秋，彪謀鎭大同，令千戶楊斌等奏保。帝覺其詐，收斌等拷問得實，震怒，下彪詔獄。亨懼，請罪，帝慰諭之。亨請盡削弟姪官，放歸田里，帝亦不許。及鞫彪，得繡蟒龍衣及違式寢牀諸不法事，罪當死。遂籍彪家，命亨養病。亨嘗遣京衞指揮裴瑄出關市木，遣大同指揮盧昭追捕亡者。至是事覺，法司請罪亨，帝猶置不問。法司再鞫彪，言彪初爲大同遊擊，以代王增祿爲己功，王至跪謝。自是數款彪，出歌妓行酒。彪淩侮親王，罪亦當死。因劾亨招權納賕，肆行無忌，與術士鄒叔彝等私講天文，妄談休咎，宜置重典。帝命錮彪於獄，亨閒住，罷朝參。時方議革「奪門」功，窮治亨黨，由亨得官者悉黜，朝署一淸。

明年正月，〔三〕錦衣指揮逯杲奏亨怨望，與其從孫後等造妖言，蓄養無賴，專伺朝廷動靜，不軌迹已著。廷臣皆言不可輕宥，乃下亨詔獄，坐謀叛律斬，沒其家貲。踰月，亨瘐死，彪、後並伏誅。

彪驍勇敢戰，善用斧。初以舍人從軍。正統末，積功至指揮同知。也先逼京師，既退，追襲餘寇，頗有斬獲，進署都指揮僉事。

景泰改元，詔予實授，充遊擊將軍，守備威遠衞。敵圍土城，彪用礮擊死百餘人，遁去。塞上日用兵，彪勇冠流輩，每戰必捷，以故一歲中數遷，至都督僉事。

恃亨勢，多縱家人占民產，又招納流亡五十餘戶，擅越關置莊墾田，爲給事中李侃、御史張奎所劾，請並罪亨。景帝皆宥不問，但令給還民產，遣流亡戶復業而已。

三年冬，充右參將，協守大同。嘗憾巡撫年富抑己不得逞。及英宗復辟，召彪還。亨方得志，彪遂誣奏富罪，致之獄。未幾，進都督同知，再以遊擊將軍赴大同備敵。與參將張鵬等哨磨兒山。寇千餘騎來襲，彪率壯士衝擊，斬把禿王，搴其旗，俘斬百二十人。追至三山墩，又斬七十二人。以是封定遠伯，遊擊如故。

天順二年命偕高陽伯李文赴延綏禦寇，以疾召還，尋充總兵官。明年，寇二萬騎入掠安邊營。彪與彰武伯楊信等禦之，連戰皆捷，斬鬼力赤，追出塞，轉戰六十餘里，生擒四十餘人，斬首五百餘級，獲馬駝牛羊二萬餘，爲西北戰功第一。捷聞，進侯。彪本以戰功起家，不藉父兄廕，然一門二公侯，勢盛而驕，多行不義。謀鎭大同，與亨表裏握兵柄，爲帝所疑，遂及於禍。

後，天順元年進士，助亨籌畫。都督杜清出亨門下，後造妖言，有「土木掌兵權」語，蓋言杜也。事覺，後伏誅，清亦流金齒。

郭登，字元登，武定侯英孫也。幼英敏。及長，博聞强記，善議論，好談兵。洪熙時，授勳衞。

正統中，從王驥征麓川有功，擢錦衣衞指揮僉事。又從沐斌征騰衝，還署都指揮僉事。十四年，車駕北征，扈從至大同，超拜都督僉事，充參將，佐總兵官廣寧伯劉安鎮守。朱勇等軍覆，倉猝議旋師。登告學士曹鼐、張益曰「車駕宜入紫荆關」，王振不從，遂及於敗。當是時，大同軍士多戰死，城門晝閉，人心洶洶。登慷慨奮勵，修城堞，繕兵械，拊循士卒，弔死問傷，親爲裹創傅藥，曰：「吾誓與此城共存亡，不令諸君獨死也。」八月，也先擁帝北去，經大同，使袁彬入城索金幣。登閉城門，以飛橋取彬入。登與安及侍郎沈固、給事中孫祥、知府霍瑄等出謁，伏地慟哭，以金二萬餘及宋瑛、朱冕、内臣郭敬家貲進帝，以賜也先等。是夕，敵營城西。登謀遣壯士劫營迎駕，不果。明日，也先擁帝去。

景帝監國，進都督同知，充副總兵。尋令代安爲總兵官。十月，也先犯京師，登將率所部入援，先馳蠟書奏。奏至，敵已退。景帝優詔褒答，進右都督。登計京兵新集，不可輕用，上用兵方略十餘事。

景泰元年春，偵知寇騎數千，自順聖川入營沙窩。登率兵躡之，大破其衆，追至栲栳山，斬二百餘級，得所掠人畜八百有奇。邊將自土木敗後，畏縮無敢與寇戰。登以八百人破敵數千騎，軍氣爲之一振。捷聞，封定襄伯，予世券。

四月，寇騎數千奄至，登出東門戰。佯北，誘之入土城。伏起，敵敗走。登度敵且復至，令軍士齎毒酒、羊豕、楮錢，僞爲祭冢者，見寇卽棄走。寇至，爭飮食之，死者甚衆。六月，也先復以二千騎入寇，登再擊却之。越數日，奉上皇至城外，聲言送駕還。登與同守者設計，具朝服候駕月城內，伏兵城上，俟上皇入，卽下月城閘。也先及門而覺，遂擁上皇去。

時鎭守中官陳公忌登。會有發公奸贓者，公疑登使之，遂與登搆。帝謂于謙曰：「大同，吾藩籬也。公與登如是，其何以守！」遣右監丞馬慶代公還，登愈感奮。初，也先欲取大同爲巢穴，故數來攻。及每至輒敗，有一營數十人不還者，敵氣懾，始有還上皇意。上皇旣還，代王仕壥頌登功，乞降敕獎勞。兵部言登已封伯，乃止。

二年，登以老疾乞休，舉石彪自代，且請令其子嵩宿衞。帝以嵩爲散騎舍人，不聽登辭。是時邊患甫息，登悉心措置，思得公廉有爲者與俱。遂劾奏沈固廢事，而薦尙書楊寧、布政使年富。又言大同旣有御史，又有巡按御史，僉都御史任寧宜止巡撫宣府。帝悉從之，以年富代固，而徵還固及寧。其秋，以疾召還。登初至大同，士卒可戰者纔數百，馬百餘匹。及是馬至萬五千，精卒數萬，屹然成巨鎭。登去，大同人思之。

初，英宗過大同，遣人謂登曰：「朕與登有姻，何拒朕若是？」登奏曰：「臣奉命守城，不知其他。」英宗銜之。及復辟，登懼不免，首陳八事，多迎合。尋命掌南京中府事。明年召還。言官劾登結陳汝言獲召，鞫實論斬。宥死，降都督僉事，立功甘肅。

憲宗卽位，詔復伯爵，充甘肅總兵官。奏邊軍償馬艱甚，至鬻妻子，乞借楚、慶、肅三王府馬各千匹，官酬其直。從之。用朱永等薦，召掌中府事，總神機營兵。成化四年復設十二團營，命登偕朱永提督。八年卒。贈侯，謚忠武。

登儀觀甚偉，髯垂過腹。爲將兼智勇，紀律嚴明，料敵制勝，動合機宜。嘗以意造「攪地龍」、「飛天網」，鑿深塹，覆以土木如平地。敵入圍中，發其機，自相撞擊，頃刻皆陷。又倣古製造偏箱車、四輪車，中藏火器，上建旗幟，鉤環聯絡，布列成陣，戰守皆可用。其軍以五人爲伍，敎之盟於神祠，一人有功，五人同賞，罰亦如之。十伍爲隊，隊以能挽六十斤弓者爲先鋒。十隊領以一都指揮，令功無相撓，罪有專責，一時稱善。

登事母孝，居喪秉禮。能詩，明世武臣無及者。無子，以兄子嵩爲子。登謫甘肅，留家京師，嵩窘其衣食。登妾縫紉自給，幾殆，弗顧。登還，欲黜之，以其壻於會昌侯，侯嘗活己，隱忍不發。及卒，嵩遂襲爵。後以非登嫡嗣，止嵩身，子參降錦衣衛指揮使。

朱謙，夏邑人。永樂初，襲父職，爲中都留守左衛指揮僉事。洪熙時，隸陽武侯薛祿，征北有功，進指揮使。宣德元年進萬全都指揮僉事。

正統六年與參將王眞巡哨至伯顏山，遇寇擊走之。次閔安山，遇兀良哈三百騎，又敗之。追至莽來泉，寇越山澗遁去，乃還。時謙已遷都指揮同知，乃以爲都指揮使。

八年充右參將，守備萬全左衛。明年與楊洪破兀良哈兵於克列蘇，進都督僉事。所部發其不法事，帝以方防秋，宥之。復以北征功，進都督同知。

帝北狩，也先擁至宣府城下，令開門。謙與參將紀廣、都御史羅亨信不應，遂去。進右都督。與楊洪入衞，會寇已退，追襲之近畿。戰失利，洪劾之，兵部並劾洪不救。景帝俱弗問。洪入總京營，廷議欲得如洪者代之，咸舉謙。乃進左都督，充總兵官，鎭守宣府。

景泰元年四月，寇三百騎入石烽口，〔三〕復由故道去，降敕切責。踰月，復入犯。謙率兵禦之，次關子口。寇數千騎突至，謙拒以鹿角，發火器擊之，寇少却，如是數四。謙軍且退，寇復來追。都督江福援之，亦失利。謙卒力戰，寇不得入。六月復有二千騎南侵。謙遣都指揮牛璽等往禦，戰南坡。謙見塵起，率參將紀廣等馳援。自巳至午，寇敗遁。論功，封撫寧伯。是時，寇氣甚驕，屢擾宣府、大同，意二城且旦夕下。而謙守宣府，郭登守大同，數挫其衆。也先知二人難犯，始一意歸上皇。八月，上皇還，道宣府，謙率子永出見，厚犒其使者。既而謙謬報寇五千騎毀牆入。察之，則也先貢使也。詔切責之，謙惶恐謝。明年二月，卒於鎮。贈侯。子永襲。

謙在邊久，善戰。然勇而寡謀，故其名不若楊洪、石亨、郭登之著。成化中，謚武襄。

永，字景昌。偉軀貌，顧盼有威。初見上皇於宣府，數目屬焉。景泰中，嗣爵奉朝請。英宗復辟，睹永識之曰：「是見朕宣府者耶？」永頓首謝。即日召侍左右，分領宣威營禁軍。天順四年，宣、大告警，命帥京軍巡邊。七年統三千營，尋兼神機營。憲宗立，改督團營，領三千營如故。

成化元年，荆、襄盜劉通作亂。命永與尙書白圭往討。進師南漳，擊斬九百有奇。會疾留南漳，而圭率大軍破賊。永往會，道遇餘賊，俘斬數百人。其秋復進討石龍、馮喜，皆捷。論功，進侯。

毛里孩犯邊，命佩將軍印，會彰武伯楊信禦之。會遣使朝貢，乃班師。六年，阿羅出寇延綏。復拜將軍，偕都御史王越，都督劉玉、劉聚往討，擊敗之蘇家寨。寇萬騎自雙山堡分五道至，戰於開荒川。寇少却，乘勢馳之，皆棄輜重走。至牛家寨，遇都指揮吳瓚兵少，寇圍之。指揮李鎬、滕忠至，復力戰。聚及都指揮范瑾、神英分據南山夾擊，寇乃大敗。斬首一百有六，獲馬牛數千，阿羅出中流矢遁。時斬獲無多，然諸將咸力戰追敵，邊人以爲數十年所未有。論功，予世侯。

阿羅出雖少挫，猶據河套。明年正月，寇屢入，永所部屢有斬獲。三月復以萬餘騎分掠懷遠諸堡。永與越等分兵爲五，設伏敗之，追至山口及滉忽都河，寇敗走。而遊擊孫鉞、蔡瑄別破他部於鹿窖山。捷聞，璽書獎勞。永等再請班師，皆不許。寇復以二萬餘騎入掠，擊退之。歲將盡，乃召永還，留越總制三邊。

十四年加永太子太保。明年冬，拜靖虜將軍，東伐，以中官汪直監督軍務。還，進爵保國公。又明年正月，延綏告警。命永爲將軍，越提督軍務，直仍監督，分道出塞。越與直選輕騎出孤店關，俘寇於威寧海子。而永率大軍由南路出榆林，〔四〕不見寇，道回遠，費兵食巨萬，馬死者五千餘匹。於是越得封伯，直廕錫踰等，而永無功，賞不行。久之，進太子太傅。十七年二月，復偕直、越出師大同，禦亦思馬，〔五〕獲首功百二十，遂賜襲世公。

十九年秋，小王子入邊，宣、大告急。越與直已得罪，以永爲鎮朔大將軍，中官蔡新監其軍，督諸將周玉、李璵等擊敗之。還，仍督團營。或投匿名書言永圖不軌，永乞解兵柄，不許。其冬，手敕加太傅、太子太師。弘治四年監修太廟成，進太師。

永治軍嚴肅，所至多奏功。前後八佩將軍印，內總十二團營兼掌都督府，列侯勛名無與比。九年卒。追封宣平王，謚武毅，子暉嗣。給事中王廷言永功不當公，朝議止予襲一世，後皆侯。詔可。

暉，字東陽。長身美髯，人稱其威重類父。又屢從父塞下，歷行陣，時以爲才。弘治五年授勳衞。年垂五十，始嗣爵，分典神機營。十三年更置京營大帥，命暉督三千營兼領右府事。

火篩入大同，平江伯陳銳等不能禦，命暉佩大將軍印代之。比至，寇已退，乃還。明年春，火篩連小王子，大入延綏、寧夏。右都御史史琳請濟師。復命暉佩大將軍印，統都督李俊、李澄、楊玉、馬儀、劉寧五將往，而以中官苗逵監其軍。至寧夏，寇已飽掠去，乃與琳、逵率五路師搗其巢於河套。寇已徙帳，僅斬首三級，獲馬駝牛羊千五百以歸。未幾，寇入固原，轉掠平涼、慶陽，關中大震。兩鎮將嬰城不敢戰，而暉等畏怯不急赴。比至，斬首十二人，還所掠生口四千，遂以捷聞。

是役也，大帥非制勝才，師行紆迴無紀律，邊民死者徧野，諸郡困轉輸餉軍，費八十餘萬，他徵發稱是，先後僅獲首功十五級。廷臣連章劾三人罪。帝不問。已而上搗巢有功將士萬餘人，尚書馬文升、大學士劉健持之，帝先入逵等言，竟錄二百十人，署職一級，餘皆被賚。及班師，帝猶遣中官齎羊酒迎勞。言官極論暉罪，終不聽，以暉總督團營，領三千營右府如故。

武宗卽位，寇大入宣府，復命暉偕逵、琳帥師往。寇轉掠大同，參將陳雄擊斬八十餘級，還所掠人口二千七百有奇。暉等奏捷，列有功將士二萬餘人，兵部侍郎閻仲宇、大理丞鄧璋往勘，所報多不實。終以逵故，衆咸給賜。劉瑾用事，暉等更奏錄功太薄，請依成化間白狐莊例。兵部力爭，不納，竟從暉言，得擢者千五百六十三人，暉加太保。正德六年卒。

子麒，襲侯。嘗充總兵官，鎭兩廣。與姚鏌平田州，誅岑猛，加太子太保。嘉靖初，召還。久之，守備南京，卒。子岳嗣，亦守備南京。隆慶中卒。四傳至孫國弼。天啓中，楊漣劾魏忠賢，國弼亦乞速賜處分。忠賢怒，停其歲祿。崇禎時，總督京營。溫體仁柄國，國弼抗疏劾之。詔捕其門客及繕疏者下獄，停祿如初。及至南京，進保國公。乃與馬士英、阮大鋮相結，以訖明亡。

孫鏜，字振遠，東勝州人。襲濟陽衞指揮同知。用朱勇薦，進署指揮使。正統末，擢指揮僉事，充左參將，從總兵官徐恭討葉宗留。敗賊金華，復破之烏龍嶺。

英宗北狩，景帝召鏜還，超擢都督僉事，典三千營。也先將入犯，進右都督，充總兵官，統京軍一萬禦之紫荊關。將發，寇已入，遂營都城外。寇薄德勝門，爲于謙等所却，轉至西直門。鏜與大戰，斬其前鋒數人，寇稍北，鏜逐之，寇益兵圍鏜。鏜力戰不解。高禮、毛福壽來援，禮中流矢。會石亨兵至，寇乃退。詔鏜副楊洪追之。戰於涿州深溝，頗有斬獲。師還，仍典營務。

景泰初，楊洪劾鏜下獄。石亨請赦鏜，江淵亦言城下之役，惟鏜戰最力，乃釋之。

三年冬充副總兵，協郭登鎭大同。登節制嚴，鏜不得逞，欲與分軍，且令子百戶宏侮登。帝械宏，竟以鏜故貰之。召還，典三千營如故。英宗復辟，以「奪門」功封懷寧伯，尋予世券。

天順初，〔六〕甘肅告警，詔鏜充總兵官，帥京軍往討。將陛辭，病宿朝房。夜二鼓，太監曹吉祥、昭武伯曹欽反。其部下都指揮馬亮告變於恭順侯吳瑾，瑾趨語鏜。鏜草奏，叩東長安門，自門隙投入內廷，始得集兵縛吉祥，守皇城諸門。鏜走太平侯張瑾家，邀兵擊賊，瑾不敢出。鏜倉猝復走宣武街，急遣二子輔、軏呼征西將士，紿之曰：「刑部囚反獄，獲者重賞。」衆稍聚至二千人，始語之故。時已黎明，遂擊欽。欽方攻東長安門，不得入，轉攻東安門。鏜兵追及，賊稍散。軏斫欽中膊，軏亦被殺。欽知事不成，竄歸其家，猶督衆拒鏜力戰，至晡始定。論功第一，進爵世侯，仍典三千營。贈軏百戶，世襲。

鏜粗猛善戰，然數犯法。初賄太監金英，得遷都督。事覺，論斬，景帝特宥之。天順末，以受將士賄，屢被劾。不自安，求退。詔解營務及府軍前衞事，猶掌左府。

憲宗即位，中官牛玉得罪。鏜坐與玉婚，停祿閒住。尋陳情，予半祿。已，復自陳功狀，給祿如故。成化七年卒。贈淶國公，謚武敏。

子輔請嗣，吏部言「奪門」功，例不得世傳。帝以鏜捕反者，予之。傳子至孫應爵，正德中總督團營。四傳至曾孫世忠。萬曆中鎮守湖廣，總督漕運凡二十年。又三傳至孫維藩。流賊陷京師，被殺。

鏜之冒「奪門」功封伯爵也，都督董興及曹義、施聚、趙勝等皆乘是時冒封，予世券。興、義、聚自有傳。

趙勝，字克功，遷安人。襲職爲永平衞指揮使。正統末，禦寇西直門，進都指揮僉事。天順初，與孫鏜等預「奪門」功，超遷都督僉事。又與鏜擊反者曹欽，進同知。孛來犯甘肅，勝與李杲充左右參將，從白圭西征至固原，擊寇，却之。憲宗立，典鼓勇營訓練。成化改元，山西告警，拜將軍。次雁門，寇已退，乃還。明年復出延綏禦寇。會方納款，遂旋師。尋典耀武營。四年充總兵官，鎭遼東。七年召典五軍營，已，改三千營。亂加思蘭犯宣府，詔勝爲將軍，統京兵萬人禦之，亦以寇遁召還。久之，進左都督，加太子太保。十九年封昌寧伯。

勝初與李杲並有名。後屢督大師，未見敵，無功，夤緣得封，名大損。後加太保，營萬貴妃塋，墮崖石間死。贈侯，謚壯敏。弘治初，孫鑑乞襲爵。吏部言勝無功，不當傳世，乃授錦衣衞指揮使。

范廣，遼東人。正統中嗣世職，爲寧遠衞指揮僉事，進指揮使。十四年，積功遷遼東都指揮僉事。

廣精騎射，驍勇絕倫。英宗北狩，廷議舉將材，尚書于謙薦廣。擢都督僉事，充左副總兵，爲石亨副。也先犯京師，廣躍馬陷陣，部下從之，勇氣百倍。寇退，又追敗之紫荆關。錄功，命實授。俄進都督同知，出守懷來。尋召還。

景泰元年二月，亨出巡邊。時都督衞穎統大營，命廣協理。三月，寇犯宣府。敕兵部會諸營將遴選將材，僉舉廣。命充總兵官偕都御史羅通督兵巡哨，駐居庸關外。數月還京，副石亨提督團營軍馬。

亨所爲不法，其部曲多貪縱，廣數以爲言。亨銜之，譖罷廣，止領毅勇一營。廣又與都督張軏不相能。及英宗復辟，亨、軏恃「奪門」功，誣廣黨附于謙，謀立外藩，遂下獄論死。子昇戍廣西，籍其家，以妻孥第宅賜降丁。明年春，軏早朝還，途中爲拱揖狀。左右怪問之，曰：「范廣過也。」遂得疾不能睡，痛楚月餘而死。成化初，廷臣訟廣冤。命子昇仍襲世職。廣性剛果。每臨陣，身先士卒，未嘗敗衄，一時諸將盡出其下。最爲于謙所信任，以故爲儕輩所忌。

贊曰：楊洪、石亨輩，遭時多事，奮爪牙之力，侯封世券，照耀一門，酬庸亦過厚矣。洪知盛滿可懼，而亨邪狠粗傲，怙寵而驕，其赤族宜哉。朱謙勇略不及郭登，登乃無後，而謙子永，進爵上公，子孫世侯勿絕。孫鏜、范廣善戰略相等，而廣以冤死。所遇有幸有不幸，相去豈不遠哉！

## 校勘記

〔一〕箭豁山　本書卷三二八朵顏傳作「箭谿山」。

〔二〕明年正月　正月，原作「五月」，據本書卷一二英宗後紀、英宗實錄卷三一一天順四年正月癸卯條改。按石亨於正月下獄，二月死，見英宗實錄卷三一二天順四年二月癸亥條，作「五月」，誤。

〔三〕寇三百騎入石烽口　石烽口，英宗實錄卷一九一景泰元年四月丁酉條、國榷卷二九頁一八五一作「石峰口」。

〔四〕而永率大軍由南路出榆林　由南路，原作「由西路」，據本書卷一七一王越傳、明史稿傳五〇朱謙傳附朱永傳、憲宗實錄卷二〇一成化十六年三月丙戌條改。

〔五〕亦思馬　本書卷一七四劉寧傳、又卷三二七韃靼傳、孝宗實錄卷一〇九弘治九年二月戊午條作「亦思馬因」。

〔六〕天順初　初，當作「中」。事在天順五年，見本書卷一二英宗後紀。

# 明史卷一百七十四

## 列傳第六十二

史昭 劉昭 李達 巫凱 曹義 施聚 許貴 子寧 周賢 子玉
歐信 王璽 魯鑑 子麟 孫經 劉寧 周璽 莊鑑 彭清
姜漢 子奭 孫應熊 安國 杭雄

史昭，合肥人。永樂初，積功至都指揮僉事。八年充總兵官，鎮涼州。土軍老的罕先與千戶虎保作亂，虎保敗，老的罕就撫。昭上書言其必叛狀。未至，而老的罕果叛。昭與都指揮滿都等擊平之。移鎮西寧。

仁宗立，進都督僉事。上言西寧風俗鄙悍，請設學校如中土。報可。宣德初，昭以衞軍守禦，不暇屯種，其家屬願力田者七百七十餘人，請俾耕藝，收其賦以足軍食。從之。五年，曲先衞都指揮使散卽思邀劫西域使臣，昭率參將趙安偕中官王安、王瑾討之。長驅至曲先，散卽思望風遁，擒其黨答答不花等，獲男女三百四十人，馬駝牛羊三十餘萬，威震塞外。捷聞，璽書慰勞，賞賚加等。

七年春，以征西將軍鎭寧夏。孛的達里麻犯邊，遣兵擊之，至潤台察罕，俘獲甚衆。進都督同知。

正統初，昭以寧夏孤懸河外，東抵綏德二千里，曠遠難守，請於花馬池築哨馬營，增設烽堠，直接哈剌兀速之境。邊備大固。尋進右都督。時阿台、朶兒只伯數寇邊。詔昭與甘肅守將蔣貴、趙安進剿。並無功，被詔切責，貶都督僉事。三年復右都督。八年以老召還。明年卒。

昭居寧夏十二年，老成持重，兵政修舉，亦會敵勢衰弱，邊境得無事。兵部尚書王驥、寧夏參將王榮嘗舉其過。朝議以昭守邊久，習兵事，不易也。而與昭並爲邊將最久，有勳績可稱者，都督同知劉昭鎭西寧二十年，都指揮李達鎭洮州至四十年，並爲蕃漢所畏服。

劉昭，全椒人。永樂五年以都指揮同知使朶甘、烏思藏，建驛站。還至靈藏，番賊邀劫，昭敗之。進都指揮使，鎭河州。宣德二年，副陳懷討平松潘寇。累進都督同知，移西寧，復鎭河州，兼轄西寧。罕東酋剳兒加邀殺中官使西域者，奪璽書金幣去。命昭副甘肅總兵官劉廣討之。剳兒加請還所掠書幣，貢馬贖罪。帝以窮寇不足深治，命昭等還。

李達，定遠人。累官都督僉事。正統中，致仕。

巫凱，句容人。由廬州衞百戶積功至都指揮同知。永樂六年以從英國公張輔平交阯功，遷遼東都指揮使。十一年召帥所部會北京。明年從征沙漠，命先還。凱言諸衞兵宜以三之二守禦，而以其一屯糧，開原市馬悉給本衞乘操。從之。

宣宗立，以都督僉事佩征虜前將軍印，代朱榮鎭遼東。時中國人自塞外脫歸者，令悉送京師，俟親屬赴領。凱言遠道往來，恐致失所，阻遠人慕歸心。乃更令有馬及少壯者送京師，餘得自便。敵掠西山，凱擊敗之，盡得所掠者，降敕褒勉。

帝嘗遣使造舟松花江招諸部。地遠，軍民轉輸大困，多逃亡。會有警，凱力請罷其役，而逃軍入海西諸部者已五百餘人。既而造舟役復興，中官阮堯民、都指揮劉淸等董之。多不法，致激變。凱劾堯民等，下之吏。

英宗登極，進都督同知，上言邊情八事。請厚恤死事者家，益官吏折俸鈔，歲給軍士冬衣布棉，軍中口糧芻粟如舊制，且召商實邊。俱允行。未幾，爲兵部尙書王驥所劾。朝廷知凱賢，令凱自陳。幷諭廷臣，文武官有罪得實始奏，誣者罪不貸。凱由是得行其志。正統三年十二月有疾，命醫馳視，未至而卒。

凱性剛毅，饒智略，馭衆嚴而有恩。在遼東三十餘年，威惠並行，邊務修飭。前後守東陲者，曹義外皆莫及。

義，字敬方，儀眞人。以燕山左衞指揮僉事累功至都督僉事，副凱守遼東。凱卒，代爲總兵官。凱，名將，義承其後，廉介有守，遼人安之。兀良哈犯廣寧前屯，詔切責，命王翺往飭軍務，劾義死罪。頃之，義獲犯邊孛台等，詔戮於市。自是義數與兀良哈戰。正統九年，會朱勇軍夾擊，斬獲多，進都督同知，累官左都督。義在邊二十年，無赫赫功，然能謹守邊陲。其麾下施聚、焦禮等皆至大將。英宗復辟，特封義豐潤伯，聚亦封懷柔伯。居四年，義卒，贈侯，謚莊武。繼室李氏殉，詔旌之。

施聚，其先沙漠人，居順天通州。父忠爲金吾右衞指揮使，從北征，陣歿，聚嗣職。宣德中，備禦遼東，累擢都指揮同知。以義薦，進都指揮使。義與兀良哈戰，聚皆從。也先逼京師，景帝詔聚與焦禮俱入衞。聚慟哭，卽日引兵西。部下進牛酒，聚揮之曰：「天子安在？

吾屬何心饗此。」比至，寇已退，乃還。聚以勇敢稱，官至左都督。值英宗推恩，得封伯。後義二年卒，贈侯，謚威靖。義三傳至棟，聚四傳至瑾，吏部皆言不當復襲，世宗特許之。傳爵至明亡。

許貴，字用和，江都人，永新伯成子也。襲職爲羽林左衞指揮使。安鄉伯張安舉貴將才，試騎射及策皆最，擢署都指揮同知。尋以武進伯朱冕薦擢山西行都司，督操大同諸衞士馬。

正統末，守備大同西路。也先入寇，從石亨戰陽和後口，敗績，〔一〕貴力戰得還。英宗北狩，邊城悉殘破，大同當敵衝，人心尤恟懼。貴以忠義激戰士。敵來，擊敗之。進都指揮使。

景泰元年春，充右參將。敵寇威遠，追敗之蒲州營，奪還所掠人畜。敵萬騎逼城下，禦却之。再遷都督同知。大同乏馬，命求民間，得八百餘匹。所司不給直，貴爲請，乃予之。嘗募死士入賊壘，劫馬百餘，悉畀戰士，士皆樂爲用。分守中官韋力轉淫虐，衆莫敢言，貴劾奏之。三年，疾還京。英宗復辟，命理左府事，尋調南京。

松潘地雜番苗，密邇董卜韓胡，舊設參將一人。天順五年，守臣告警，廷議設副總兵，以貴鎭守。未抵鎭而山都掌蠻叛，詔便道先翦之。貴分兩哨直抵其巢，連破四十餘砦，斬首千一百級，生擒八百餘人，餘賊遠遁。貴亦感嵐氣，未至松潘卒。帝爲輟朝一日，賜賻及祭葬如制。

子寧，字志道。〔三〕正統末，自以舍人從軍有功，爲錦衣千戶。貴歿，嗣指揮使。用薦擢署都指揮僉事，守禦柴溝堡。

成化初，充大同遊擊將軍。寇入犯，與同官秦傑等禦之小龍州澗，擒其右丞把禿等十一人。改督宣府操練，移延綏。地逼河套，寇數入掠孤山堡。寧提孤軍奮擊之，三戰皆捷，寇渡河走。明年復以三千騎入沙河墩，與總兵官房能禦之。寇退，復掠康家岔。寧出塞百五十里，追與戰，獲馬牛羊千餘而還。

時能守延綏，無將略，巡撫王銳請濟師。詔大同巡撫王越帥衆赴。越遣寧出西路，破敵黎家澗。進都指揮同知。復遣寧與都指揮陳輝追寇，獲馬騾六百。朝廷以阿羅出復入河套，頻擾邊，命越與朱永禦，而以寧才，擢都督僉事，佩靖虜副將軍印，代能充總兵官。寧起世胄，不十年至大將，同列推讓不及，父友多隸部下，亦不以爲驟。踰月，寇大入，永遣寧及遊擊孫鉞禦之。至波羅堡，相持三日夜，寇乃解去。亡失多，寧以力戰得出，卒被賞。至冬，賊入安邊，寧追擊有功。

七年又與諸將孫鉞、祝雄等敗寇於涗忽都河，璽書褒獎。迤北開元王把哈孛羅屢欲降，內懼朝廷見罪，外畏阿羅出讐之，徬徨不決。寧請撫慰以固其心，卒降之。明年，參將錢亮敗績於師婆澗，士卒死者十三四，寧與越等俱被劾。帝不罪。時滿都魯等屢犯延綏，寧帥鎮兵力戰。寇不得志，乃出西路，直犯環慶、固原。寧將輕騎夜襲之鴨子湖，奪馬畜而還。又明年，寇入楡林澗，與巡撫余子俊敗之。滿都魯等大入西路，留其家紅鹽池。越乘間與寧及宣府將周玉襲破其巢。進署都督同知。與子俊築邊牆，增營堡，寇患少衰。

十八年，寇分數道入，寧蹙之邊牆，獲級百二十。予實授。時越方鎮大同，命寧與易鎮。至則與鎮守太監汪直不協。巡撫郭鏜以聞，調直南京。小王子大入。寧知敵勢盛，欲持重俟隙，乃斂兵守，而別遣將劉寧、董升與周璽相犄角。寇大掠，焚代王別堡。王趣戰，使衆哭於轅門。寧憤，與鏜等營城外。寇以十餘人爲誘，太監蔡新部騎馳擊。寧將士爭赴之，遇伏大敗，死者千餘人。寧奔夏米莊，鏜、新馳入城。會璽等來援，寇乃退。寧還，陣亡家婦子號呼詬詈，擲以瓦礫，寧大喪氣。已而寇復入，劉寧、宋澄、莊鑑等禦之。十戰，〔三〕少利，寇退。寧等掩其敗，更以捷聞。巡按程春震發之，與鏜、新俱下獄。鏜降六官，新以初任降三官，寧降指揮同知閑住。

弘治中，用薦署都指揮使，分領操練。十一年十二月卒。贈都督僉事。

寧束髮從軍，大小百十餘戰，身被二十七創。性沉毅，守官廉，待士有恩，不屑干進。劉寧、神英、李杲皆出麾下。子泰，自有傳。

周賢，滁人，襲宣府前衞千戶。景泰初，累功至都指揮僉事，守備西猫兒峪，助副總兵孫安守石八城。尋充右參將，代安鎭守。兀良哈入寇，總兵官過興令宣府副將楊信及賢合擊。賢不俟信，徑擊敗之。信被劾，都御史李秉言信緩師，賢亦棄約。帝兩宥之。

天順初，總兵官楊能奏賢擢都督僉事。寇駐塞下，能檄賢與大軍會，失期，徵下獄。以故官赴寧夏，隸定遠伯石彪。寇二萬騎入安邊營。彪率賢等擊之，連戰皆捷，追至野馬澗、半坡墩，寇大敗。而賢追不已，中流矢卒。詔贈都督同知。賢初下吏，自以不復用，及得釋，感激誓死報，竟如其志。

子玉，字廷璧，當嗣指揮使。以父死事，超二官爲萬全都司都指揮同知，督理屯田。進都指揮使，充宣府遊擊將軍。

成化九年，〔四〕會昌侯孫繼宗等奉詔舉將才，玉爲首。詔率所部援延綏，從王越襲紅鹽池。進署都督僉事，還守宣府。寇入馬營、赤城，擊敗之。兵部言宣府諸大帥無功，玉所部三千人能追敵出境，請加一秩酬其勞，乃予實授。尋充宣府副總兵。

十三年佩征朔將軍印，鎭宣府。破敵紅崖，追奔至水磨灣。進署都督同知。十七年五月，寇復入犯，參將吳儼、少監崖榮追出塞，至赤把都，爲所遮，兵分爲三，皆被圍。儼、榮走據北山，困甚。守備張澄率兵進，力戰，解二圍。抵北山下，儼、榮已夜遁。澄拔其衆而還，死者過半。澄所部七百人，亦多戰死。詔錄澄功，治儼等罪。玉先以葛谷堡、赤城頻受掠，凡三被論，至是復以節制不嚴見劾。帝皆置不問。

十九年，小王子犯大同，敗總兵官許寧。入順聖川大掠，以六千騎寇宣府。玉將二千人前行，巡撫秦紘兵繼進，至白腰山擊敗之。指揮曹洪邀擊至西陽河，都指揮孫成亦敗寇七馬房。時寇乘勝，氣甚銳，竟爲玉等所挫，一時稱其功。未幾，寇復入，玉伏兵敗之。朱永至大同，復會玉軍擊敗之鵓鴿峪。進署右都督。

余子俊築邊牆，玉不爲力，且與紘不相能。子俊惡之，奏與寧夏神英易鎭。久之，復移鎭甘肅。孝宗嗣位，實授右都督。

玉督邊牆工峻急，部卒張伏興等以瓦石投之。兵部言，悍卒漸不可長，遂戮伏興，戍其黨。

土魯番貢獅子，願獻還哈密城及金印，贖所留使者。玉爲之奏，帝命與巡撫王繼經畫。既果來歸，玉等皆受賚。七年，病歸，尋卒。謚武僖。

玉初爲偏裨，及鎭宣府，甚有名。後涖甘肅，部下屢失事，又侵屯田。死後事發，子襲職，降一等。

歐信，嗣世職金吾右衞指揮使。景泰三年以廣東破賊功，擢都指揮同知。已，命守備白羊口，遷大寧都指揮使。

天順初，以都督僉事充參將，守備廣東雷、廉諸府。巡撫葉盛薦其廉勇，進都督同知，代副總兵翁信。兩廣瑤僮陷開建，殺官吏，帝趣進兵。信破賊化州之馬里村，再破之石城，擊斬海南衞反者邵瑄。

時所在盜羣起，將吏不能定。廣西參將范信守潯、梧，瑤盡在境內，陰納瑤賂，縱使越境流劫，約毋犯己。於是雷、廉、高、肇悉被寇。帝命廣西總兵官陳涇及信合剿。時有斬馘，而賊勢不衰，朝廷猶倚范信。會涇以罪徵，乃擢范信都督僉事充副總兵，鎮廣東，而命信佩征蠻將軍印，代涇鎮廣西。

成化元年，賊掠英德諸縣，信討斬五百餘人，奪還人口。韓雍督師，令信等分五哨，攻破大藤峽。已而餘賊復入潯州，信被劾獲宥，召還，理前府事。

七年春，充總兵官，鎮守遼東，累敗福餘三衛。言者謂信已老，請召還。巡撫彭誼奏：「官軍耆老五千餘人，〔三〕皆言信忠謹有謀勇，累立戰功，威鎮邊陲。年六旬，騎射勝壯士，不宜召回。」乃留鎮如故。久之，陳鉞代誼。鉞貪功，信不能違，十四年爲巡按王崇之所劾。其冬，乃召歸。尋遣中官汪直等往按，直右鉞，歸罪信等。下獄，鐫一官閑住，飲恨而卒。

范信既徙廣東，賊勢愈盛，劫掠不止，乃語人曰：「今賊仍犯廣東，亦我遣之耶。」而是時都督顏彪佩征夷將軍印，討賊久無功，濫殺良民報捷。嶺南人咸疾之。

王璽，太原左衞指揮同知也。成化初，擢署都指揮僉事，守禦黃河七墅。巡撫李侃薦於朝。阿魯出寇延綏，命充遊擊將軍赴援，戰孤山堡，敗之。寇再入，戰漫天嶺、劉宗塢及漫塔、水磨川，皆有功。進都指揮同知，充副總兵，鎮守寧夏。九年以將才與周玉同薦。十二年擢署都督僉事，充總兵官，鎮守甘肅。

黃河以西，自莊浪抵肅州南山，其外番人阿吉等二十九族所居也。洪武間，立石畫界，約樵牧毋越疆。歲久湮廢，諸番往往闌入，而中國無賴人又潛與交通爲邊患。璽請「復畫疆域，召集諸番，諭以界石廢，恐官軍欺凌諸部，今復立之，聽界外駐牧，互市則入關。如此，番人必聽命，可潛消他日憂」。帝稱善，從之。

十七年進署都督同知。時璽以都督僉事爲總兵官，而魯鑑以署都督同知爲參將，璽恐難於節制，乞解兵柄，故有是命。

初，哈密爲土魯番所擾，使其將牙蘭守之。都督罕愼寄居苦峪口，近赤斤、罕東，數相攻，罕愼勢窮無援。朝議敕璽築城苦峪，別立哈密衞以居之。璽遣諜者問牙蘭。牙蘭不聽，得其所羈掠九十餘人以歸，具悉虛實。十七年召集赤斤、罕東將士，犒以牛酒，令助罕愼。罕愼合二衞兵，夜襲哈密及剌木等八城，遂復其地，仍令罕愼居之。事聞，奬勞，賚金幣。已，罕東入寇，璽禦却之，請興師以討。帝念其常助罕愼，第遣使責諭。明年，北寇殺哨卒，璽率參將李俊及赤斤兵擊之於狼心山、黑河西，多所斬獲。

二十年移鎮大同。璽有復哈密功，官不進，陳於朝，乃實授都督同知。

璽習韜略，諳文事，勇而有謀。廷臣多稱之。在邊二十餘年，爲番人所憚。弘治元年卒。賜祭葬，贈卹有加。

魯鑑，其先西大通人。〔六〕祖阿失都鞏卜失加，明初率部落歸附，太祖授爲百夫長，俾統所部居莊浪。傳子失加，累官莊浪衞指揮同知。正統末，鑑嗣父職。久之，擢署都指揮僉事。

成化四年，固原滿四反，鑑以土兵千人從征。諸軍圍石城，日挑戰，鑑出則先驅，入則殿後，最爲賊所憚。賊平，進署都督同知。尋充左參將，分守莊浪。命其子麟爲百戶，統治土軍。十七年坐寇入境，戴罪立功。尋充左副總兵，協守甘肅。寇犯永昌，被劾。鑑疏辨，第停其俸兩月。俄命充總兵官，鎮守延綏。自陳往功，予實授。孝宗立，得疾，致仕。弘治初，命麟襲指揮使，加都指揮僉事。已，進同知，充甘肅遊擊將軍。

魯氏世守西陲，有捍禦功，至鑑官益顯，其世業益大，而所部土軍生齒又日盛。麟既移甘肅，帝以土軍非鑑不能治，特起治之，且命有司建坊旌其世績。鑑乃條上邊務四事，多議行。鑑有材勇，遇敵輒冒矢石，數被傷不爲沮，故能積功至大將。十五年以舊創疾發卒。贈右都督，賜卹如制。

時麟已由甘肅參將擢左副總兵，豪健如其父，而恭順不如。先爲遊擊時，寇入永昌，失律，委罪副將陶禎，下御史按，當戍邊，但貶一秩，遊擊如故。曁爲副將，調韋州禦寇。寇大入不能擊，遣都指揮楊琳邀之孔壩溝。琳大敗，不救，連被劾。麟自愬，止停俸二月。時已授麟子經官，令約束土軍。而麟奏經幼，土人不受要束，乞歸治之。不俟報，徑歸。帝用劉大夏言，從其請。

武宗立，甘肅巡撫畢亨薦經及麟謀勇，令率所部協戰守。正德二年，經旣襲指揮使，自陳嘗隨父有功，乃以爲都指揮僉事。未幾，麟卒，贈都督僉事，賜祭葬。故事，都指揮無卹典，以經乞，破例予之。

經積戰功，再遷都指揮使充左參將，分守莊浪。復自陳功閥，兵部執不可。帝特命爲署都督僉事。世宗立，乞休。巡撫許鳳翔言經力戰被創，疾行愈，且世將敢戰，知名異域，今邊患棘，不宜聽其去。帝乃諭留，且勞以銀幣。尋充副總兵分守如故。嘉靖六年冬，以都督同知充總兵官，鎭守延綏。大學士楊一淸言：「經守莊浪二十餘載，屢立戰功，其部下土軍非他人所能及。雖其子瞻已爲指揮僉事，奉命統轄，然年尙少。今陝西總兵官張鳳乃延綏世將，若調鳳延綏，而改經陝西，自可彈壓莊浪，無西顧患。」帝立從之。居二年，竟以疾致仕。

久之，命瞻以本官守備山丹。經奏言：「自臣高祖後，世守茲土。今臣家居，瞻又移他鎮，土軍皇皇，不欲別附。若因此生他患，是隳先業而負世恩也，乞令守故業。」可。二十二年，宣、大有警，詔經簡壯士五千赴援。至而邊患已息，乃遣還。以經力疾趨召，厚賚之。明年瞻卒。經以次子及孫皆幼，請得自轄土軍。詔許之。

經驍勇，奉職寡過，繼祖父爲大帥，保功名，稱良將。三十五年卒。賜卹如制。

劉寧，字世安，其先山陽人。襲世職，爲永寧衞指揮使。勇敢善戰。自以宂散無所見，會延綏用兵，疏請效死。尚書白圭許之。屢以功遷都指揮使，充宣府遊擊將軍。

周璽，字廷玉，遷安人。嗣職爲開平衞指揮使。負氣習兵書，善騎射。以征北功，擢署都指揮僉事充右參將，分守陽和，敕部兵三千訓肄聽調。成化十六年從王越征威寧海子，累進都指揮使。

時邊寇無虛歲。十八年分道入掠，璽與遊擊董昇戰黑石崖，寧戰塔兒山，皆有功。璽進署都督僉事，遷大同副總兵。寧進都督僉事，改左參將，分守陽和。

十九年秋，亦思馬因大入。大同總兵官許寧分遣璽守懷仁，寧與董昇營西山，自將中軍，擊之夏米莊，敗績。寧、昇被圍數重，幾陷。亟發巨礮擊之，敵多死，圍乃解。璽聞中軍失利，亟還兵援。夜遇敵，乘勝前，銳甚。璽厲將士曰：「今日有進無退。」大呼陷陣，敵少却。久之，短兵接，臂中流矢，拔鏃戰益急，與子鵬及麾下壯士擊殺數十人。會寧兵至，中軍潰卒亦稍集，敵乃退，許寧等亦還。無何復入掠。寧將兵三千，遇之聚落站西，連戰敗之。復敗之白登、柳林，又追敗之小鵓鴿谷。而大同西路參將莊鑑亦邀其歸路，戰於牛心山，敵遂遁。時諸將多失利，許寧以下獲罪，而璽以功予實授，寧超遷都督同知，莊鑑以所部無失亡，亦賚銀幣。

鑑，遼東人。天順中，襲定遼右衛指揮使。驍猛有膽決。遇賊輒奮，數有功，累官都督僉事，掌左府。弘治十一年佩鎮朔將軍印，鎮宣府。以才與大同總兵官張俊易鎮。兵部侍郎熊繡奏其經畫功，進都督同知。

璽尋以右副總兵分守代州，兼督偏頭諸關，而改寧左副總兵，協守大同。二人並著功北邊，稱名將。璽以偏頭去太原遠，請改分守爲鎮守，又以鎮守不當聽節制，乞易總兵銜。憲宗皆曲從之。弘治初，移鎮陝西，討平扶風諸縣附籍回回。三年佩征西將軍印，鎮守寧夏，甫一歲卒。且死，召諸子曰：「吾佩印分閫，分已足，獨未嘗大破敵，抱恨入地矣。」連呼

「殺賊」而瞑。子鵬，累官錦衣衛指揮僉事。

璽歿後三年，而寧佩平羌將軍印，鎭甘肅。其冬，寇犯涼州，寧與戰抹山墩，擒斬五十餘，相持至暮，收輜重南行。寇復來襲，擒其長一人。明日，參將顏玉來援，副將陶禎兵亦至，寇乃遁。俘其稚弱，獲馬駝牛羊二千，進右都督。明年，與巡撫許進襲破土魯番於哈密，進左都督，增俸百石，以疾還京。十三年，大同告警，命寧爲副總兵，從平江伯陳銳禦之。銳無將略，與寧不協，止毋戰，寇遂得志去，坐停半俸閒住。尋以參將贊畫朱暉軍務，亦無功。寧自陳哈密功，乞封伯，詔還全俸。

寧有膽智，爲大同副將時，入貢者數萬人懷異志。寧率二十騎直抵其營，衆駭愕。有部長勒馬引弓出。寧前下馬，與諸部長坐，畢策指畫，宣天子威德。一人語不遜，寧摑其面，奮臂起，其長叱之退。寧復坐與語，呼酒歡飲，皆感悟，卒如約。嘗仿古番上法，以五十八人爲隊，〔七〕隊伍重爲陣，建五色幟。又各建五巨幟於中軍，中幟起，五陣各視其色應之，循環無端，每戰用是取勝。晚再赴大同，已老病，帥又怯懦，故無成功，然孝宗朝良將稱寧。十七年卒，贈廣昌伯。

彭清，字源潔，榆林人。初襲綏德衞指揮使，以功擢都指揮僉事。弘治初，充右參將，分守肅州。寇入犯，率兵躡之，獲馬駝器仗及所掠人畜而還。尋與巡撫王繼恢復哈密有功。

清雖位偏校，而好謀有勇略，名聞中朝，尤爲尚書馬文升所器。嘗引疾乞休，文升力言於朝，慰留之。八年，甘肅有警，以文升薦，擢左副總兵，仍守甘肅。未幾，巡撫許進乞移清涼州。而是時哈密復爲土魯番所據，文升方密圖恢復，倚清成功，言「肅州多故，而清名著西域，不可易」，乃寢。

文升既得楊翥策，銳欲搗哈密襲牙蘭，乃發罕東、赤斤暨哈密兵，令清統之爲前鋒，從許進潛往。行半月，抵其城下，攻克之。牙蘭已先遁，乃撫安哈密遺種，全師而還。是役也，文升授方略，擬從間道往，而進仍由故道，牙蘭遂逸去，斬獲無幾。然番人素輕中國，謂不能涉其地，至是始知畏。清功居多，稍遷都指揮使。

十年，總兵官劉寧罷，擢清都督僉事代之。其冬，土魯番歸哈密忠順王陝巴，且乞通貢，西域復定。屢辭疾，請解兵柄，不允。十五年卒。

清御士有恩，久鎭西陲，威名甚著，番夷憚之。性廉潔，在鎭遭母及妻妹四喪，貧不能歸葬。卒之日，將士及庶民婦豎皆流涕。遺命其子不得受賻贈，故其喪亦不能歸。帝聞之，命撫臣發帑錢，資送歸里，賜祭葬如制。

姜漢，榆林衞人。弘治中，嗣世職，爲本衞指揮使。御史胡希顏薦其材勇，進都指揮僉事，充延綏遊擊將軍。十八年春，寇犯寧夏興武營，漢帥所部馳援，遇於中沙墩，擊敗之。賜敕獎勞。武宗嗣位，寇大舉犯宣、大，漢偕副總兵曹雄、參將王戟分道援，有功。尋代雄爲副總兵，協守延綏。正德三年移守涼州。明年冬，擢署都督僉事，充總兵官，鎮寧夏。漢馭軍嚴整，得將士心。甫數月而安化王寘鐇謀逆，置酒召漢及巡撫安惟學等宴。酒半，其黨何錦等率衆入，卽座上執漢。漢奮起，怒罵不屈，遂殺之。子奭逃免。賊平，訟於朝。詔賜祭葬。有司爲立祠，春秋祭之。嘉靖時，復從巡撫張珩請，賜額「憫忠」。

奭當嗣職，帝以漢死事，特進一官，爲都指揮僉事。十一年，回賊魏景陽作亂，華陰諸縣悉被害，巡撫蕭翀檄奭討之，獲景陽。進署都指揮同知，充右參將守肅州。嘉靖二年，擢右副總兵，分守涼州，進署都督僉事，充總兵官，鎮甘肅。回賊犯甘州，奭與戰張欽堡，敗走之。未幾，西海賊八千騎犯涼州，奭率遊擊周倫等襲擊於苦水墩，大敗之，斬首百餘級，殲其長，還所掠人口千二百、畜產二千。都指揮張錦亦戰死。錄功，進署都督同知。吉囊他部寇莊浪，奭與遇分水嶺，再勝之，逐至平嶺。敵騎大集，奭伏兵誘之，復斬其長一人，獲首功七十，予實授。十六年春，寇大入甘州，不能禦，貶二秩戴罪。尋以永昌破敵功，復署都督僉事。其冬，坐前罪罷。久之，以薦擢副總兵，協守大同，爲總督翁萬達劾罷，卒。

子應熊，嗣指揮使，擢宣府西路參將。二十七年春，俺答寇大同，總兵官周尚文戰曹家莊，應熊從萬達自懷來鼓譟揚塵而西。寇不測衆寡，遂遁。累進都督僉事，充總兵官，鎮守寧夏。三十二年，套寇數萬騎屯賀蘭山，遣精騎掠紅井。應熊戒將士固守以綴敵，而潛師攻敵營，斬首百四十級，進都督同知。越二年，套寇數萬踏冰西渡，由寧夏山後直抵莊涼。應熊等掩擊，獲首功百餘，進右都督。御史崔棟劾其縱寇，〔八〕褫職逮問，充爲事官，赴塞上立功。四十年秋，寇六萬餘騎犯居庸岔道口，應熊被圍於南溝，中五鎗墮馬，參將胡鎮殺數人奪之歸。其冬，復爲右都督，充總兵官，鎮守大同。以招徠塞外人口，增俸一級。

四十二年，寇大舉犯畿輔，詔應熊等入援，諸鎮兵盡集，見敵勢盛，不敢擊。給事中李瑜遂劾應熊及宣大總督江東、保定總兵官祝福坐視胡鎮被圍，一卒不發。帝怒，降敕嚴責。會寇將遁，應熊禦之密雲，頗有斬獲。寇退，帝令江東第諸將功，以應熊爲首，詔增其祖職二級。已，錄防秋勞，進左都督。總督趙炳然劾其縱寇互市，殘害朔州，坐戍邊。穆宗立，赦還。子顯祚襲職，累官署都督僉事，總兵官，歷鎮山西、宣府。子弼，亦至都督僉事，爲援遼總兵官。姜氏爲大將，著邊功，凡五世。

安國，字良臣，綏德衞人。初爲諸生，通春秋子史，知名里中。後襲世職，爲指揮僉事。正德三年中武會舉第一，進署指揮使，赴陝西三邊立功。劉瑾要賄，國同舉六十人咸無貲，瑾乃編之行伍，有警聽調，禁其擅歸。六十人者悉大窘，儕於戍卒，不聊生。而邊臣憚瑾，竟無有收恤之者。寘鐇反，肆赦，始放還。通政叢蘭請收用，瑾怒，諷給事中張瓚等劾諸人皆庸才，悉停其加官。瑾誅，始以故官分守寧夏西路。尋進署都指揮僉事，充右參將，擢右副總兵，協守大同，徙延綏。

十一年冬，寇二萬騎分掠偏頭關諸處，國偕遊擊杭雄馳敗之岢嵐州，斬首八十餘級，獲馬千餘匹。寇遂遁。

初，寇大入白羊口，帝遣中官張忠、都督劉暉、侍郎丁鳳統京軍討之，比至，已飽掠去。

忠、暉恥無功，紀功御史劉澄甫攘國等功歸之，大行遷賞，忠等悉增祿，予世廕。尚書王瓊亦加少保，廕子錦衣。國時以署都督僉事爲寧夏總兵官，僅予實授，意不平，不敢自列，乃具疏力辭，爲部卒重傷者乞敍錄。瓊請再敍國功，始進都督同知。

當是時，佞倖擅朝，債帥風大熾，獨國以材武致大將。端謹練戎務，所至思盡職，推將材者必歸焉。在鎭四年卒。特諡武敏。

杭雄，字世威，世爲綏德衞總旗。雄承廕，數先登，積首功，六遷至指揮使。正德七年進署都指揮僉事，剿賊四川，尋守備西寧。用尚書楊一淸薦，擢延綏遊擊將軍。從都御史彭澤經略哈密，偕副將安國破敵岢嵐，進都督僉事，改參將，擢都督同知，統邊兵操於西內。武宗幸宣府、大同，雄扈從，即拜大同總兵官。

嘉靖初，汰傳奉官，雄當貶，以方守邊，命署都督僉事，鎭守如故。小王子萬餘騎入沙河堡，雄戰却之。未幾，復大入，不能禦，求罷不許。移延綏，召僉書後軍都督府。

三年秋，土魯番侵甘肅，詔尚書金獻民視師，以雄佩平虜大將軍印，充總兵官，提督陝西、延綏、寧夏、甘肅四鎭軍務。列侯出征，始佩大將軍印，無授都督者，至是特以命雄。甫至，寇已破走，而雄亦得廕錦衣千戶。既班師，復出鎭寧夏。吉囊大入，總督王憲檄雄等破之，進都督同知。寇八千騎乘冰犯寧夏。雄及副總兵趙鎭禦之，前鋒陷伏中，雄等皆敗。總督王瓊劾之，奪官閒住。明年卒。

雄敢戰。嘗以數騎行邊，敵騶至。乃下馬積鞍爲壘，跪而射之。敵退，解衣，腋凝血，乃知中飛矢。武宗在大同，見雄氈帷敝甚，曰：「老杭窮乃爾。」寇至，帝將親擊。雄叩馬諫曰：「主人畜犬，不使吠盜，奚用犬爲。願聽臣等効力。」帝笑而止。少役延綏巡撫行臺，既貴，每至臺議事，不敢正席坐，曰：「此當年役所也。」正德、嘉靖間，西北名將，馬永而下稱雄云。

贊曰：時平，則將略無由見。或綰符出鎭，守疆禦侮，著有勞效，以功名終，亦足尙矣。許貴、周賢、魯鑑、姜漢家世爲將，勳閥相承，而賢與漢死事尤烈。彭清、杭雄之淸節，斯又其最優者歟。

## 校勘記

〔一〕從石亨戰陽和後口敗績　陽和後口，原作「陽和後日」。據明史稿傳五三許貴傳及英宗實錄卷一八〇正統十四年七月癸巳條改。

〔二〕子寧字志道　明史稿傳五三許貴傳作「字宗道」。

〔三〕十戰　明史稿傳五三許貴傳附許寧傳作「七戰」。

〔四〕成化九年　原脫「成化」二字，承上文「天順初」易誤爲「天順九年」。本書卷一三憲宗紀、卷一七一王越傳均繫王越襲紅鹽池於成化九年，據補。

〔五〕官軍耆老五千餘人　明史稿傳五三歐信傳作「五十餘人」。

〔六〕魯鑑其先西大通人　西大通，原作「西大同」，據明史稿傳五三魯鑑傳改。按魯鑑父魯失加，英宗實錄卷一四四正統十一年八月乙丑條稱「失加，莊浪衞西大通人」。本書卷四二地理志莊浪衞注云，「又南有大通河」。魯鑑祖父三代世守莊浪衞，作「西大通人」是。

〔七〕以五十八人爲隊　孝宗實錄卷二一二弘治十七年五月丁酉條及明史考證攟逸卷一二引識大錄均作「以五十人爲隊」。

〔八〕御史崔揀劾其縱寇　崔揀，明史考證攟逸卷一二云：「萬姓通譜載嘉靖時有崔楝」，「任監察御史，與姜漢正同時。」按明進士題名碑錄嘉靖庚戌科有崔楝。

# 明史卷一百七十五

## 列傳第六十三

衞青子穎 董興 何洪劉雄 劉玉 仇鉞 神英子周

曹雄子謙 馮禎 張俊李鋐 楊銳崔文

衞青，字明德，松江華亭人。以薊州百戶降成祖，積功至都指揮僉事，莅中都留守司事，改山東備倭。

永樂十八年二月，蒲臺妖婦林三妻唐賽兒作亂。自言得石函中寶書神劍，役鬼神，剪紙作人馬相戰鬬。徒衆數千，據益都卸石棚寨。指揮高鳳敗歿，勢遂熾。其黨董彥昇等攻下莒、卽墨，圍安丘。總兵官安遠侯柳升帥都指揮劉忠圍賽兒寨。賽兒夜劫官軍。軍亂，忠戰死，賽兒遁去。比明，升始覺，追不及，獲賊黨劉俊等及男女百餘人。而賊攻安丘益急，知縣張旟、丞馬摛死戰，賊不能下，合莒、卽墨衆萬餘人以攻。青方屯海上，聞之，帥千騎晝夜馳至城下。再戰，大敗之，城中亦鼓譟出，殺賊二千，生擒四千餘，悉斬之。時城中且夕不能支，青救稍遲，城必陷。比賊敗，升始至，青迎謁。升怒其不待己，捽之出。是日，鰲山衞指揮王眞亦以兵百五十人殲賊諸城，賊遂平。而賽兒卒不獲。帝賜書勞青，切責升。尚書吳中等劾升，且言升媢青功。於是下升獄，而擢青山東都指揮使，眞都指揮同知，旗、撝左右參議，賞賚有差。

青還備倭海上。尋坐事繫獄。宣德元年，帝念其功，釋之，俾復職。時京師營繕役繁，調及防海士卒。青以爲言，得番代。英宗立，進都督僉事，尋卒。

青有孝行，善撫士卒，居海上十餘年，海濱人思之，請於朝，立祠以祀。

次子潁，正統初，襲濟南衞指揮使。景帝立，奉詔入衞，再遷至都指揮同知。以石亨薦，擢署都督僉事，管五軍營右哨。論黃花鎭、白羊口及西直門禦寇功，累進都督同知。景泰三年協鎭宣府。逾年，召還。天順元年，以「奪門」功，封宣城伯，予世券，出鎭甘肅。孛來入犯，不能禦，爲有司所劾，詔不問。亨敗，潁以守邊故得無奪。憲宗卽位，廷議以潁不勝任，乃召還。會盡革「奪門」世爵，潁以天順間征西番馬吉思、冬沙諸族功自愬，詔如故。成化二年爲遼東總兵官，尋引疾罷。給事中陳鉞等劾之，下獄，尋宥之。弘治中卒。贈侯，謚壯勇。

傳子至孫錞。嘉靖時，督神機營，屢加太保兼太子太師。四傳至時泰。〔一〕崇禎時，掌後府。京師陷，懷鐵券，闔門十七人皆赴井死。

董興，長垣人。初爲燕山右衞指揮使，累遷署都指揮同知。正統中，新建伯李玉等舉興將才，進署都指揮使，京營管操。復用薦，擢署都督僉事，充右參將，從寧陽侯陳懋討鄧茂七，破餘黨於建寧，進都督同知。

南海賊黃蕭養圍廣州，安鄉伯張安、都指揮王清戰死，賊衆攻城益急。詔拜興左副總兵，調江西、兩廣軍往討，而以侍郎孟鑑贊理軍務。興用天文生馬軾自隨。興果銳，不能戢下，軾戒之。景泰元年二月，師至廣州，賊舟千餘艘，勢甚熾，而徵兵未至，諸將請濟師。軾曰：「廣民延頸久矣，卽以狼兵往擊，猶拉朽耳。」興從之。旣而兵大集，進至大洲擊賊，殺溺死者萬餘人，餘多就撫。蕭養中流矢死，函首以獻，俘其父及子等，餘黨皆伏誅。論功，進右都督，留鎭廣東。給事中黃士儁劾興寬縱，降其官。明年復職。

久之，召還，分督京營。與曹吉祥結姻，冒「奪門」功，封海寧伯。未幾，充總兵官，鎭遼東，予世券。議革「奪門」者爵，興以守邊得免。吉祥誅，乃奪興爵，仍右都督，發廣西立功。

以錦衣李貴薦，復爵，總兵宣府，再予世券。憲宗嗣位，罷還。已，停世襲。家居十餘年卒。

何洪，全椒人。嗣世職，爲成都前衞指揮使。正統中，從征麓川，景泰末，從征天柱、銅鼓，皆有功。屢遷都指揮使，掌四川都司事，與平東苗。憲宗即位，論功，擢都督僉事。巡撫汪浩乞留洪四川，許之。

德陽人趙鐸反，自稱趙王，漢州諸賊皆歸之。連番衆，數陷城，殺將吏。遣其黨何文讓及僧悟昇掠安岳諸縣。洪斬悟昇，生擒文讓。鐸將逼成都，官軍分三路討。洪偕都指揮寧用趨彰明，賊引去。追至梓潼朱家河，力戰，賊少却。洪乘勝陷陣，後軍不繼，爲賊所圍，左右跳盪，殺賊甚衆，力竭而死。

洪勇敢，善撫士，號令嚴，蜀將無及之者。既死，官軍奪氣。而四川都指揮僉事臨淮劉雄亦戰死。雄剛勁，遇敵輒前，嘗捕賊漢州，生擒七十餘人。及鐸亂，追之羅江大水河，手馘數人，賊連敗。千戶周鼎傷，雄前救之，徑奔賊陣，叢刺死。詔贈洪都督同知，予祭葬，子節襲都指揮僉事。雄贈都指揮同知，賜祭，命子襲職，超二官。

洪雖死，綿竹典史蕭讓帥鄉兵擊鐸，破之。官兵頻進擊，其黨稍散去。鐸勢孤，帥餘賊

趨彰明。千戶田儀等設伏梓潼，而參將周貴直搗其巢。賊大敗，夜奔石子嶺。儀亟進，斬鐸，賊盡平。成化元年五月也。〔三〕

劉玉，字仲璽，磁州人。生有膂力，給侍曹吉祥家。從征麓川，授副千戶，積功至都指揮僉事。天順元年以「奪門」功進都督僉事，尋充右參將，守備潯州。慶遠蠻剽博白及廣東之寧川，玉偕左參將范信邀擊，敗之。俄命分守貴州。從方瑛討東苗，殲干把豬。討西堡苗，縶其魁楚得。先後斬首千級，毀其巢而還。旋改右副總兵，鎮守貴州。吉祥誅，玉下吏當斬。以道遠不與謀，免死，謫海南副千戶。

六年，帝將以谷登爲甘肅副總兵。李賢言登不任，玉老成。乃復以爲都督僉事、右副總兵，鎮守涼州。咎咂族叛，會兵平之，進都督同知。

成化四年，滿俊亂固原，白圭舉玉爲總兵官，統左右參將夏正、劉清討之，兵分爲七。玉與總督項忠抵石城，賊已數敗。會毛忠死，玉亦被圍，中流矢，力戰得出。相持兩月，大小百十戰，竟平之。進左都督，掌右府事。自愬前西堡功，命增俸百石，掌耀武營。六年充左副總兵，從朱永出延綏。五月，河套部入犯，玉帥衆禦却之。逾年卒。贈固原伯，謚毅敏。

玉雖起僕隸，勇決過人，善撫士，所至未嘗衄。滿俊之叛，據石城險，屢敗官軍，玉戰最力。及論功，祇賜秩一級，時惜其薄。子文，襲指揮使。

仇鉞，字廷威，鎭原人。初以傭卒給事寧夏總兵府，大見信愛。會都指揮僉事仇理卒，無嗣，遂令鉞襲其世職，爲寧夏前衞指揮同知。理，江都人，故鉞自稱江都仇氏。再以破賊功，進都指揮僉事。

正德二年用總制楊一清薦，擢寧夏遊擊將軍。五年，安化王寘鐇及都指揮何錦、周昂，指揮丁廣反。鉞時駐城外玉泉營，聞變欲遁去。顧念妻子在城中，恐爲所屠滅，遂引兵入城。解甲覲寘鐇，歸臥家稱病，以所將兵分隸賊營。錦等信之，時時就問計。鉞亦謬輸心腹。而陰結壯士，遣人潛出城，令還報官軍旦夕至。鉞因紿錦、廣，宜急出兵守渡口，遏東岸兵，勿使渡河。錦、廣果傾營出，而昂獨守城。寘鐇以禡牙召鉞，鉞稱病亟。昂來視，鉞方堅臥呻吟。伏卒猝起，捶殺昂。鉞乃被甲橫刀，提其首，躍馬大呼，壯士皆集，徑馳詣寘鐇第，縛之。傳寘鐇令，召錦等還，而密諭其部曲以擒寘鐇狀，衆遂大潰。錦、廣單騎走賀蘭山，爲邏卒所獲，舉事凡十八日而敗。

先是，中朝聞變，議以神英爲總兵官，而命鉞爲副。俄傳鉞降賊，欲追敕還。大學士楊廷和曰：「鉞必不從賊，令知朝廷擢用，志當益堅。不然，棄良將資敵人耳。」乃不追。事果定。而劉瑾暱陝西總兵官曹雄，盡以鉞功歸之，鉞竟無殊擢。巡按御史閻睿訟其功，詔奪俸三月。瑾誅，始進署都督僉事，充寧夏總兵官。尋論功，封咸寧伯，歲祿千石，予世券。明年冬，召掌三千營。

七年二月拜平賊將軍，偕都御史彭澤討河南盜劉惠、趙鐩，以中官陸誾監其軍。未至，而參將馮禎戰死洛南，賊勢益熾。已，聞官軍將至，遂奔汝州。又聞官軍扼要害，乃走寶豐，復由舞陽、遂平轉掠汝州東南，敗奔固始，抵潁州，屯朱皐鎮。永順宣慰彭明輔等擊之，賊倉猝渡河，溺死者二千人。餘衆走光山，鉞追及之。命諸將神周、姚信、時源、金輔左右夾擊，賊大敗，斬首千四百有奇。湖廣軍亦破其別部賈勉兒於羅田。賊沿途潰散。自六安陷舒城，復還光山，至商城。官軍追之急，賊復南攻六安。將陷，時源等涉河進，敗之七里岡。賊趨廬州，至定遠西又敗。還至六安，分其衆爲二。劉惠與趙鐩二弟鐇、鎬帥萬餘人，北走商城。而鐩道遇其徒張通及楊虎遺黨數千人，勢復振，掠鳳陽，陷泗、宿、睢寧、定遠。於是澤與鉞計，使神周追鐩，時源、金輔追惠，姚信追勉兒。勉兒、鐩復合，周信連敗之宿州，追奔至應山，其衆略盡。鐩薙髮懷度牒，潛至江夏，飯村店，軍士趙成執送京師，伏誅。源、輔追劉惠，連戰皆捷。惠窘走南召，指揮王謹追及於土地嶺，射中惠左目，自縊死。勉兒數爲都指揮朱忠、夏廣所敗，獲之項城丁村。餘黨邢本道、劉資及楊寡婦等先後皆被擒。凡出師四月，而河南賊悉平。

趙鐩，一名風子，文安諸生也。劉七等亂起，鐩挈家匿渚中，賊驅之登陸，將污其妻女。鐩素驍健，有膂力，手格殺二賊，賊聚執之，遂入其黨爲之魁。賊專事淫掠，鐩稍有智計，定爲部伍，勸其黨無妄殺。移檄府縣，約官吏師儒毋走避，迎者安堵。由是橫行中原，勢出劉六等上。嘗攻鈞州五日，以馬文升方家居，舍之去。〔三〕有司遣人齎招撫榜至，鐩具疏附奏言：「今羣奸在朝，舞弄神器，濁亂海內，誅戮諫臣，屏棄元老，舉動若此，未有不亡國者。乞陛下睿謀獨斷，梟羣奸之首以謝天下，卽梟臣之首以謝羣奸。」其桀黠如此。

鉞既平河南賊，移師會陸完，共滅劉七等於江北。論功，進世侯，增祿百石，仍督三千營。

八年，大同有警，命充總兵官，統京軍禦之。鉞上五事，中請遣還京操邊軍，停京軍出征，以省公私之擾，尤切時弊，時不能用。鉞既至，值寇犯萬全沙河。〔四〕擊之，斬首三級，而軍士亡者二十餘人，寇亦引去。奏捷蒙賚，朝論恥之。

帝詔諸邊將入侍豹房。鉞嘗一入，後輒力辭。十年冬，稱疾解營務。詔給軍三十人役其家。世宗立，再起督三千營，掌前府事。未上卒，年五十七。謚武襄。

子昌以病廢，孫鸞嗣侯。世宗時，怙寵通邊，磔死，爵除。

神英，字景賢，壽州人。天順初，襲父職，爲延安衞指揮使，守備寧塞營，屢將騎兵，從都督張欽等征討有功。

成化元年，尚書王復行邊，薦英有謀勇，進都指揮僉事。以從征滿四功，遷都指揮使，充延綏右參將。屢敗乩加思蘭兵，進署都督僉事。巡撫余子俊築邊牆，命英董役，工成受賚。久之，充總兵官，鎭守寧夏，移延綏，復移宣府。弘治改元，移大同。十一年，馬市開，英違禁貿易，寇掠蔚州又不救，言官連劾，召還閒住。尋起督果勇營。嘗充右參將，從朱暉禦寇延綏。武宗立，寇犯宣府，與李俊並充左參將，帥京軍以援。尋以都督同知僉書左府，剿近畿劇賊，進右都督。

正德五年，給事中段豸劾英老，命致仕。當是時，劉瑾竊政。總兵官曹雄等以附瑾得重權。英素習瑾，厚賄之。因自陳邊功，乞敘錄，特詔予伯爵。吏、兵二部持之，下廷議。而廷臣希瑾指，無不言當封者，遂封涇陽伯，祿八百石。未幾，寘鐇反，命充總兵官討之。未至，賊已滅。其秋，瑾敗，爲言官所劾。詔奪爵，以右都督致仕。越二年卒。

子周，輸粟爲指揮僉事。累官都指揮使，充延綏右參將。正德六年命以所部兵討河南流賊，數有功，再進都督同知。賊平，遂以副總兵鎮山西。九年秋，寇大入寧武關，躪忻、定襄、寧化。周擁兵不戰，軍民死者數千。詔巡撫官執歸京師。周潛結貴近，行至易州，僞稱病，自陳戰功。帝乃宥周罪，盡削其秩，爲總旗，而輸粟指揮如故。已，夤緣江彬入豹房，驟復都督，賜國姓，典兵禁中。遂與彬相倚爲聲勢，納賄不貲。彬敗，周亦下獄，伏誅。

曹雄，西安左衞人。弘治末，歷官都指揮僉事，爲延綏副總兵。武宗卽位，用總督楊一清薦，擢署都督僉事，充總兵官，鎮固原。以瑾同鄉，自附於瑾。瑾欲廣樹黨，日相親重。

正德四年，雄上言：「故事，布、按二司及兵備道臣文移達總兵官者，率由都司轉達。今邊務亟，徵調不時，都司遠在會城，往返千里，恐誤軍機。乞如巡撫大同例，徑呈總兵官便。」兵部尚書曹元希瑾意，覆如其言。既復受瑾屬，奏雄鎮守未佩印，宜如各邊例，特賜印以重其權。乃進雄署都督同知，以延綏總兵官吳江所佩征西將軍印佩之，而別鑄靖虜將軍印予江。及總督才寬禦寇沙窩爲所殺，雄擁兵不救，佯引罪，乞解兵柄，令子謐齎奏詣京師。瑾異謐貌，妻以從女，而優詔褒雄，令居職如故，糾者反被責。

寘鐇反寧夏，雄聞變，卽統兵壓境上。令都指揮黃正以兵三千入靈州，固士卒心，約鄰境刻期討。密焚大、小二壩積草，與守備史鏞等奪河西船，盡泊東岸。賊黨何錦懼，急帥兵出守大壩，以防決河。雄乃令鏞潛通書仇鉞，俾從中舉事，賊遂成擒。是役也，功雖成於鉞，而居外布置，賊不內顧，雄有勞焉。捷聞，瑾以平賊功歸之，進左都督，謐亦官千戶。雄不安，引咎自劾，推功諸將，降旨慰勞。未幾，瑾敗，言官交劾，降指揮僉事，尋徵下獄，以黨逆論死，籍其家。詔宥之，與家屬永戍海南，遇赦不原。

雄長子謙，讀書能文，有機略，好施予。故參政李崙、主事孔琦家貧甚。雄請周卹其妻子，以勸廉吏，謙意也。御史高胤先被逮，無行貲。謙爲治裝，並卹其家。受業楊一清，聞一清將起用，貽書止之曰：「近日關中人材，連茹而起，實山川不幸。獨不留三五輩爲後日地耶。」時陝人率附瑾以進，故謙云然。雄下獄，謙亦被繫，爲怨家箠死。

馮禎，綏德衞人。起家卒伍，累功爲本衞指揮僉事。弘治末，擢署都指揮僉事，守備偏頭關。尋充參將，分守寧夏西路，以勇敢聞。寘鐇反，馳奏告變。事平，進署都指揮同知。已，擢副總兵，協守延綏。

正德六年七月，盜起中原。詔以所部千五百人入討。至阜城，遇賊。禎令軍中毋顧首級、貪虜獲，遂大敗賊。逐北數十里，俘斬八百六十有奇。進解曹州圍，執其魁朱諒。錄功，進都督僉事。

明年春，劉惠、趙鐩亂河南，連陷鹿邑、上蔡、西平、遂平、舞陽、葉，縱掠南頓、新蔡、商水、襄城，復還駐西平。禎偕副總兵時源，參將神周、金輔擊敗之。賊奔入城，官軍塞其門。乘夜焚死千餘人，斬首稱是，餘賊潰而西。巡撫鄧璋等朝崇王於汝寧，宴飲連日。賊招散亡，勢復振，陷鄢陵、滎陽、汜水、鞏。圍河南府三日，諸軍始集。賊屯洛南，覘官軍饑疲，迎戰。右哨金輔不敢渡洛，禎及源、周方陣，而後哨參將姚信所部京軍先馳，失利遽遁。陣亂，賊乘之。禎下馬殊死鬭，援絕死焉。贈洛南伯，賜祭葬，授其子大金都督僉事。後賊平，論功，復廕一子世百戶。明年是日，禎死所風霾大作，又明年，亦如之。伊王奏聞，敕有司建祠，歲以死日致祭。尋用給事中李鐸言，歲給米二石，帛二疋，贍其家。

張俊，宣府前衞人。嗣世職，爲本衞指揮使。累擢大同遊擊將軍。弘治十二年以功進都指揮同知。

火篩入大同左衞，大掠八日。俊遣兵三百邀其前，復分兵三百爲策應，而親禦之荆東莊。依河結營，擊卻三萬餘騎。帝大喜，立擢都督僉事。未幾，總兵官王璽失事被徵，卽命俊代之。其冬，以寇入戴罪，尋移鎭宣府。中官苗逵督師延綏，檄大同、宣府卒爲探騎。俊持不遣，逵遂劾俊。帝宥俊，而命發卒如逵言。

武宗初立，寇乘喪大入，連營二十餘里。俊遣諸將李稽、白玉、張雄、王鎭、穆榮各帥三千人，分扼要害。俄，寇由新開口毀垣入，稽遽前迎敵，玉、雄、鎭、榮各帥所部拒於虞臺嶺。俊急帥三千人赴援，道傷足，以兵屬都指揮曹泰。泰至鹿角山，被圍。俊力疾，益調兵五千人，持三日糧，馳解泰圍，復援出鎭。又分兵救稽、玉，稽、玉亦潰圍出。獨雄、榮阻山澗，援絕死。諸軍已大困，收兵還。寇追之，行且戰，僅得入萬全右衞城，士馬死亡無算。俊及中官劉淸、巡撫李進皆徵還。御史郭東山言，俊扶病馳援，勸懲不宜偏廢，乃許贖罪。

正德五年，起署都督同知，典神威營操練。明年六月，賊楊虎等自山西十八盤還，破武安，掠威、曲周、武城、淸河、故城、景州，轉入文安，與劉六等合。都指揮桑玉屢敗，僉事許承芳請濟師。乃命俊充副總兵，與參將王琮統京軍千人討之。往來近畿數月，不能創賊。已，朝議調邊軍協守，賊遂連敗。明年三月，劉六、劉七、齊彥名、龐文宣等敗奔登、萊海套。陸完檄俊軍萊州，合諸將李鋐等邀之。賊遂北走，轉掠寶坻、香河、玉田，俊急偕許泰、郤永遏之。帝喜，勞以白金。賊由武清西去。未幾，得疾召還。後賊平，實授都督同知。久之，卒。

俊爲邊將，持廉，有謀勇，其歿也，家無贏資。

李鋐，大同右衞人。世指揮同知，累功進都指揮僉事，充參將，協守大同。山東盜起，詔改遊擊將軍，尋充副總兵，與俊等邀賊，復與劉暉部將傅鎧、張椿等數立功。賊平，進都指揮同知，充總兵官，鎭鳳陽諸府。尋以江西盜猖獗，擢署都督僉事，與都御史俞諫同提督軍務。賊王浩八據裴源山，憑高發矢石，官軍幾不支。鋐下馬持刀，督將士殊死鬬，賊乃走。追數十里，擒之。復以次討平劉昌三、胡浩三等。移駐餘干，將擊遺賊之未下者，疽發背，卒於軍。詔贈右都督，廕子都指揮僉事。

楊銳，字進之，蕭縣人。嗣世職，爲南京羽林前衞指揮使。正德初，以才擢掌龍江右衞事，督造漕舟於淮安。

寧王宸濠有異謀，王瓊以安慶居要害，宜置戍，乃進鋭署都指揮僉事，守備其地。鋭與知府張文錦治戰艦，日督士肄水戰。十四年六月丙子，宸濠反。東下，焚彭澤、湖口、望江。己丑，奄至安慶城下，舟五十餘艘。鋭、文錦與指揮崔文、同知林有祿、通判何景暘、懷寧知縣王誥等禦之江滸。已，收兵入城，被圍。鋭、文軍城西，文錦、有祿軍城北，景暘、誥軍東南。城西尤要衝。鋭晝夜拒戰，殺傷賊二百餘，斬其間諜，乃稍卻。

七月丁酉，賊悉兵至，號十萬，舳艫相銜六十餘里。宸濠乘黃艦，泊黃石磯，身自督戰。江西僉事潘鵬在賊軍，安慶人也，宸濠令諭降。呼鋭及文錦語，衆心頗搖。吏黃洲者，以大義責數之，鵬慚而退。既復持僞檄至，其家僮見，遙呼之，鋭腰斬以徇。將射鵬，鵬遯去，衆心乃定。賊怒，圍城數周，攻益急，鋭等殊死戰。賊雲樓數十瞰城中，城中亦造飛樓射賊，夜縋人焚賊樓。賊置天梯，廣二丈，高於城，版蔽之，前後有門，伏兵其中，輪轉以薄城。城上束葦沃膏，燃其端，梯稍近即投之，須臾盡焚，賊多死。時軍衛卒不滿百，乘城皆民兵。老弱婦女饋餉，人運石一二，數日積如山。賊攻城，城上或投石，或沸湯沃之，賊輒傷。鋭等射書賊營，諭令解散，有亡去者。乃募死士夜劫賊營，賊大驚擾，比曉稍定。宸濠慚憤，謂其下曰：「安慶且不克，安望南都。」會聞伍文定等破南昌，遂解圍去。文出城襲擊，又破之，旬有八日而圍解。

事聞，武宗大喜，擢銳參將，分守安徽池、太、寧國及九江、饒、黃。銳薦鄭岳、胡世寧，帝卽召用。世宗立，論功，擢都督僉事，廕子世千戶。再遷僉書左府，改南京右府。充總兵官，鎭遼東。改督漕運，鎭淮安。嘉靖十年爲巡按御史李循義劾罷，踰年卒。

崔文，世爲安慶衞指揮使，守城勞亞於銳。世宗錄其功，超三階爲都指揮使，廕子世百戶。江、淮多盜，廷議設總兵官，督上下江防，擢文都督僉事任之。改蒞南京前府，專督操江。久之，卒。

贊曰：衞青等當承平時，不逞竊發，列城擾攘，賴其戡定。雖所敵非堅，然勇敢力戰，功多可紀。或遂身膏原野，若何洪、劉雄、馮禎輩，壯節有足惜者。鉞以心計定亂，銳以城守擢逆，干城之寄，克稱廟謨。神英、曹雄亦有勞績，而以附閹損名，且獲罪，爲將者其以跅弛爲戒哉。

## 校勘記

〔一〕四傳至時泰　時泰，原作「時春」，據本書卷一〇七功臣世表及神宗實錄卷四八〇萬曆三十九年二月己卯條改。

〔二〕成化元年五月也　五月，原作「正月」，據憲宗實錄卷一七成化元年五月甲子條、國榷卷三四頁二一九一改。

〔三〕以馬文升方家居舍之去　原繫於正德七年。按本書卷一八二馬文升傳稱「五年六月卒」，「卒後踰年，大盜趙鐩等剽河南，至鈞州。以文升家在，捨之去」。武宗實錄卷六四繫馬文升卒於正德五年六月壬辰。「方家居」三字應有衍誤。

〔四〕值寇犯萬全沙河　萬全沙河，原作「萬全河沙」，據武宗實錄卷一〇三正德八年五月辛未條、國榷卷四九頁三〇四五改。清一統志卷二四萬全縣有東沙河、西沙河。清萬全縣即明萬全右衛地。

# 明史卷一百七十六

## 列傳第六十四

### 李賢　呂原子常　岳正　彭時　商輅　劉定之

李賢，字原德，鄧人。舉鄉試第一，宣德八年成進士。奉命察蝗災於河津，授驗封主事。少師楊士奇欲一見，賢竟不往。

正統初，言：「塞外降人居京師者盈萬，指揮使月俸三十五石，實支僅一石，降人反實支十七石五斗，是一降人當京官十七員半矣。宜漸出之外，省冗費，且消患未萌。」帝不能用。時詔文武臣誥敕，非九年不給。賢言：「限以九年，或官不能滿秩，或親老不待，不得者十八九，無以勸臣下。請仍三年便。」從之。遷考功郎中，改文選。扈從北征，師覆脫還。

景泰二年二月上正本十策，曰勤聖學，顧箴警，戒嗜慾，絕玩好，愼舉措，崇節儉，畏天變，勉貴近，振士風，結民心。帝善之，命翰林寫置左右，備省覽。尋又陳車戰火器之利，帝頗採納。是冬，擢兵部右侍郎，轉戶部。也先數貢馬，賢謂輦金帛以強寇自弊，非策。因陳邊備廢弛狀，于謙請下其章屬諸將。轉吏部，採古二十二君行事可法者，曰鑑古錄，上之。

英宗復位，命兼翰林學士，入直文淵閣，與徐有貞同預機務。未幾，進尚書。賢氣度端凝，奏對皆中機宜，帝深眷之。山東饑，發帑振不足，召有貞及賢議，有貞謂頒振多中飽。賢曰：「慮中飽而不貸，坐視民死，是因噎廢食也。」遂命增銀。

石亨、曹吉祥與有貞爭權，並忌賢。諸御史論亨、吉祥，亨、吉祥疑出有貞、賢意，訴之帝，下二人獄。會有風雷變，得釋，謫賢福建參政。未行，王翺奏賢可大用，遂留爲吏部左侍郎。踰月，復尚書，直內閣如故。亨知帝嚮賢，怒，然無可如何，乃佯與交驩。賢亦深自匿，非宜召不入，而帝益親賢，顧問無虛日。

孛來近塞獵。亨言傳國璽在彼，可掩而取，帝色動。賢言釁不可啓，璽不足寶，事遂寢。亨益惡賢。時帝亦厭亨、吉祥驕橫，屏人語賢曰：「此輩干政，四方奏事者先至其門，爲之奈何？」賢曰：「陛下惟獨斷，則趨附自息。」帝曰：「向嘗不用其言，乃怫然見辭色。」賢曰：「願制之以漸。」當亨、吉祥用事，賢顧忌不敢盡言，然每從容論對，所以裁抑之者甚至。及亨得罪，帝復問賢「奪門」事。賢曰：「迎駕則可，『奪門』豈可示後。天位乃陛下固有，奪卽非順。且爾時幸而成功，萬一事機先露，亨等不足惜，不審置陛下何地。」帝悟曰：「然。」賢曰：「若郕王果不起，羣臣表請陛下復位，安用擾攘爲。此輩又安所得邀陞賞，招權納賄安自起。老成耆舊依然在職，何至有殺戮降黜之事，致干天象。易曰『開國承家，小人勿用』，正謂此也。」帝曰：「然。」詔自今章奏勿用「奪門」字，併議革冒功者四千餘人。至成化初，諸被革者愬請。復以賢言，并奪太平侯張瑾、興濟伯楊宗爵，時論益大快之。

帝既任賢，所言皆見聽。于謙嘗分遣降人南征，陳汝言希宦官指，盡召之還。賢力言不可。帝曰：「吾亦悔之。今已就道，後當聽其願去者。」帝憂軍官支俸多，歲入不給。賢請汰老弱於外，則費省而人不覺。帝深納焉。時歲有邊警，天下大水，江南北尤甚。賢外籌邊計，內請寬百姓，罷一切徵求。帝用其言，四方得蘇息。七年二月，空中有聲，帝欲禳之，命賢撰青詞。賢言君不恤民，天下怨叛，厥有鼓妖。因請行寬恤之政，又請罷江南織造，清錦衣獄，止邊臣貢獻，停內外採買。帝難之。賢執爭數四，同列皆懼。賢退曰：「大臣當知無不言，可卷舌偷位耶？」終天順之世，賢爲首輔，呂原、彭時佐之，然賢委任最專。

初，御史劉濬劾柳溥敗軍罪，觸帝怒。賢言御史耳目官，不宜譴。石亨譖賢曲護。帝寖疎賢，尋悟，待之如初。每獨對，良久方出。遇事必召問可否，或遣中官就問。賢務持大體，尤以惜人才、開言路爲急。所薦引年富、軒輗、耿九疇、王竑、李秉、程信、姚夔、崔恭、李紹等，皆爲名臣。時勸帝延見大臣，有所薦，必先與吏、兵二部論定之。及入對，帝訪文臣，請問王翺；武臣，請問馬昂。兩人相左右，故言無不行，而人不病其專，惟羣小與爲難。

曹欽之反也，擊賢東朝房，執將殺之，逼草奏釋己罪。賴王翺救，乃免。賢密疏請擒賊黨。時方擾攘，不知賢所在。得疏，帝大喜。裹傷入見，慰勞之，特加太子太保。賢因言，賊旣誅，急宜詔天下停不急務，而求直言以通閉塞。帝從之。

門達方用事，錦衣官校恣横爲劇患，賢累請禁止，帝召達誡諭之。達怙寵益驕，賢乘間復具陳達罪，帝復召戒達。達銜次骨，因袁彬獄陷賢，賢幾不免，語載達傳。

帝不豫，臥文華殿。會有間東宮於帝者，帝頗惑之，密告賢。賢頓首伏地曰：「此大事，願陛下三思。」帝曰：「然則必傳位太子乎？」賢又頓首曰：「宗社幸甚。」帝起，立召太子至。賢扶太子令謝。太子謝，抱帝足泣，帝亦泣，讒竟不行。

憲宗卽位，進少保、華蓋殿大學士，知經筵事。是年春，日黯無光，賢偕同官上言：「日，君象。君德明，則日光盛。惟陛下敬以修身，正以御下，剛以斷事，明以察微，持之不怠，則天變自弭，和氣自至。」翌日又言：「天時未和，由陰氣太盛。自宣德至天順間，選宮人太多，浣衣局沒官婦女愁怨尤甚，宜放還其家。」帝從之，中外欣悅。五月大雨雹，大風飄瓦，拔郊壇樹。賢言：「天威可畏，陛下當凜然加省，無狎左右近幸。崇信老成，共圖國是。」有司請造鹵簿。賢言：「內庫尙有未經御者，今恩詔甫頒，方節財用，奈何復爲此。」帝卽日寢之。每遇災變，必與同官極陳無隱，而於帝初政，申誡尤切。

門達既竄，其黨多投匿名書搆賢。賢乞罷，有詔慰留。吳后廢，言官請誅牛玉，語侵賢，又有造蜚語搆賢者。帝命衞士宿賢家，護出入。成化二年三月遭父喪，詔起復。三辭不許，遣中官護行營葬。還至京，又辭。遣使宣意，遂視事。其年冬卒，年五十九。帝震悼，贈太師，謚文達。

賢自以受知人主，所言無不盡。景帝崩，將以汪后殉葬，用賢言而止。惠帝少子幽禁已六十年，英宗憐欲赦之，以問賢。賢頓首曰：「此堯、舜用心也，天地祖宗實式憑之。」帝意乃決。帝嘗祭山川壇，以夜出未便，欲遣官代祀。賢引祖訓爭之，卒成禮而還。嘗言內帑餘財，不以卹荒濟軍，則人主必生侈心，而移之於土木禱祠聲色之用。前後頻請發帑振貸卹邊，不可勝計。故事，方面官敕三品京官保舉。賢患其營競，令吏部每缺舉二人，請帝簡用。並推之例始此。

自三楊以來，得君無如賢者。然自郎署結知景帝，超擢侍郎，而所著書顧謂景帝爲荒淫。其抑葉盛，擠岳正，不救羅倫，尤爲世所惜云。

呂原，字逢原，秀水人。父嗣芳，萬泉教諭。兄本，景州訓導。嗣芳老，就養景州，與本相繼卒。貧不能歸葬，厝於景，原時至墓慟哭。久之，奉母南歸，家益貧。知府黃懋奇原文，補諸生，遣入學，舉鄉試第一。

正統七年，進士及第，授編修。十二年，與侍講裴綸等十人同選入東閣肄業，直經筵。景泰初，進侍講，與同官倪謙授小內侍書於文華殿東廡。帝至，命謙講國風，原講堯典，皆稱旨。問何官，並以中允兼侍講對。帝曰：「品同耳，何相兼爲。」進二人侍講學士，兼中允。尋進左春坊大學士。

天順初，改通政司右參議，兼侍講。徐有貞、李賢下獄之明日，命入內閣預機務。石亨、曹吉祥用事，貴倨，獨敬原。原朝會衣青袍，亨笑曰：「行爲先生易之。」原不答。尋與岳正列亨、吉祥罪狀，疏留中。二人怒，摘敕諭中語，謂閣臣謗訕。帝大怒，坐便殿，召對，厲聲曰：「正大膽敢爾，原素恭謹，阿正何也？」正罷去，原得留。李賢既復官入閣柄政，原佐之。未幾，彭時亦入，三人相得甚歡。賢通達，遇事立斷。原濟以持重，庶政稱理。其年冬，進翰林院學士。

六年遭母喪，水漿不入口三日。詔葬畢卽起視事。原乞終制。不允。乃之景州，啓父兄殯歸葬，舟中寢苫哀毁。體素豐，至是羸瘠。抵家甫襄事而卒，年四十五。贈禮部左侍郎，謚文懿。

原內剛外和，與物無競。性儉約，身無紈綺。歸裝惟賜衣數襲，分祿恤宗姻。

子㦤，字秉之。以蔭補國子生，供事翰林，遷中書舍人。疏乞應試，所司執故事不許。憲宗特許之，遂舉順天鄉試。舍人得赴試自㦤始。累遷禮部郎中。好學能文，諳掌故。琉球請歲一入貢，回回貢使乞道廣東歸國，皆以非制格之。以薦進南京太僕寺少卿。故事，太僕馬數，不令他官知。以是文籍磨滅，登耗無稽。㦤曰：「他官不與聞，是也；當職者，可貿貿耶？」議請三年一校勘，著爲例。累遷南京太常卿，輯典故因革若干卷。正德初，致仕歸。

岳正，字季方，漷縣人。正統十三年會試第一，賜進士及第，授編修，進左贊善。天順初，改修撰，教小內侍書。閣臣徐有貞、李賢下獄，帝既用呂原預政，頃之，薛瑄又致仕，帝謀代者。王翺以正薦，遂召見文華殿。正長身美鬚髯，帝遙見，色喜。既登陛，連稱善。問年幾何，家安在，何年進士，正具以對。復大喜曰：「爾年正强仕，吾北人，又吾所取士，今用爾內閣，其盡力輔朕。」正頓首受命。趨出，石亨、張軏遇之左順門，愕然曰：「何自至此？」比入，帝曰：「朕今日自擇一閣臣。」問爲誰，帝曰：「岳正。」兩人陽賀。帝曰：「但官小耳，當與吏部左侍郎兼學士。」兩人曰：「陛下既得人，俟稱職，加秩未晚。」帝默然，遂命以原官入閣。

正素豪邁，負氣敢言。及爲帝所拔擢，益感激思自効。掌欽天監侍郎湯序者，亨黨也，嘗奏災異，請盡去奸臣。帝問正，正言：「奸臣無指名。即求之，人人自危。且序術淺，何足信也。」乃止。有僧爲妖言，錦衣校邏得之，坐以謀反。中官牛玉請官邏者，正言：「事縱得實，不過坐妖言律，邏者給賞而已，不宜與官。」僧黨數十人皆得免。或爲匿名書列曹吉祥罪狀，吉祥怒，請出榜購之。帝使正撰榜格，正與呂原入見曰：「爲政有體，盜賊責兵部，姦宄責法司，豈有天子出榜購募者？且事緩之則自露，急之則愈匿，此人情也。」帝是其言，不問。亨從子彪鎭大同，獻捷，下內閣問狀。使者言捕斬無算，不能悉致，皆梟置林木間。正按地圖指詰之，曰：「某地至某地，皆沙漠，汝梟置何所？」其人語塞。

時亨、吉祥恣甚，帝頗厭之。正從容言：「二人權太重，臣請以計間之。」帝許焉。正出見吉祥曰：「忠國公常令杜清來此何爲者？」吉祥曰：「辱石公愛，致誠款耳。」正曰：「不然，彼使伺公所爲耳。」因勸吉祥辭兵柄。復詣亨，諭令自戕。亨、吉祥揣知正意，怒。吉祥見帝，免冠，泣請死。帝內愧，慰諭之，召正責漏言。

會承天門災，正極言亨將爲不軌，且言：「陳汝言，小人。今既爲尙書，可用盧彬爲侍郎。二人者俱譎悍，若同事必相齮齕，乘其隙可並去之。」徐有貞再下獄，復云：「用有貞則天變可弭。」帝皆不納。及敕諭廷臣，命正視草。正草敕曰：「乃者承天門災，朕心震驚，罔知所措。意敬天事神，有未盡歟？祖宗成憲有不遵歟？善惡不分，用舍乖歟？曲直不辨，刑獄冤歟？征調多方，軍旅勞歟？賞賚無度，府庫虛歟？請謁不息，官爵濫歟？賄賂公行，政事廢歟？朋奸欺罔，附權勢歟？羣吏弄法，擅威福歟？征斂徭役太重，而閭閻靡寧歟？讒諂奔競之徒倖進，而忠言正士不用歟？抑有司闒茸酷暴，貪冒無厭，而致軍民不得其所歟？此皆傷和致災之由，而朕有所未明也。今朕省愆思咎，怵惕是存。爾羣臣休戚惟均，其洗心改過，無蹈前非，當行者直言無隱。」

敕下，舉朝傳誦。而亨、吉祥搆蜚語，謂正賣直謗訕。帝怒，命仍授內侍書。明日，謫欽州同知。道滁，以母老留旬日。陳汝言令巡校言狀，且言正嘗奪公主田。遂逮繫詔獄，杖百，戍肅州。行至涿，夜宿傳舍。手拲急，氣奔且死。涿人楊四醉卒酒，脫正拲，刳其中，且厚賂卒，乃得至戍所。亨、吉祥旣誅，帝謂李賢曰：「岳正固嘗言之。」賢曰：「正有老母，得放歸田里，幸甚。」乃釋爲民。

憲宗立，御史呂洪等請復正與楊瑄官，詔正以原官直經筵，纂修英宗實錄。初，正得罪，都督僉事季鐸乞得其宅，至是敕還正。正還朝，自謂當大用，而賢欲用爲南京祭酒，正不悅。忌者僞爲正劾賢疏草，賢嗛之。

成化元年四月，廷推兵部侍郎清理貼黃，以正與給事中張寧名並上。詔以爲私，出正爲興化知府，而寧亦補外。正至官，築陂溉田數千頃，節縮浮費，經理預備倉，欲有所興革。鄉士大夫不利其所爲，騰謗言。正亦厭吏職，五年入覲，遂致仕。又五年卒，年五十五。無子，大學士李東陽、御史李經，其壻也。

正博學能文章，高自期許，氣屹屹不能下人。在內閣才二十八日，勇事敢言，便殿論奏，至唾濺帝衣。有規以信而後諫者，慨然曰：「上顧我厚，懼無以報稱，子乃以諫官處我耶？」英宗亦悉其忠，其在戍所，嘗念之曰：「岳正倒好，只是大膽。」正聞自爲像贊，述帝前語，末言：「臣嘗聞古人之言，蓋將之死而靡憾也。」其自信不回如此。然意廣才疏，欲以縱橫之術離散權黨，反爲所噬，人皆迂而惜之。嘉靖中，追贈太常寺卿，諡文肅。

彭時，字純道，安福人。正統十三年進士第一，授修撰。明年，郕王監國，令同商輅入閣預機務。聞繼母憂，力辭，不允，乃拜命。釋禫踰年參大政，前此未有也。尋進侍讀。景泰元年以兵事稍息，得請終制。然由此忤旨。服除，命供事翰林院，不復與閣事。易儲，遷左春坊大學士。寰宇通志成，遷太常寺少卿。俱兼侍讀。

天順元年，徐有貞既得罪，岳正、許彬相繼罷。帝坐文華殿召見時，曰：「汝非朕所擢狀元乎？」時頓首。明日仍命入閣，兼翰林院學士。閣臣自三楊後，進退禮甚輕。爲帝所親擢者，唯時與正二人。而帝方嚮用李賢，數召賢獨對。賢雅重時，退必咨之。時引義爭可否，或至失色。賢初小忤，久亦服其諒直，曰：「彭公，眞君子也。」慈壽皇太后上尊號，詔告天下。時欲推恩，賢謂一年不宜再赦。時曰：「非赦也，宜行優老典。朝臣父母七十與誥敕，百姓八十給冠帶，是『老吾老以及人之老』也。」賢稱善，即奏行之。

帝愛時風度，選庶吉士。命賢盡用北人，南人必若時者方可。賢以語時。俄中官牛玉宣旨，時謂玉曰：「南士出時上者不少，何可抑之。」已，選十五人，南六人與焉。門達搆賢，帝惑之，曰：「去賢，行專用時矣。」或傳其語，時矍然曰：「李公有經濟才，何可去？」因力直之。且曰：「賢去，時不得獨留。」語聞，帝意乃解。

帝大漸，口占遺命，定后妃名分，勿以嬪御殉葬，凡四事，付閣臣潤色。時讀竟，涕下，悲愴不自勝。中官復命，帝亦爲隕涕。

憲宗卽位，議上兩宮尊號。中官夏時希周貴妃旨，言錢后久病，不當稱太后。而貴妃，帝所生母，宜獨上尊號。賢曰：「遺詔已定，何事多言。」時曰：「李公言是也。朝廷所以服天下，在正綱常。若不爾，損聖德非小。」頃之，中官復傳貴妃旨：「子爲皇帝，母當爲太后，豈有無子而稱太后者？宣德間有故事。」賢色變，目時。時曰：「今日事與宣德間不同。胡后表讓位，退居別宮，故在正統初不加尊。今名分固在，安得爲比？」中官曰：「如是何不草讓表？」時曰：「先帝存日未嘗行，今誰敢草？若人臣阿意順從，是萬世罪人也。」中官厲聲怵以危語。時拱手向天曰：「太祖、太宗神靈在上，孰敢有二心。錢皇后無子，何所規利而爲之爭？臣義不忍默者，欲全主上聖德耳。若推大孝之心，則兩宮並尊爲宜。」賢亦極言之，議遂定。及將上寶册，時曰：「兩宮同稱則無別，錢太后宜加兩字，以便稱謂。」乃尊爲慈懿皇太后，貴妃爲皇太后。越數日，中官覃包至內閣曰：「上意固如是。但迫於太后，不敢自主，非二公力爭，幾悞大事。」時閣臣陳文默無語，聞包言，甚愧。禮成，進吏部右侍郎，兼學士，同知經筵。

成化改元，進兵部尚書，兼官如故。明年秋，乞歸省。三年二月詔趣還朝。英宗實錄成，加太子少保，兼文淵閣大學士。

四年，慈懿太后崩，詔議山陵。時及商輅、劉定之言：「太后作配先帝，正位中宮，陛下尊爲太后，詔示天下。先帝全夫婦之倫，陛下盡母子之愛，於義俱得。今梓宮當合葬裕陵，主當祔廟，此不易之禮。比聞欲別卜葬地，臣等實懷疑懼。竊謂皇上所以遲疑者，必以今皇太后萬壽後，當與先帝同尊，自嫌二后並配，非祖宗制。考之於古，漢文帝尊所生母薄太后，而呂后仍祔長陵。宋仁宗追尊生母李宸妃，而劉后仍祔太廟。今若陵廟之制稍有未合，則有乖前美，貽譏來葉。」於是諸大臣相繼言之。帝猶重違太后意，時偕朝臣伏文華門泣請。帝與太后皆感動，始從時議。

彗見三台，時等言：「外廷大政固所當先，宮中根本尤爲至急。諺云『子出多母』。今嬪嬙衆多，維熊無兆。必陛下愛有所專，而專寵者已過生育之期故也。望均恩愛，爲宗社大計。」時帝專寵萬貴妃，妃年已近四十，時故云然。又言：「大臣黜陟，宜斷自宸衷，或集羣臣僉議。不可悉委臣下，使大權旁落。」帝雖不能從，而心嘉其忠。

都御史項忠討滿四不利，朝議命撫寧侯朱永將京軍往赴。永故難其行，多所邀請。時惡其張大，且度軍可無行，第令整裝待。會忠馳奏，已圍賊石城。帝遣中官懷恩、黄賜偕兵部尚書白圭、程信等至閣議。時曰：「賊四出攻剽，鋒誠不可當。今入石城自保，我軍圍甚固，此困獸易擒耳。」信曰：「安知忠不退師？」時曰：「彼部分已定，何故自退？且今出師，度何時到？」信曰：「來春。」時曰：「如此，益緩不及事。事成敗，冬月決矣。」信忿，出危言曰：「忠若敗，必斬一二人，然後出師。」衆危之，問時何見。曰：「觀忠疏曲折，知其能。若聞別遣禁軍，將退避不敢任，賊不可知矣。」時惟商輅然其言。至冬，賊果平，人乃大服。改吏部尚書。

五年得疾在告。踰三月，帝趣赴閣視事，免朝參。是冬，無雪。疏言：「光祿寺採辦，各城門抽分，掊剋不堪。而獻珍珠寶石者，倍估增直，漁竭帑藏。乞革其弊，以惠小民。」帝優詔褒納。畿輔、山東、河南旱，請免夏稅鹽鈔，及太僕寺賠課馬。京師米貴，請發倉儲五十萬石平糶。並從之。時以舊臣見倚重，遇事爭執無所避。而是時帝怠於政，大臣希得見。萬安同在閣，結中貴戚畹，上下壅隔，時頗懷憂。

七年，疾復作，乞致仕。帝慰留之，不得去。冬，彗復見，時言政本七事：一，毋惑佛事，糜金錢；二，傳旨專委司禮監，毋令他人，以防詐僞；三，延見大臣議政事；四，近幸賜予太多，工匠冒官無紀，而重囚死徙者，法不蔽罪，宜戒淫刑僭賞；五，虛懷受諫，勿惡切直；六，戒廷臣毋依違，凡政令失當，直言論奏；七，清理牧馬草地，減退勢要莊田。皆切中時弊。

寧晉伯劉聚爲從父太監永誠請封謚，且乞祠額，禮部執故事却之。帝特賜額曰褒功，命內閣擬封謚。時等言：「卽予永誠，將來守邊內臣皆援此陳乞，是變祖宗法自今日始。」或言宋童貫封王，時曰：「貫封王在徽宗末年，豈盛世事耶？」乃寢。

時每因災變上言，或留中，或下所司，多阻隔，悒悒不得志。五年以後，凡七在告，帝輒命醫就視，數遣內臣賜賚。十一年正月，以秩滿進少保。踰月卒，年六十。贈太師，謚文憲。

時立朝三十年，孜孜奉國，持正存大體，公退未嘗以政語子弟。有所論薦，不使其人知。燕居無惰容，服御儉約，無聲樂之奉，非其義不取，有古大臣風。

商輅，字弘載，淳安人。舉鄉試第一。正統十年，會試、殿試皆第一。終明之世，三試第一者，輅一人而已。除修撰，尋與劉儼等十人進學東閣。輅丰姿瓌偉，帝親簡爲展書官。郕王監國，以陳循、高穀薦入內閣，參機務。徐珵倡南遷議，輅力沮之。其冬，進侍讀。景泰元年遣迎上皇於居庸，進學士。

三年，錦衣指揮盧忠令校尉上變，告上皇與少監阮浪、內使王瑤圖復位。帝震怒，捕二人下詔獄，窮治之。忠筮於術者同寅，寅以大義折之，且曰：「此大凶兆，死不足贖。」忠懼，佯狂以冀免。輅及中官王誠言於帝曰：「忠病風，無足信，不宜聽妄言，傷大倫。」帝意少解。乃並下忠獄，坐以他罪，降爲事官立功。殺瑤，錮浪於獄，事得不竟。

太子既易，進兵部左侍郎，兼左春坊大學士如故，賜第南薰里。塞上腴田率爲勢豪侵據，輅請覈還之軍。開封、鳳陽諸府饑民流濟寧、臨淸間，爲有司驅逐。輅憂其爲變，請招墾畿內八府閒田，給糧種，民皆有所歸。鍾同、章綸下獄，輅力捄得無死。〔二〕寰宇通志成，加兼太常卿。

景帝不豫，羣臣請建東宮，不許。將繼奏，輅援筆曰：「陛下宜宗章皇帝之子，當立章皇帝子孫。」聞者感動。以日暮，奏未入，而是夜石亨輩已迎復上皇。明日，王文、于謙等被收，召輅與高穀入便殿，溫旨諭之，命草復位詔。亨密語輅，赦文毋別具條欵。輅曰：「舊制也，不敢易。」亨輩不悅，諷言官劾輅朋奸，下之獄。輅上書自愬復儲疏在禮部，可覆驗，不省。中官興安稍解之，帝愈怒。安曰：「向者此輩創議南遷，不審置陛下何地。」帝意漸釋，乃斥爲民。然帝每獨念「輅，朕所取士，嘗與姚夔侍東宮」，不忍棄之。以忌者，竟不復用。

成化三年二月召至京，命以故官入閣。輅疏辭，帝曰：「先帝已知卿枉，其勿辭。」首陳勤學、納諫、儲將、防邊、省冗官、設社倉、崇先聖號、廣造士法，凡八事。帝嘉納之。其言納諫也，請召復元年以後建言被斥者。於是羅倫、孔公恂等悉復官。

明年，彗星見，給事中董旻、御史胡深等劾不職大臣，並及輅。御史林誠詆輅嘗與易儲，不宜用，帝不聽，輅因求罷。帝怒，命廷鞫諸言者，欲加重譴。輅曰：「臣嘗請優容言者，今論臣反責之，如公論何。」帝悅，旻等各予杖復職。尋進兵部尚書。久之，進戶部。宋元通鑑綱目成，改兼文淵閣大學士。皇太子立，加太子少保，進吏部尚書。十三年進謹身殿大學士。

輅爲人，平粹簡重，寬厚有容，至臨大事，決大議，毅然莫能奪。

仁壽太后莊戶與民爭田，帝欲徙民塞外。輅曰：「天子以天下爲家，安用皇莊爲。」事遂寢。乾清宮門災，工部請採木川、湖。輅言宜少緩，以存警畏，從之。

悼恭太子薨，帝以繼嗣爲憂。紀妃生皇子，六歲矣，左右畏萬貴妃，莫敢言。久之，乃聞於帝。帝大喜，欲宣示外廷，遣中官至內閣諭意。輅請敕禮部擬上皇子名，於是廷臣相率稱賀。帝卽命皇子出見廷臣。越數日，帝復御文華殿，皇子侍，召見輅及諸閣臣。輅頓首曰：「陛下踐祚十年，儲副未立，天下引領望久矣。當卽立爲皇太子，安中外心。」帝頷之。是冬，遂立皇子爲皇太子。

初，帝召見皇子留宮中，而紀妃仍居西內。輅恐有他患，難顯言，偕同官上疏曰：「皇子聰明岐嶷，國本攸繫。重以貴妃保護，恩踰己出。但外議謂皇子母因病別居，久不得見。宜移就近所，俾母子朝夕相接，而皇子仍藉撫育於貴妃，宗社幸甚。」由是紀妃遷永壽宮。踰月，妃病篤，輅請曰：「如有不諱，禮宜從厚。」且請命司禮監奉皇子，過妃宮問視，及製衰服行禮。帝皆是之。

帝將復郕王位號，下廷議。輅極言王有社稷功，位號當復，帝意遂決。帝建玉皇閣於宮北，命內臣執事，禮與郊祀等，輅等爭罷之。黑眚見，疏弭災八事，曰：番僧國師法王，毋濫賜印章；四方常貢外，勿受玩好；許諸臣直言；分遣部使慮囚，省冤獄；停不急營造；實三邊軍儲；守沿邊關隘；設雲南巡撫。帝優詔褒納。

中官汪直之督西廠也，數興大獄。輅率同官條直十一罪，言：「陛下委聽斷於直，直又寄耳目於羣小如韋瑛輩。皆自言承密旨，得顓刑殺，擅作威福，賊虐善良。陛下若謂擿奸禁亂，法不得已，則前此數年，何以帖然無事。且曹欽之變，由逯杲刺事激成，可爲懲鑒。自直用事，士大夫不安其職，商賈不安於途，庶民不安於業，若不亟去，天下安危未可知也。」帝愠曰：「用一內豎，何遽危天下，誰主此奏者？」命太監懷恩傳旨，詰責厲甚。輅正色曰：「朝臣無大小，有罪皆請旨逮問，直擅抄沒三品以上京官。大同、宣府，邊城要害，守備俄頃不可缺，直一日械數人。南京，祖宗根本地，留守大臣，直擅收捕。諸近侍在帝左右，直輒易置。直不去，天下安得無危？」萬安、劉珝、劉吉亦俱對，引義慷慨，恩等屈服。輅顧同列謝曰：「諸公皆爲國如此，輅復何憂。」會九卿項忠等亦劾直，是日遂罷西廠。直雖不視廠事，寵幸如故。譖輅嘗納指揮楊曄賄，欲脫其罪。輅不自安，而御史戴縉復頌直功，請復西廠，輅遂力求去。詔加少保，賜敕馳傳歸。輅既去，士大夫益俛首事直，無敢與抗者矣。

錢溥嘗以不遷官，作禿婦傳以譏輅。高瑤請復景帝位號，黎淳疏駁，極詆輅。輅皆不爲較，待之如平時。萬貴妃重輅名，出父像，屬爲贊，遺金帛甚厚。輅力辭，使者告以妃意。輅曰：「非上命，不敢承也。」貴妃不悅，輅終不顧。其和而有執如此。

及謝政，劉吉過之，見其子孫林立，歎曰：「吉與公同事歷年，未嘗見公筆下妄殺一人，宜天之報公厚。」輅曰：「正不敢使朝廷妄殺一人耳。」居十年卒，年七十三。贈太傅，謚文毅。

子良臣，成化初進士，官翰林侍講。

劉定之，字主靜，永新人。幼有異稟。父授之書，日誦數千言。不令作文，一日偶見所爲祀竈文，大異之。舉正統元年會試第一，殿試及第，授編修。

京城大水，應詔陳十事，言：「號令宜出大公，裁以至正，不可苟且數易。公卿侍從，當數召見，察其才能心術而進退之。降人散處京畿者，宜漸移之南方。郡縣職以京朝官補，使迭相出入，內外無畸重。薦舉之法，不當拘五品以上。可倣唐制，朝臣遷秩，舉一人自代，吏部籍其名而簡用之。武臣子孫，教以韜略。守令牧養爲先務，毋徒取幹辦。羣臣遭喪，乞永罷起復以敎孝。僧尼蠹國當嚴絕。富民輸粟授官者，有犯宜追奪。」疏入留中。十三年，弟寅之與鄉人相訐，辭連定之，下獄，得白。秩滿，進侍講。

景帝卽位，復上言十事，曰：

自古如晉懷、愍，宋徽、欽，皆因邊塞外破，藩鎮內潰，救援不集，馴致播遷。未有若今日以天下之大，數十萬之師，奉上皇於漠北，委以與寇者也。晉、宋遭禍亂，棄故土，偏安一隅，尙能奮於旣衰，以禦方張之敵。未有若今日也先乘勝直抵都城，以師武臣之衆，〔二〕旣不能奮武以破賊，又不能約和以迎駕，聽其自來而自去者也。國勢之弱，雖非旦夕所能强，豈可不思自强之術而力行之。臣愚敢略陳所見。

近日京軍之戰，但知堅壁持重，而不能用奇制勝。至前敗而後不救，左出而右不隨。謂宜倣宋吳玠、吳璘三疊陣法，互相倚恃，迭爲救護。至鐵騎衝突，必資刀斧以制之。郭子儀破安祿山八萬騎，用千人執長刀如牆而進。韓世忠破兀朮拐子馬，用五百人執長斧，上揕人胸，下斫馬足。是刀斧揮霍便捷，優於火鎗也。

紫荆、居庸二關，名爲關塞，實則坦途。今宜增兵士，繕亭障，塞蹊隧。陸則縱横掘塹，名曰地網。水則豬泉令深，名曰水櫃。或多植榆柳，以制奔突，或多招鄉勇，以助官軍。此皆古所嘗爲，已有明效。

往者奉使之臣，充以驛人駔夫，招釁啓戎，職此之故。今宜擇内藴忠悃，外工專對，若陸賈、富弼其人者，使備正介之選，庶不失辭辱國。

臣於上皇朝，乞徙漠北降人，知謀短淺，未蒙採納。比乘國釁，奔歸故土，寇掠畿甸者屢見告矣。宜乘大兵聚集時，遷之南方。使與中國兵民相錯雜，以牽制而變化之。且可省俸給，減漕輓，其事甚便。

天下農出粟，女出布，以養兵也。兵受粟於倉，受布於庫，以衞國也。向者兵士受粟布於公門，納月錢於私室。於是手不習擊刺之法，足不習進退之宜。第轉貨爲商，執技爲工，而以工商所得，補納月錢。民之膏血，兵之氣力，皆變爲金銀以惠奸宄。一旦率以臨敵，如驅羊拒狼，幾何其不敗也。今宜痛革其弊，一新簡練之政，將帥踵舊習者誅毋赦。如是而兵威不振者，未之有也。

守令朘民，猶將帥之剝兵也。宜嚴糾考，愼黜陟。犯贓者舉主與其罰，然後貪墨者寡，薦舉者愼，民安而邦本固矣。

古販繒屠狗之夫，俱足助成帝業。今于謙、楊善亦非出自將門。然將能知將，宜令各舉所知，不限門閥。公卿侍從，亦令舉勇力知謀之士，以備將材。庶搜羅既廣，禦侮有人。

昔者漢圖恢復，所恃者諸葛亮。南宋禦金，所恃者張浚。彼皆忠義夙著，功業久立。及街亭一敗，亮辭丞相。符離未捷，浚解都督。何則？賞罰明則將士奮也。昨德勝門下之戰，未聞摧陷强寇，但迭爲勝負，互殺傷而已。雖不足罰，亦不足賞。乃石亭則自伯進侯，于謙則自二品遷一品。天下未聞其功，但見其賞，豈不怠忠臣義士之心乎？可令仍循舊秩，勿躐新階，他日勛名著而爵賞加，正未爲晚。夫既與不忍奪者，姑息之政；既進不肯退者，患失之心。上不行姑息之政，下不懷患失之心，則治平可計日而望也。

向者御史建白，欲令大臣入內議政，疏寢不行。夫人主當總攬威權，親決機務。政事早朝未決者，日御便殿，使大臣敷奏。言官察其邪正而糾劾之，史官直書簡册，以示懲勸。此前代故事，祖宗成法也，願陛下遵而行之。若僅封章入奏，中旨外傳，恐偏聽獨任，致生奸亂，欲治化之成難矣。

人主之德，欲其明如日月以察直枉，仁如天地以覆羣生，勇如雷霆以收威柄。故司馬光之告君，以仁明武爲言，卽中庸所謂知仁勇也。知仁勇非學而能之哉？夫經莫要於尙書、春秋，史莫正於通鑑綱目。陛下留心垂覽。其於君也，旣知禹、湯、文、武之所以興，又知桀、紂、幽、厲之所以替，而趨避審矣。於馭內臣也，旣知有呂强、張承業之忠，又知有仇士良、陳弘志之惡；於馭廷臣也，旣知有蕭、曹、房、杜之良，又知有李林甫、楊國忠之奸，而用舍當矣。如是則於知仁勇之德，豈不大有助哉。苟徒如嚮者儒臣進講，誦述其善，諱避其惡，是猶恐道路之有陷穽，閉目而過之，其不至於冥行顚仆者幾何。

今天下雖遭大創，尙如金甌之未缺。誠能本聖學以見之政治，臣見國勢可强，讐恥可雪，兄弟之恩可全，祖宗之制可復，亦何憚而不爲此。

書奏，帝優詔答之。

三年遷洗馬。也先使者乞遣報使，帝堅不許。定之疏引故事以請，帝下廷議，竟不果遣。久之，遷右庶子。天順改元，調通政司左參議，仍兼侍講，尋進翰林學士。憲宗立，進太常少卿，兼侍讀學士，直經筵。

成化二年十二月以本官入直文淵閣，進工部右侍郎，兼翰林學士。江西、湖廣災，有司方徵民賦。定之言國儲充積，倉庾至不能容，而此張口待哺之氓，乃責其租課，非聖主恤下意。帝感其言，卽命停徵。四年進禮部左侍郞。萬貴妃專寵，皇后希得見，儲嗣未兆。郕王女及笄未下嫁。定之因久旱，並論及之。且請經筵兼講太祖御製諸書，斥異端邪教，勿令害政耗財。帝留其疏不下。五年卒官。贈禮部尙書，謚文安。

定之謙恭質直，以文學名一時。嘗有中旨命製元宵詩，內使却立以俟。據案伸紙，立成七言絕句百首。又嘗一日草九制，筆不停書。有質宋人名字者，就列其世次，若譜系然，人服其敏博。

贊曰：英宗之復辟也，當師旅饑饉之餘，民氣未復，權奸內訌，柱石傾移，朝野多故，時事亦孔棘矣。李賢以一身搘拄其間，沛然若有餘。奬厲人材，振飭綱紀。迨憲、孝之世，名臣相望，猶多賢所識拔。偉哉宰相才也。彭時、商輅侃侃守義，盡忠獻納，粹然一出於正。其於慈懿典禮，非所謂善成君德者歟。輅科名與宋王曾、宋庠埒，德望亦無媿焉。呂原、岳正、劉定之雖相業未優，而原之行誼，正之氣概，定之之建白，咸有可稱，故以時次，並列於篇。

## 校勘記

〔一〕鍾同章綸下獄畧力捄得無死　本書卷一一景帝紀作「杖章綸、鍾同於獄，同卒」。卷一六二鍾同傳言同被杖死，英宗實錄卷二五七景泰六年八月庚申稱「同竟死」。與此互異。

〔二〕以師武臣之衆　明經世文編卷四八頁三七六劉定之建言邊務十事疏作「數十萬之衆」。

# 明史卷一百七十七

## 列傳第六十五

### 王翺　年富　王竑　李秉　姚夔　王復　林聰　葉盛

王翺，字九皋，鹽山人。永樂十三年，初會試貢士於行在。帝時欲定都北京，思得北士用之。翺兩試皆上第，大喜。特召賜食，改庶吉士，授大理寺左寺正，左遷行人。

宣德元年以楊士奇薦，擢御史。時官吏有罪，不問重輕，許運磚還職。翺請犯贓吏但許贖罪，不得復官，以懲貪黷。帝從之。五年巡按四川。松潘蠻竊發，都督陳懷駐成都，相去八百餘里，不能制。翺上便宜五事：請移懷松潘；而松茂軍糧於農隙齊力起運，護以官軍，毋專累百姓，致被劫掠；吏不給由爲民蠹，令自首毋隱；州縣土司徧設社學；會川銀場歲運米八千餘石給軍，往返勞費，請令有罪者納粟自贖。詔所司議詳運糧事，而還蠹吏北京，餘悉允行。

英宗即位，廷議遣文武大臣出鎭守。擢翺右僉都御史，偕都督武興鎭江西，懲貪抑奸，吏民畏愛。正統二年召還院。四年，處州賊流劫廣信，命翺往捕，盡俘以還。是年冬，松潘都指揮趙諒誘執國師商巴，掠其財，與同官趙得誣以叛。其弟小商巴怒，聚衆剽掠。命翺及都督李安軍二萬征之。而巡按御史白其枉，詔審機進止。翺至，出商巴於獄，遣人招其弟，撫定餘黨，而劾誅諒，戍得，復商巴國師。松潘遂平。六年代陳鎰鎭陝西，軍民之借糧不能償者，覈免之。

七年冬，提督遼東軍務。翺以軍令久弛，寇至，將士不力戰，因諸將庭謁，責以失律罪，命左右曳出斬之。皆惶恐叩頭，願効死贖。翺乃躬行邊，起山海關抵開原，繕城垣，濬溝塹。五里爲堡，十里爲屯，使烽燧相接。練將士，室鰥寡。軍民大悅。又以邊塞孤遠，軍餉匱，緣俗立法，令有罪得收贖。十餘年間，得穀及牛羊數十萬，邊用以饒。

八年以九載滿，進右副都御史。指揮孫璟鞭殺戍卒，其妻女哭之亦死。他卒訴璟殺一家三人。翺曰：「卒死法，妻死夫，女死父，非殺也。」命璟償其家葬薶費，璟感激。後參將遼東，追敵三百里，事李秉爲名將。

十二年與總兵曹義等出塞，擊兀良哈，擒斬百餘人，獲畜產四千六百，進右都御史。十四年，諸將破敵廣平山，進左。脫脫不花大舉犯廣寧，翺方閱兵，寇猝至，衆潰。翺入城自保。或謂城不可守，翺手劍曰：「敢言棄城者斬。」寇退，坐停俸半載。

景泰三年召還掌院事。易儲，加太子太保。潯、梧瑤亂，總兵董興、武毅推委不任事，于謙請以翁信、陳旺易之，而特遣一大臣督軍務，乃以命翺。兩廣有總督自翺始。翺至鎮，將吏讋服，推誠撫諭，瑤人嚮化，部內無事。明年召入爲吏部尚書。初，何文淵協王直掌銓，多私，爲言官攻去。翺代，一循成憲。

天順改元，直致仕，翺始專部事。石亨欲去翺，翺乞休。已得請，李賢力爭乃留。及賢爲亨所逐，亦以翺言留，兩人相得歡甚。帝每用人必咨賢，賢以推翺，以是翺得行其志。

帝眷翺厚，時召對便殿，稱先生不名。而翺年幾八十，多忘，嘗令郎談倫隨入。〔一〕帝問故，翺頓首曰：「臣老矣，所聆聖諭，恐遺悞，令此郎代識之，其人誠謹可信也。」帝喜。吏部主事曹恂已遷江西參議，遇疾還，翺以聞。命以主事回籍。恂怒，伺翺入朝，捽翺胸，摑其面，大聲詬詈。事聞，下詔獄。翺具言恂實病，得斥歸，時服其量。

五年加太子少保。成化元年進太子太保，雨雪免朝參。屢疏乞歸，輒慰留，數遣醫視疾。三年，疾甚，乃許致仕。未出都卒，年八十有四。贈太保，〔二〕謚忠肅。

翺在銓部，謝絕請謁，公餘恒宿直廬，非歲時朔望謁先祠，未嘗歸私第。每引選，或值召對，侍郎代選。歸雖暮，必至署閱所選，惟恐有不當也。論薦不使人知，曰：「吏部豈快恩怨地耶。」自奉儉素。景帝知其貧，爲治第鹽山。孫以廕入太學，不使應舉，曰：「勿妨寒士路。」壻賈傑官近畿，翺夫人數迎女，傑恚曰：「若翁典銓，移我官京師，反手爾，何往來不憚煩也。」夫人聞之，乘間請翺。翺怒，推案，擊夫人傷面。傑卒不得調。其自遼東還朝也，中官同事者重翺，贐明珠數顆，翺固辭。其人曰：「此先朝賜也，公得毋以贓卻我乎。」不得已，納而藏焉。中官死，召其從子還之。爲都御史時，夫人爲娶一妾，逾半歲語翺。翺怒曰：「汝何破我家法。」卽日具金幣返之。妾終不嫁，曰：「豈有大臣妾嫁他人者。」翺卒，妾往奔喪，其子養之終身。李賢嘗語人曰：「皐陶言九德，王公有其五：亂而敬，擾而毅，簡而廉，剛而塞，强而義也。」然性頗執。嘗有詔舉賢良方正、經明行修及山林隱逸士。至者率下部試，翺黜落，百不取一二。性不喜南士。英宗嘗言：「北人文雅不及南人，顧質直雄偉，緩急當得力。」翺由是益多引北人。晚年徇中官郭聰囑，爲都御史李秉所劾，翺自引伏，蓋不無小損云。子孫世官錦衣千戶。

年富，字大有，懷遠人。本姓嚴，訛爲年。以會試副榜授德平訓導。年甫踰冠，嚴重如老儒。

宣德三年課最，擢吏科給事中。糾正違失，務存大體。帝以六科任重，命科擇二人掌其事，乃以富與賈銓並掌刑科。都御史顧佐等失入死罪十七人，富劾之。帝詰責佐等。

英宗嗣位，上言：「永樂中，招納降人，縻以官爵，坐耗國帑，養亂招危，宜遣還故土。府軍前衞幼軍，本選民間子弟，隨侍青宮。今死亡殘疾，僉補爲擾。請於二十五所內，以一所補調，勿更累民。軍民之家，規免稅徭，冒僧道者累萬，宜悉遣未度者復業。」議多施行。

遷陝西左參政，尋命總理糧儲。陝西歲織綾絹氈毼九百餘匹。永樂中，加織駞毼五十匹，富請罷之。官吏諸生衞卒祿廩，率以邊餉減削，富請復其舊。諸邊將校占墾腴田有至三四十頃者，富奏每頃輸賦十二石。都督王禎以爲過重，疏爭之。廷議減三之二，遂爲定額。又會計歲用，以籌軍餉，言：「臣所部歲收二稅百八十九萬石，屯糧七十餘萬石。其間水旱流移，蠲逋負，大率三分減一，而歲用乃至百八十餘萬，入少出多。今鎭守諸臣不量國計，競請益兵，餉何由給。請減冗卒，汰駑馬，杜侵耗之弊。」帝可其奏。三邊士馬，供億浩繁。軍民疲遠輸，豪猾因緣爲奸利。富量遠近，定徵科，出入愼鈎考，宿弊以革，民困大蘇。富遇事，果敢有爲，權勢莫能撓，聲震關中。然執法過嚴，僥倖者多不悅，以是屢遭誣謗。陝西文武將吏恐失富，咸上章陳其勞，乃得停俸留任。

九載滿，遷河南右布政使。復有言富苛虐者，帝命覈舉主，將坐之。既知舉富者，少師楊溥也，意乃解。富至河南，歲饑，流民二十餘萬，〔三〕公剽掠。巡撫于謙委富輯之，皆定。土木敗後，邊境道阻，部檄富轉饟，無後期者，進左。

景泰二年春，以右副都御史巡撫大同，提督軍務。時經喪敗，法弛，弊尤甚。富一意拊循，奏免秋賦，罷諸州縣稅課局，停太原民轉餉大同。武淸侯石亨、武安侯鄭宏、武進伯朱瑛，令家人領官庫銀帛，糴米實邊，多所乾沒。富首請按治。詔宥亨等，抵家人罪。亨所遣卒越關抵大同，富復劾亨專擅。亨輸罪。已，劾襄垣王府荣戶，又杖其廚役之署教授事者。又劾分守中官韋力轉、參將石彪及山西參政林厚罪。是時，富威名重天下，而諸豪家愈側目，相與摭富罪。于謙方當事，力保持之。帝亦知富深，故得行其志。林厚力詆富，帝曰：「厚怨富，誣富耳。朕方付富邊事，豈輕聽人言加辱耶。」削厚官。

六年，母憂，起復。七年，富上言：「諸邊鎭守監鎗內官增於前，如陽和、天城，一城二人，擾民殊甚，請減汰。」事格不行。又言：「高皇帝定制，軍官私罪收贖，惟笞則然。杖即降授，徒流俱充軍，律明甚。近犯贓者，輕皆復職，重惟立功。刑不足懲，更無顧憚。此皆法官過也。」下廷議，流徒輸贖如故，惟於本衞差操，不得領軍。英國公張懋及鄭宏各置田莊於邊境，歲役軍耕種，富劾之，還軍於伍。

天順元年革巡撫官，富亦罷歸。頃之，石彪以前憾劾富，逮下詔獄。帝問李賢，賢稱富能袪弊。帝曰：「此必彪爲富抑，不得逞其私耳。」賢曰：「誠如聖諭，宜早雪之。」諭門達從公問事。果無驗，乃令致仕。

明年，以廷臣薦，起南京兵部右侍郎，未上，改戶部，巡撫山東。道聞屬邑蝗，馳疏以聞。改左副都御史，巡撫如故。官吏習富威名，望之讋服，豪猾屛跡。

四年春，戶部缺尙書，李賢舉富，左右巧阻之。帝語賢曰：「戶部非富不可，人多不喜富，此富所以爲賢也。」特召任之。富酌贏縮，謹出納，躬親會計，吏不能欺。事關利害者，僚屬或不敢任，富曰：「第行之，吾當其責，諸君毋署名可也。」由是部事大理。丁父憂，奪哀如初。

憲宗立，富以陝西頻用兵，而治餉者非人，請黜左布政孫毓，用右布政楊璿、參政婁良、西安知府余子俊。吏部尙書王翺論富侵官，請下於理。富力辯曰：「薦賢爲國，非有所私也。」因乞骸骨。帝慰留之，爲黜毓。頃之，病疽卒。賜謚恭定。

富廉正强直，始終不渝，與王翺同稱名臣。初，英宗嘗諭李賢曰：「戶部如年富不易得。」賢對曰：「若他日繼翺爲吏部，非富不可。」然性好疑，尤惡干請。屬吏黠者，故反其意嘗之。欲事行，故言不可；卽不行，故言可。富輒爲所賣。

王竑，字公度，其先江夏人。祖俊卿，坐事戍河州，遂著籍。竑登正統四年進士。十一年授戶科給事中，豪邁負氣節，正色敢言。

英宗北狩，郕王攝朝午門，羣臣劾王振誤國罪。讀彈文未起，王使出待命。衆皆伏地哭，請族振。錦衣指揮馬順者，振黨也，厲聲叱言者去。竑憤怒，奮臂起，捽順髮呼曰：「若曹奸黨，罪當誅，今尚敢爾！」且罵且齧其面，衆共擊之，立斃，朝班大亂。王恐，遽起入，竑率羣臣隨王後。王使中官金英問所欲言，曰：「內官毛貴、王長隨亦振黨，請置諸法。」王命出二人。衆又捶殺之，血漬廷陛。當是時，竑名震天下，王亦以是深重竑。且召諸言官，慰諭甚至。

王卽帝位，也先犯京師，命竑與王通、楊善守禦京城，擢右僉都御史，督毛福壽、高禮軍。寇退，詔偕都指揮夏忠等鎭守居庸。竑至，簡士馬，繕阨塞，劾將帥不職者，壁壘一新。

景泰元年四月，浙江鎭守中官李德上言：「馬順等有罪，當請命行誅，諸臣乃敢擅殺。非有內官擁護，危矣。是皆犯闕賊臣，不宜用。」章下廷議。于謙等奏曰：「上皇蒙塵，禍由賊振，順等實振腹心。陛下監國，羣臣共請行戮，而順猶敢呵叱。是以在廷文武及宿衞軍士忠憤激發，不暇顧忌，捶死三人。此正春秋誅亂賊之大義也。向使乘輿播遷，奸黨猶在，國之安危殆未可知。臣等以爲不足問。」帝曰：「誅亂臣，所以安衆志。廷臣忠義，朕已知之，卿等勿以德言介意。」八月，竑以疾還朝。尋命同都督僉事徐恭督漕運，治通州至徐州運河。明年，尚寶司檢順牙牌不得，順子請責之竑，帝許焉。諸諫官言：「順黨奸罪重，廷臣共除之，遑問牙牌。且非竑一人事，若責之竑，忠臣懼矣。」乃寢前旨。是年冬，耿九疇召還，敕竑兼巡撫淮、揚、廬三府，徐、和二州，又命兼理兩淮鹽課。

四年正月以災傷疊見，方春盛寒，上言：「請敕責諸臣痛自修省，省刑薄斂，罷無益之工，嚴無功之賞，散財以收民心，愛民以植邦本。陛下益近親儒臣，講道論德，進君子，退小人，以回天意。」且引罪乞罷。帝納其言，遂下詔修省，求直言。

先是，鳳陽、淮安、徐州大水，道殣相望，竑上疏奏，不待報，開倉振之。至是山東、河南饑民就食者坌至，廩不能給。惟徐州廣運倉有餘積，竑欲盡發之，典守中官不可。竑往告曰：「民旦夕且爲盜。若不吾從，脫有變，當先斬若，然後自請死耳。」中官憚竑威名，不得已從之。竑乃自劾專擅罪，因言「廣運所儲僅支三月，請令死罪以下，得於被災所入粟自贖」。帝復命侍郎鄒幹齎帑金馳赴，聽便宜。竑乃躬自巡行散振，不足，則令沿淮上下商舟，量大小出米，全活百八十五萬餘人。勸富民出米二十五萬餘石，給饑民五十五萬七千家。賦牛種七萬四千餘，復業者五千五百家，他境流移安輯者萬六百餘家。病者給藥，死者具櫬，所鬻子女贖還之，歸者予道里費。人忘其饑，頌聲大作。初帝聞淮、鳳饑，憂甚。及得竑發廣運倉自劾疏，喜曰：「賢哉都御史，活我民矣。」尚書金濂、大學士陳循等皆稱竑功。是年十月，就進左副都御史。時濟寧亦饑，帝遣尚書沈翼齎帑金三萬兩往振。翼散給僅五千兩，餘以歸京庫。竑劾翼奉使無狀，請仍易米備振，從之。

明年二月上言：「比年饑饉薦臻，人民重困。頃冬春之交，雪深數尺，淮河抵海冰凍四十餘里，人畜僵死萬餘，弱者鬻妻子，强者肆劫敓，衣食路絕，流離載途。陛下端居九重，大臣安處廊廟，無由得見。使目擊其狀，未有不爲之流涕者也。陛下嗣位以來，非不敬天愛民，而天變民窮特甚者，臣竊恐聖德雖修而未至，大倫雖正而未篤，賢才雖用而未收其效，邪佞雖屏而未盡其類，仁愛施而實惠未溥，財用省而上供未節，刑罰寬而冤獄未伸，工役停而匠力未息，法制頒而奉行或有更張，賦稅免而有司或仍牽制。有一於此，皆足以干和召變。伏望陛下修厥德以新厥治。欽天命，法祖宗，正倫理，篤恩義，戒逸樂，絕異端，斯修德有其誠矣。進忠良，遠邪佞，公賞罰，寬賦役，節財用，戒聚斂，却貢獻，罷工役，斯圖治有其實矣。如是而災變不息，未之有也。」帝褒納之，敕內外臣工同加修省。

六年，霍山民趙玉山自稱宋裔，以妖術惑衆爲亂，竑捕獲之。先後劾治貪濁吏，革糧長之蠹民者，民大稱便。

視之。

英宗復辟，革巡撫官，改竑浙江參政。數日，石亨、張軏追論竑擊馬順事，除名，編管江夏。居半歲，帝於宮中得竑疏，見「正倫理，篤恩義」語，感悟。命遣官送歸田里，敕有司善視之。

天順五年，孛來寇莊浪，都督馮宗等出討。用李賢薦，起竑故官，與兵部侍郎白圭參贊軍務。明年正月，竑與宗擊退孛來於紅崖子川。圭等還，竑仍留鎭。至冬，乃召還。明年春，復令督漕撫淮、揚。淮人聞竑再至，歡呼迎拜，數百里不絕。

憲宗卽位，給事中蕭斌、御史呂洪等，共薦竑及宣府巡撫李秉堪大用。下廷議，尙書王翺、大學士李賢請從其言。帝曰：「古人君夢卜求賢，今獨不能從輿論所與乎？」卽召竑爲兵部尙書，秉爲左都御史。命下，朝野相慶。

時將用兵兩廣，竑擧韓雍爲總督。雍新得罪，衆難之。竑曰：「天子方棄瑕錄用，雍有罪不當用，竑非罪廢者耶？」卒用雍。竑條上進剿事宜，且言將帥征討，毋得奏攜私人，妄冒首功。又請復京營舊額，禁勢家豪帥擅役禁軍。於是命竑同給事中、御史六人簡閱十二營軍士。竑以擇兵不若擇將，共奏罷營職八十餘人，而愼簡材武補之。

兵部淸理貼黃缺官，竑偕諸大臣擧修撰岳正、都給事中張寧，爲李賢所沮，竟出二人於外，幷罷會擧例。竑憤然曰：「吾尙可居此耶？」卽引疾求退。帝方嚮用竑，優詔慰留，日遣醫視疾。竑請益切。九月命致仕去。竑爲尚書一年，謝病者四月，人以未竟其用爲惜。既去，中外薦章百十上，並報寢。

初，竑號其室曰「戇庵」。既歸，改曰「休庵」。杜門謝客，鄉人希得見。時李秉亦罷歸，日出入里閈，與故舊談笑遊燕。竑聞之曰：「大臣何可不養重自愛。」秉聞之，亦笑曰：「所謂大臣，豈以立異鄉曲、尙矯激爲賢哉。」時兩稱之。竑居家二十年，弘治元年十二月卒，年七十五。正德間，贈太子少保，謚莊毅。淮人立祠祀之。

李秉，字執中，曹縣人。少孤力學，舉正統元年進士，授延平推官。沙縣豪誣良民爲盜而淫其室，秉捕治豪。豪誣秉，坐下獄。副使侯軏直之，論豪如法，由是知名。徵入都察院理刑，將授御史，都御史王文薦爲本院經歷，尋改戶部主事。宣府屯田爲豪占，秉往視，歸田於民，而請罷科索，邊人賴之。兩淮鹽課弊覺，逮數百人。秉往覈，搜得僞印，逮者以百。

景帝立，進郎中。景泰二年命佐侍郎劉璉督餉宣府，發璉侵牟狀。即擢右僉都御史代璉，兼參贊軍務。宣府軍民數遭寇，牛具悉被掠。朝廷遣官市牛萬五千給屯卒。人予直，市糴種。璡盡以畀京軍之出守者，一不及屯卒，更停其月餉，而徵屯糧甚急。秉盡反璡政，厚恤之。軍卒自城守外，悉得屯作。凡使者往來及宦官鎮守供億科斂者，皆奏罷，以官錢給費。尋上邊備六事，言：「軍以有妻者爲有家，月餉一石，無者減其四。即有父母兄弟而無妻，概以無家論，非義。當一體增給。」從之。時宣府億萬庫頗充裕，秉益召商中鹽納糧，料飭戎裝，市耕牛給軍，軍愈感悅。

三年冬命兼理巡撫事。頃之，又命提督軍務。秉盡心邊計，不恤嫌怨。劾都指揮楊文、楊鑑，都督江福貪縱，罪之。論守獨石內官弓勝田獵擾民，請徵還。又劾總兵官紀廣等罪，廣訐秉自解。帝召秉還，以言官交請，乃命御史練綱、給事中嚴誠往勘，卒留秉。時邊民多流移，秉廣行招徠，復業者奏給月廩。瘞土木、鷂兒嶺暴骸，乞推行諸塞。軍家爲寇所殺掠無依者，官爲養贍，或資遣還鄉。釐諸弊政，所條奏百十章，多允行。諜報寇牧近邊，廷議遣楊俊會宣府兵出剿。秉曰：「塞外原諸部牧地，非犯邊也。掩殺倖功，非臣所敢聞。」乃止。諸部質所掠男婦求易米，朝議成丁者予一石，幼者半之。諸部概乞一石，鎮將不可。秉曰：「是輕人重粟也。」如其言予之。自請專擅罪，帝以爲識體。

天順初，罷巡撫官，改督江南糧儲。初，江南蘇、松賦額不均。陳泰爲巡撫，令民田五升者倍征，官田重者無增耗，賦均而額不虧。秉至，一守其法。尋坐舉知府違例被逮，帝以秉過徵，宥之。復任，請滸墅關稅悉徵米備荒。又發內官金保監淮安倉科索罪。御史李周等左遷，秉疏救。帝怒，將罪之。會廷議復設巡撫，大臣薦秉才，遂命巡撫大同。都指揮孫英先以罪貶職還衞，總兵李文妄引詔書，令復職。秉至，卽斥之。裨將徐旺領騎卒操練，秉以旺不勝任，解其官。未幾，天城守備中官陳例久病，秉請易以羅付。帝責秉專擅，徵下詔獄。指揮門達幷以前舉知府、救御史及斥孫英等爲秉罪。法司希旨，斥爲民。居三年，用閣臣薦，起故官，涖南京都察院。憲宗立，進右副都御史，復撫宣府。數月，召拜左都御史。

成化改元，掌大計，黜罷貪殘，倍於其舊。明年秋，命整飭遼東抵大同邊備。至卽劾鎮守中官李良、總兵武安侯鄭宏失律罪，出都指揮裴顯於獄，舉指揮崔勝、傅海等，擊敵鳳皇山。捷聞，璽書嘉勞。秉乃往巡宣府、大同，更將帥，申軍令而還。未幾，命爲總督，與武清伯趙輔分五道出塞，大捷。帝勞以羊酒，賜麒麟服，加太子少保。

三年冬，吏部尙書王翺致仕，廷推代者，帝特擢秉任之。秉銳意澄仕路。監生需次八千餘人，請分別考核，黜庸劣者數百人，於是怨謗紛起。左侍郎崔恭以久次當得尙書，而秉得之，頗不平。右侍郎尹旻嘗學於秉，秉初用其言，旣而疎之。侍讀彭華附中貴，數以私干秉，秉不聽。胥怨秉。御史戴用請兩京堂上官及方面正佐，如正統間例，會廷臣保舉；又吏部司屬與各部均陞調，不得久擅要地，且驟遷。語侵吏部，吏部持之。帝令兩京官四品以上，吏部具缺，取上裁。而御史劉壁、吳遠、馮徽爭請仍歸吏部。帝怒，詰責言者。會朝覲考察，秉斥退者衆，又多大臣鄉故，衆怨交集。而大理卿王槩亦欲去秉代其位，乃與華謀，嗾同鄉給事中蕭彥莊劾秉十二罪，且言其陰結年深御史附己以攬權。帝怒，下廷議。恭、旻輒言「吾兩人諫之不聽」，刑部尚書陸瑜等附會二人意爲奏。帝以秉徇私變法，負任使，落秉太子少保致仕。所連鮑克寬、李沖調外任，丘陵、張穆、陳民弼、孫遇、李齡、柳春皆罷。命彥莊指秉所結御史，不能對。久之，以壁等三人名上，遂俱下詔獄，出之外。陵等實良吏有名，以讒黜，衆議不平。陵尤不服，連章訐彥莊。廷訊，陵詞直。帝惡彥莊誣罔，謫大寧驛丞。

方秉之被劾也，勢洶洶，且逮秉。秉謂人曰：「爲我謝彭先生，秉罪惟上所命。第毋令入獄，入則秉必不出，恐傷國體。」因具疏引咎，略不自辨。時天下舉子方會試集都下，奮罵曰：「李公天下正人，爲奸邪所誣。若罪李公，願罷我輩試以贖。」及帝薄責秉，乃已。秉行，官屬餞送，皆欷歔，有泣下者。秉慷慨揖諸人，登車而去。秉去，恭遂爲尙書。

秉誠心直道，夷險一節，與王竑並負重望。家居二十年，中外薦疏十餘上，竟不起。弘治二年卒。贈太子太保。後謚襄敏。

子聰、明、智，孫邦直，皆舉鄉試。聰，南宮知縣，以彥莊劾罷歸。明，建寧府同知。智，南陽府知府。邦直，寧波府同知；彥莊謫後，署大寧縣，以科斂爲盜所殺。

姚夔，字大章，桐廬人。孝子伯華孫也。正統七年進士，鄉、會試皆第一。明年授吏科給事中，陳時政八事。又言：「預備倉本振貧民。而里甲慮貧者不能償，輒隱不報。致稱貸富室，倍稱還之。收穫甫畢，遽至乏絕。是貧民遇凶年饑，豐年亦饑也。乞敕天下有司，歲再發廩，必躬勘察，先給其最貧者。」帝立命行之。

景帝監國，諸大臣議勸卽位，未決。以問諸言官，夔曰：「朝廷任大臣，正爲社稷計，何紛紛爲？」議遂定。也先薄京城，請急徵宣府、遼東兵入衞。景泰元年超擢南京刑部右侍郎。四年就改禮部，奉敕考察雲南官吏。還朝，留任禮部。

景帝不豫，尚書胡濙在告，夔强起之，偕羣臣疏請復太子。不允。明日，夔欲率百官伏闕請，而石亨輩已奉上皇復位，出夔南京禮部。〔四〕英宗雅知夔，及聞復儲議，驛召還，進左侍郎。天順二年改吏部。知府某以貪敗，賄石亨求復，夔執不可，遂止。七年代石瑁爲禮部尚書。

成化二年，帝從尚書李賓言，令南畿及浙江、江西、福建諸生，納米濟荒得入監。夔奏罷之。四年以災異屢見，疏請「均愛六宮，以廣繼嗣。乞罷西山新建塔院，斥遠阿吒哩之徒。勤視經筵，裁決庶政。親君子，遠小人，節用度，愛名器，服食言動，悉遵祖宗成憲，以回天意」。且言「今日能守成化初政足矣」。帝優旨答之。他所請十事，皆立報可。

慈懿太后崩，中旨議別葬，閣臣持不可，下廷議。夔言：「太后配先帝二十餘年，合葬升祔，典禮具在。一有不愼，違先帝心，損母后之德。他日有據禮議改者，如陛下孝德何。」疏三上，又率羣臣伏文華門哭諫。帝爲固請周太后，竟得如禮。後孝宗見夔及彭時疏，謂劉健曰：「先朝大臣忠厚爲國乃如此。」

彗星見，言官連劾夔，夔求去，不允。帝信番僧，有封法王、佛子者，服用僭擬無度。奸人慕之，競爲其徒。夔力諫，勢稍減。

五年代崔恭爲吏部尚書。雨雪失時，陳時弊二十事。七年加太子少保。彗星見，復偕羣臣陳二十八事，大要以絕求請，禁採辦，恤軍匠，減力役，撫流民，節宂費爲急。帝多採納。明年九月，南畿、浙江大水。夔請命廷臣共求安民弭患之術。每遇災異，輒請帝振恤，憂形於色。明年卒，贈少保，謚文敏。

夔才器宏遠，表裏洞達。朝議未定者，夔一言立決。其在吏部，留意人才，不避親故。

初，王翺爲吏部，專抑南人，北人喜之。至夔，頗右南人，論薦率能稱職。子璧，由進士歷官兵部郎中。項忠劾汪直，璧預其謀。直搆忠，連璧下獄，謫廣西思明同知，謝病歸。

夔從弟龍，與夔同舉進士，除刑部主事，累官福建左布政使。右布政使劉讓同年不相能。讓粗暴，龍亦乏清操。成化初入覲，王翺兩罷之。

王復，字初陽，固安人。正統七年進士。授刑科給事中。聲容宏偉，善敷奏。擢通政參議。也先犯京師，邀大臣出迎上皇。衆憚行，復請往。乃遷右通政，假禮部侍郎，與中書舍人趙榮偕。敵露刃夾之，復等不爲懾。還仍涖通政事，再遷通政使。天順中，歷兵部左右侍郎。

成化元年，延綏總兵官房能奏追襲河套部衆，有旨獎勞。復以七百里趨戰非宜，且恐以僥倖啓釁，請敕戒諭，帝是之。進尚書。錦衣千戶陳珏者，本畫工。及卒，從子錫請襲百戶。復言：「襲雖先帝命，然非軍功，宜勿許。」遂止。

毛里孩擾邊，命復出視陝西邊備。自延綏抵甘肅，相度形勢，上言：「延綏東起黃河岸，西至定邊營，接寧夏花馬池，縈紆二千餘里。險隘俱在內地，而境外乃無屏障，止憑墩堡以守。軍反居內，民顧居外。敵一入境，官軍未行，民遭掠已盡矣。又西南抵慶陽，相去五百餘里，烽火不接，寇至，民猶不知。其迤北墩堠，率皆曠遠，非禦邊長策。請移府谷、響水等十九堡，置近邊要地。而自安邊營接慶陽，自定邊營接環州，每二十里築墩臺一，計凡三十有四。隨形勢爲溝牆，庶息響相聞，易於守禦。」

其經略寧夏，則言：「中路靈州以南，本無亭燧。東西二路，營堡遼絕，聲聞不屬，致敵每深入。亦請建置墩臺如延綏，計爲臺五十有八。」

其經略甘肅，則言：「永昌、西寧、鎮番、莊浪俱有險可守。惟涼州四際平曠，敵最易入。又水草便利，輒經年宿留。遠調援軍，兵疲銳挫，急何能濟。請於甘州五衞內，各分一千戶所，置涼州中衞，給之印信。其五所軍伍，則於五衞內餘丁選補。且耕且練，斯戰守有資，兵威自振。」又言：「洪武間建東勝衞，其西路直達寧夏，皆列烽堠。自永樂初，北寇遠遁，因移軍延綏，棄河不守。誠使兵强糧足，仍準祖制，據守黃河，萬全計也。今河套未靖，豈能遽復，然亦宜因時損益。延綏將校視他鎮爲少，調遣不足，請增置參將二人，統軍九千，使駐要地，互相援接，實今日急務。」奏上，皆從之。

復在邊建置，多合機宜。及還朝，言者謂治兵非復所長。特命白圭代之，改復工部。謹守法度，聲名逾兵部。時中官請修皇城西北迴廊，復議緩其役。給事中高斐亦言災沴頻仍，不宜役萬人作無益。帝皆不許。中官領騰驤四衞軍者，請給胖襖鞋袴。復執不可，曰：「朝廷制此，本給征行之士，使得刻日戒途，無勞縫紉。京軍則歲給冬衣布棉，此成憲也，奈何渝之。」大應法王劄實巴死，中官請造寺建塔。復言：「大慈法王但建塔，未嘗造寺。今不宜創此制。」乃止命建塔，猶發軍四千人供役云。十四年加太子少保。

復好古嗜學，守廉約，與人無城府，當官識大體。居工部十二年，會災異，言官言其衰老，乞休。不許。居二月，汪直諷言官更劾復及鄒幹、薛遠。乃傳旨，並令致仕歸。久之，卒。贈太子太保，謚莊簡。

林聰，字季聰，寧德人。正統四年進士。授吏科給事中。〔三〕景泰元年進都給事中。時方多故，聰慷慨論事，無所諱。中官金英家人犯法，都御史陳鎰、王文治之，不罪英。聰率同列劾鎰、文畏勢縱奸，并及御史宋瑮、謝琚，皆下獄。已而復職。聰又言瑮、琚不任風紀，二人竟調外。中官單增督京營有寵，朝士稍忤者輒遭辱。家奴白晝殺人，奪民產，侵商稅。

聰發其奸，下詔獄，獲宥。增自是不敢肆。

三年春，疏言：「臣職在糾察刑獄。妖僧趙才興之疎族百口，律不當坐，而抄提至京。叛人王英，兄不知情，家口律不當逮，而俱配流所。雖終見原，然其始受害已不堪矣。湖廣巡撫蔡錫以劾副使邢端，爲所訐，繫獄經年，而端居職如故。侍郎劉璉督餉侵隱，不爲無罪，較沈固、周忱乾沒萬計，孰爲輕重？璉下獄追徵，而固、忱不問。犯人徐南與子中書舍人頣，俱坐王振黨當斬，乃論南大辟，頣止除名。皆刑罰之失平者。」帝是之。端下獄，璉得釋，南亦減死，除名。

東宮改建，聰有異論，遷春坊司直郎。四年春，學士商輅言聰敢言，不宜置之散地，乃復爲吏科都給事中。上言奪情非令典，請永除其令。帝納之。初，正統中，福建銀場額重，民不堪。聰恐生變，請輕之。時弗能用，已果大亂。及是復極言其害，竟得減免。

五年三月以災異偕同官條上八事，雜引五行諸書，累數千言。大略以絕玩好，謹嗜欲，爲崇德之本，而修人事，在進賢退奸。武清侯石亨、指揮鄭倫身享厚祿，而多奏求田地，百戶唐興多至一千二百餘頃，宜爲限制。餘如罷齋醮，汰僧道，慎刑獄，禁私役軍士，省輪班工匠，皆深中時弊。帝多採納。

先是，吏部尚書何文淵以聰言下獄，致仕去。及是，吏部除副使羅箎爲按察使，〔六〕參政李輅、僉事陳永爲布政使。聰疏爭之，幷言山西布政使王瑛老，宜罷。箎等遂還故官，瑛致仕。御史白仲賢以久次，擢廣東按察使。聰言仲賢奔競，不當超擢，乃遷鎭江知府。兵部主事吳誠夤緣得吏部，聰劾之，遂改工部。諸司憚聰風裁，聰所言，無敢不奉行者，吏部尤甚。內閣及諸御史亦並以聰好論建，弗善也。

其年冬，聰甥陳和爲敎官，欲得近地便養，聰爲言於吏部。御史黃溥等遂劾聰挾制吏部，幷前劾仲賢爲私其鄉人參政方員，欲奪仲賢官予之；與吳誠有怨，輒劾誠；福建參政許仕達囑聰求進，聰舉仕達堪巡撫。幷劾尙書王直阿聰。章下廷訊，坐專擅選法，論斬。高穀、胡濙力救。帝亦自知聰，止貶國子學正。

英宗復辟，超拜左僉都御史，出振山東饑，活饑民百四十五萬。還進右副都御史，捕江淮鹽盜。以便宜，擒戮渠魁數人，餘悉解散，而奏籍指揮之受盜賂者。母憂起復，再辭。不許。

天順四年，曹欽反。將士妄殺，至割乞兒首報功，市人不敢出戶。聰署院事，急令獲賊者必生致，濫殺爲止。錦衣官校惡欽殺指揮逯杲，悉捕欽姻識。千戶龔遂榮及外舅賀三亦在繫中。人知其冤，莫敢直，聰辨出之。其他湔雪者甚衆。七年冬，以刑部囚自縊，諸給事中劾紀綱廢弛，與都御史李賓俱下獄。尋釋。

成化二年，淮南、北饑，聰出巡視。奏貸漕糧及江南餘糧以振，民德之如山東。明年偕戶部尚書馬昂清理京軍，進右都御史。七年代王越巡撫大同。歲餘，遇疾致仕。再歲，以故官起掌南院。前掌院多不樂御史言事，聰獨獎勵之。或咎聰，聰曰：「己既不言，又禁他人言，可乎？」

十三年秋，召拜刑部尚書，尋加太子少保。聰以舊德召用，持大體，秉公論，不嚴而肅，時望益峻。十五年偕中官汪直、定西侯蔣琬按遼東失事狀。直庇巡撫陳鉞，聰不能爭，論者惜焉。十八年乞歸不得，卒於位，年六十八。贈少保，謚莊敏。

聰為諫官，嚴重不可犯。實恂恂和易，不為嶄絕之行。以故不肖者畏之，而賢者多樂就焉。景泰時，士大夫激昂論事，朝多直臣，率聰與葉盛為之倡。

葉盛，字與中，崑山人。正統十年進士。授兵科給事中。師覆土木，諸將多遁還，盛率同列請先正扈從失律者罪，且選將練兵，為復讎計。郕王即位，例有賞賚，盛以君父蒙塵辭。不許。

也先迫都城，請罷內府軍匠備征操。又請令有司儲糧料給戰士，遣散卒取軍器於天律，以張外援。三日間，章七八上，多中機宜。寇退，進都給事中。言：「勸懲之道，在明賞罰。敢戰如孫鏜，死事如謝澤、韓青，當賞。其他守禦不嚴，赴難不力者，皆當罰。」大臣陳循等議召還鎮守居庸都御史羅通，并留宣府都督楊洪掌京營。盛言：「今日之事，邊關爲急。往者獨石、馬營不棄，駕何以陷土木？紫荊、白羊不破，寇何以薄都城？今紫荊、倒馬諸關，寇退幾及一月，尚未設守禦。宣府爲大同應援，居庸切近京師，守之尤不可非人。洪等既留，必求如洪者代之，然後可以副重寄而集大功。」帝是之。尋命出安集陳州流民。

景泰元年還朝，言：「流民雜五方，其情不一。雖幸成編戶，而鬬爭讐殺時時有之，宜專官綏撫。」又言：「畿輔旱蝗相仍，請加寬恤。」帝多採納。京衞武臣及其子弟多驕惰不習兵。盛請簡拔精壯，備操守京城。勳戚所置市廛，月徵稅。盛以國用不足，請籍其稅佐軍餉。皆從之。明年，上弭災防患八事。帝以兵革稍息，頗事宴遊。盛請復午朝故事，立報可。當是時，帝虛懷納諫，凡六科聯署建請，多盛與林聰爲首。廷臣議事，盛每先發言，往復論難。與議大臣或不悅曰：「彼豈少保耶」，因呼爲「葉少保」。然物論皆推盛才。

擢右參政，督餉宣府。尋以李秉薦，協贊都督僉事孫安軍務。初，安嘗領獨石、馬營，龍門衞、所四城備禦。英宗既北狩，安以四城遠在塞外，勢孤，奏棄之內徙。至是廷議命安修復。盛與鬮草萊，葺廬舍，庀戰具，招流移，爲行旅置煖鋪，請帑金買牛千頭以賦屯卒，立社學，置義冢，療疾扶傷。兩歲間，四城及赤城、鵰鶚諸堡次第皆完，安由是進副總兵。而守備中官弓勝害安，奏安疾宜代。帝以問盛，言：「安爲勝所持，故病。今諸將無踰安者。」乃留安，且遣醫視疾。已又劾勝，卒調之他鎭。

英宗復位，盛遭父憂，奔喪。天順二年召爲右僉都御史，巡撫兩廣。乞終制，不許。瀧水猺鳳弟吉肆掠，督諸將生擒之。時兩廣盜蜂起，所至破城殺將。諸將怯不敢戰，殺平民冒功，民相率從賊。盛以蠻出沒不常，請自今攻劫城池者始以聞，餘止類奏。疏至兵部，駁不行。盛與總兵官顏彪破賊砦七百餘所。彪頗濫殺，謗者遂以咎盛。六年命吳禎撫廣西，而盛專撫廣東。

憲宗立，議事入都，給事中張寧等欲薦之入閣。以御史呂洪言遂止，而以韓雍代撫廣東。初，編修丘濬與盛不相能。大學士李賢入濬言，及是草雍敕曰：「無若葉盛之殺降也。」盛不置辨。稍遷左僉都御史，代李秉巡撫宣府。請量減中鹽米價，以勸商裕邊。復舉官牛官田之法，墾田四千餘頃。以其餘積市戰馬千八百匹，修堡七百餘所，邊塞益寧。

成化三年秋，入爲禮部右侍郎，偕給事中毛弘按事南京。還改吏部。出振眞定、保定饑，議淸莊田，分養民間種馬，置倉涿州、天津，積粟備荒，皆切時計。

滿都魯諸部久駐河套，兵部尙書白圭議以十萬衆大舉逐之，沿河築城抵東勝，徙民耕守。帝壯其議。八年春，敕盛往會總督王越，巡撫馬文升、余子俊、徐廷璋詳議。初，盛爲諫官，喜言兵，多所論建。既往來三邊，知時無良將，邊備久虛，轉運勞費，搜河套復東勝未可輕議。乃會諸臣上疏，言守爲長策。「如必決戰，亦宜堅壁清野，伺其惰歸擊之，令一大創，庶可遏再來。又或乘彼入掠，遣精卒進搗其巢，令彼反顧，內外夾擊，足以有功。然必守固，而後戰可議也。」帝善其言，而圭主復套。師出，竟無功。人以是服盛之先見。

八年轉左侍郎。十年卒，年五十五。諡文莊。

盛清修積學，尚名檢，薄嗜好，家居出入常徒步。生平慕范仲淹，堂寢皆設其像。志在君民，不爲身計，有古大臣風。

贊曰：天順、成化間，六部最稱得人。王翺等正直剛方，皆所謂名德老成人也。觀翺與李秉、年富之任封疆，王竑之擊奸黨、活饑民，王復之籌邊備，姚夔之典秩宗，林聰、葉盛之居言路，所表見，皆自卓卓。其聲實茂著，繫朝野重望，有以哉。

## 校勘記

〔一〕嘗令郎談倫隨入　談倫，原作「談論」，據明史稿傳五五王翺傳改。本書卷一八〇汪奎傳有「侍郎談倫」，卽其人，作「談倫」是。

〔二〕贈太保　憲宗實錄卷四八成化三年十一月戊辰作贈「少保」。

〔三〕歲饑流民二十餘萬　憲宗實錄卷四天順八年四月乙巳條作「歲饑流民入境者數萬」。

〔四〕川夔南京禮部　憲宗實錄卷一一三成化九年二月庚午條作「調南京刑部」。

〔五〕授吏科給事中　吏科，憲宗實錄卷二三二成化十八年閏八月庚寅條作「刑科」。

〔六〕吏部除副使羅篪爲按察使　羅篪，明史稿傳五五林聰傳作「羅箎」。